Leichte Wanderungen

Genusstouren im Wienerwald und in den Wiener Alpen

40 Touren im südlichen Niederösterreich

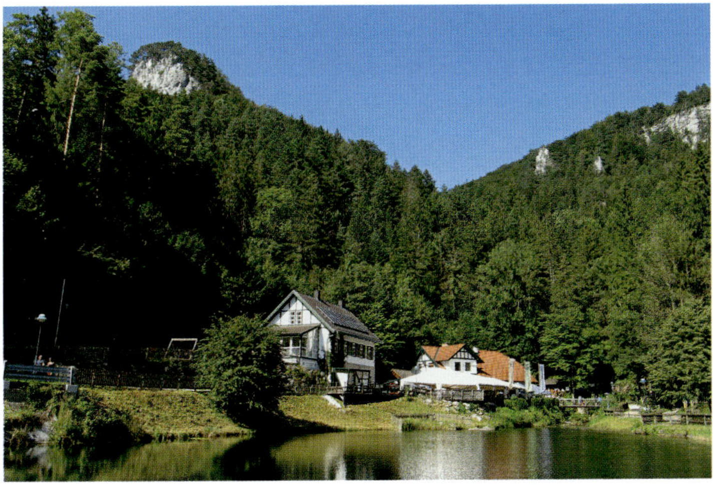

Johanna Stöckl und Rosemarie Pexa

ROTHER BERGVERLAG

Vorwort

Hinaus in die Natur, ins Grüne, um für kurze Zeit dem grauen Alltag in der Stadt zu entfliehen – die klassischen Ausflugsgebiete im Wienerwald und in den Wiener Alpen sind schon seit mehr als 100 Jahren das Ziel für Wanderer und Spaziergänger aus der Bundeshauptstadt. Bereits Ende des 19. Jahrhunderts wurden hier die ersten Schutzhütten und Ausflugsgasthäuser errichtet, Aussichtswarten auf markanten Berggipfeln gebaut und Klammen durch Steganlagen für Besucher erschlossen. Schon damals waren es nicht nur hartgesottene Bergfexe mit der sportlichen Ambition, möglichst hohe und anspruchsvolle Gipfel zu erklimmen – nein, der Großteil der Besucher wollte sich einfach an der Landschaft erfreuen, Entspannung finden und die Natur und die gute Luft abseits von Industrie und Großstadt genießen.
Diese Art der Erholung im Grünen, das Wandern um des Genusses willen, liegt heute wieder ganz im Trend. Die Wandervorschläge in diesem Buch sind genau richtig für Familien mit Kindern, Großeltern mit ihren Enkeln, Gelegenheitswanderer und Einsteiger und bieten genügend Zeit, ausgiebiger zu rasten, unterwegs einzukehren, Spielpausen mit Kindern einzulegen, Tiere zu beobachten, Pflanzen zu bestimmen oder in einem Teich zu plantschen. Aber auch erfahrene Wanderer sind hin und wieder auf der Suche nach kürzeren Touren, bei denen sich neben der Wanderung noch reichlich Zeit für die eine oder andere Besichtigung, den Besuch eines Tierparks oder für eine längere Einkehr beim Heurigen oder in einem Ausflugsgasthaus findet.
Das Gebiet zwischen Wienerwald und Wiener Alpen, also das südwestliche Niederösterreich, bietet dabei nicht nur ideale Voraussetzungen für Genusswanderungen, sondern auch eine enorme landschaftliche Vielfalt. Von den sanften Sandsteinkuppen des nördlichen Wienerwaldes über die schroffen Kalkfelsen der Hohen Wand bis hin zu den bereits hochalpinen, die 2000-Meter-Grenze überschreitenden Karstplateaus des Rax-Schneeberg-Gebietes finden Wanderer jede Menge Abwechslung vor, und egal wohin man wandert, wird man mit grandiosen Aussichtspunkten – im Bereich der Wiener Alpen als »Blickplätze« bezeichnet – belohnt. Bei fast allen Touren gibt es zusätzliche Attraktionen wie etwa Wasserfälle, Klammen, Schauhöhlen, Tiergehege oder auch Ruinen, Wallfahrtskirchen, Burgen und Schlösser. Auch für das leibliche Wohl ist gesorgt, denn jede der Wanderungen führt an einer oder mehreren Einkehrmöglichkeiten verschiedenster Art vorbei – von gemütlichen Heurigenlokalen im Badener Thermenland bis hin zur hochalpinen Schutzhütte am Schneeberg.
Bei der großen Fülle an Wandermöglichkeiten, die die Region bietet, konnten wir natürlich nur eine kleine Auswahl in diesen Führer aufnehmen. Wir haben uns dabei bemüht, nicht nur die gesamte Vielfalt abzudecken, sondern auch eine ausgewogene Mischung von beliebten »Klassikern« und seltener begangenen »Geheimtipps« zu präsentieren. Wir wünschen Ihnen viel Spaß und gute Erholung beim Genusswandern im Wienerwald und in den Wiener Alpen!

Wien, im Sommer 2022 Johanna Stöckl und Rosemarie Pexa

Inhalt

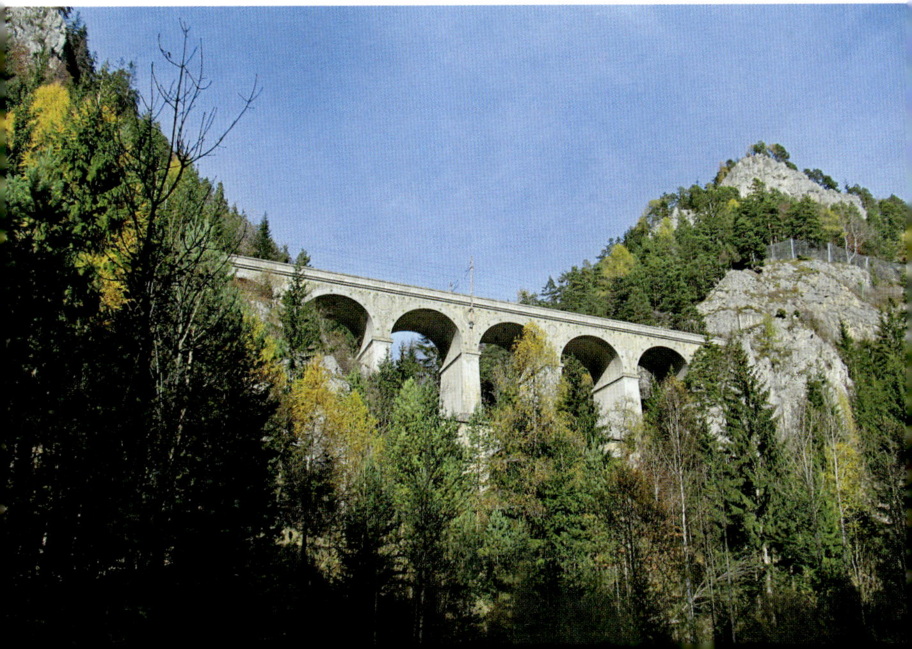

Allgemeine Hinweise

Tourensteckbrief

Damit man bereits auf einen Blick grob einschätzen kann, welche Wanderung für einen geeignet ist, sind die wichtigsten Daten zu den einzelnen Touren am Beginn der Beschreibung in einer Kurzinfo zusammengefasst. Hier finden Sie Informationen zur grundlegenden Wegbeschaffenheit, Gehzeit, Höhenunterschieden, Einkehr- und Rastmöglichkeiten sowie möglichen Varianten und Besonderheiten. Einen ersten Überblick liefern auch die Karte und das Höhenprofil, die die ausführlichen Tourenbeschreibungen ergänzen.

Anforderungen

Sämtliche in diesem Buch präsentierten »Leichten Wanderungen« sind gut markiert und beschildert. Gelegentliche Ausnahmen – z. B. kurze Verbindungswege zwischen markierten Wanderrouten oder Anmarschwege durch Ortsgebiet – sind immer deutlich beschrieben, eindeutig erkennbar und leicht zu finden. Extreme Steigungen, gefährliche Stellen oder Passagen, die Schwindelfreiheit erfordern, kommen nicht vor; wenn einzelne Wegabschnitte am Rand von Abhängen entlang verlaufen, so sind diese mit Geländern gesichert. Auch ohne besonders ausgeprägte Kondition sind die Touren begehbar.

Da es aber auch innerhalb dessen, was als »leicht« eingestuft wird, unterschiedliche Schwierigkeiten und Anforderungen gibt, wurden die Wanderungen in blaue, rote

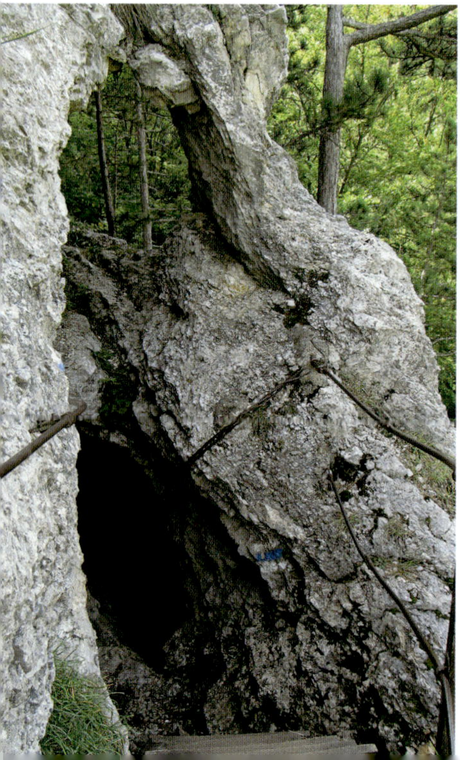

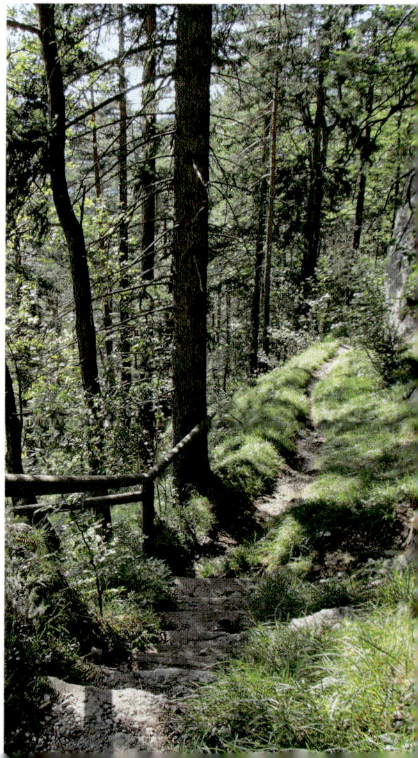

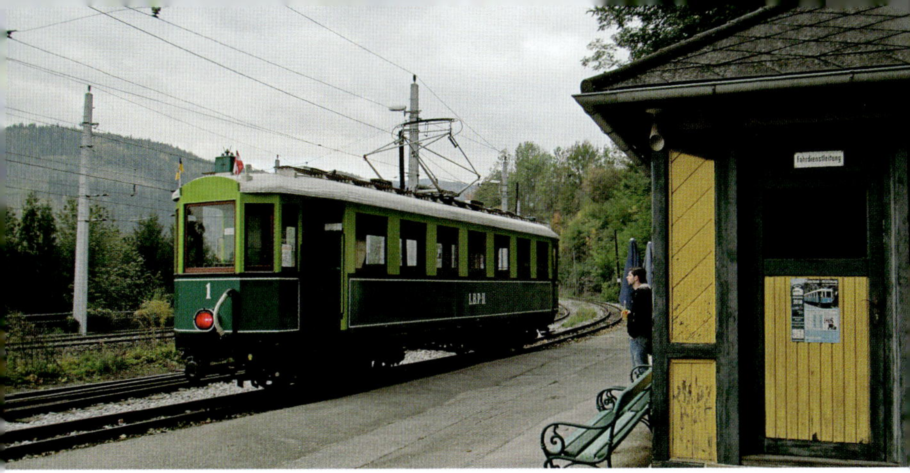

Die Höllentalbahn fährt von Payerbach nach Hirschwang (Tour 34/35).

und schwarze Touren unterteilt, erkennbar an den farbigen Dreiecken neben der Tourennummer in der Überschrift und im Inhaltsverzeichnis. Die Einteilung hat nichts mit der in anderen Wanderführern oder auf manchen Wegweisern angewendeten Farbskala zu tun, sondern erklärt sich wie folgt:

▸ Blaue Touren

Spaziergänge und einfache Wanderungen auf bequemen, annähernd flachen Wegen mit geringen Höhenunterschieden und kaum merklichen Steigungen. Diese Touren können meist auch bei schlechterem Wetter gefahrlos begangen werden und sind in vielen Fällen auch für die Mitnahme von Kinderwagen, Laufrädern oder Kinderfahrrädern geeignet – ist dies der Fall, ist es unter dem Punkt »Kinder« im Tourensteckbrief vermerkt. Der Höhenunterschied beträgt unter 200 Meter. Besondere Kondition und festes Schuhwerk sind nicht unbedingt nötig.

▸ Rote Touren

Diese Wanderungen führen ebenfalls über sichere, bequem zu begehende und markierte Wege, allerdings können einzelne Abschnitte auch auf schmäleren, unebeneren Wegen (z. B. mit Wurzeln oder Steinen), verlaufen. Der Höhenunterschied kann bis zu 500 m betragen. Für Kinderwagen sind die Wege nicht mehr geeignet. Eine gewisse Grundkondition ist von Vorteil; knöchelhohe Leichtwanderschuhe sind ratsam.

▸ Schwarze Touren

Wanderungen auf großteils bequemen, durchgehend markierten Wegen mit bis zu 500 m Höhenunterschied, die aber auch schon kurze steile Teilstücke und einzelne schmälere, unebene Abschnitte beinhalten können. Eine entsprechende Grundkondition sollte vorhanden sein; feste Wanderschuhe und evtl. die Mitnahme von Stöcken (besonders für Wanderer mit Knieproblemen zur Entlastung) werden empfohlen.

Links: Ein besonderes Erlebnis – durchs »Türkenloch« in der Steinwandklamm (Tour 25). – Rechts: Gut gesicherter Abstieg am Mariahilfberg (Tour 28).

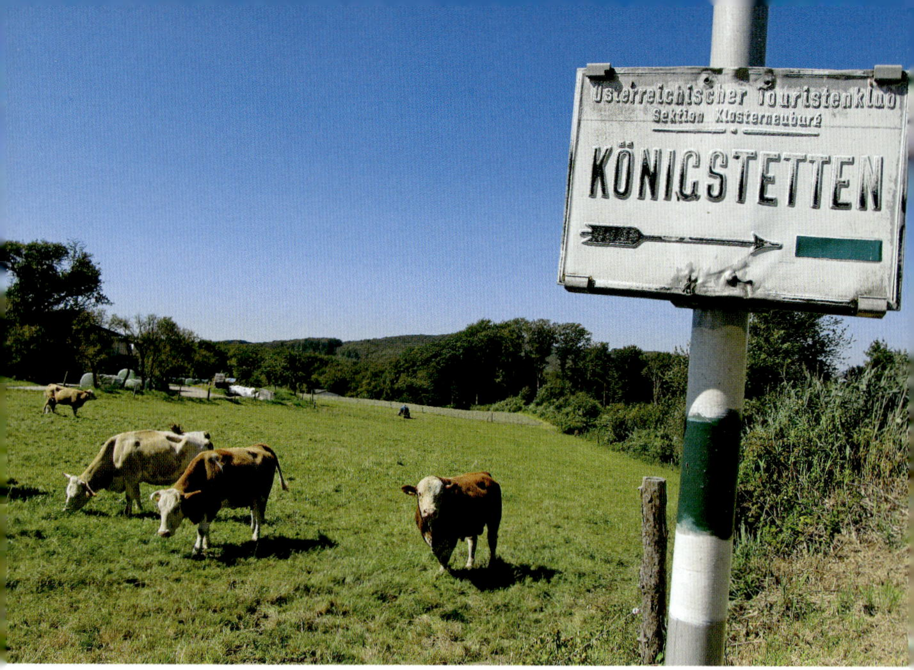

Ländliche Idylle am Abstieg vom Tulbinger Kogel (Tour 6).

Gehzeit

Wir sind bei der Berechnung der Gehzeiten von einem durchschnittlichen Marschtempo von 3 km/h in der Ebene auf guten Wegen ausgegangen. Die Angaben im Tourensteckbrief beziehen sich dabei auf die reine Gehzeit ohne Pausen. Da aber das Tempo und die Kondition individuell sehr unterschiedlich sind, soll die Zeitangabe nur als grober Anhaltspunkt dienen.

Höhenunterschied

Die im Tourensteckbrief angegebenen Höhen beziehen sich immer auf die gesamten zu bewältigenden An- und Abstiege einschließlich Gegensteigungen. Da es sich bei den meisten in diesem Führer enthaltenen Touren um Rundwege handelt, gelten die gleichen Werte für Auf- und Abstieg, wenn nicht ausdrücklich anders angegeben.

Anfahrt

Die Anfahrtsbeschreibungen für Autofahrer beinhalten nicht immer den kilometer- oder zeitmäßig kürzesten Weg, sondern normalerweise die einfachste, am leichtesten zu findende Strecke. Bei nicht genau bekannten Strecken sollte man einen Routenplaner zu Rate ziehen, für Autofahrer zum Beispiel:

- www.herold.at/routenplaner
- www.oeamtc.at/routenplaner
- www.arboe.at/home/services-reisen/routenplaner

Fast alle Touren sind auch öffentlich erreichbar. Auf Busse, die selten bzw. nicht am Wochenende verkehren, wird extra hingewiesen.

Die besten Informationsquellen bei der Anreise mit öffentlichen Verkehrsmitteln sind die Webseiten des Verkehrsverbunds Ost-Region (VOR) und der Österreichischen Bundesbahn (ÖBB), auf denen man nicht nur die optimale Fahrtroute erstellen lassen, sondern auch Linienfahrpläne ansehen kann. Diese sind vor allem für die Rückfahrt mit Bussen, die lange Intervalle haben, unentbehrlich.

- www.vor.at
  Tel. +43 800 22 23 24
- http://fahrplan.oebb.at
  Tel. +43 5 1717

Alle Touren sind so gewählt, dass sie bei guter Planung – sowohl öffentlich als auch mit dem Auto – von Wien aus in einem halben bis ganzen Tag zu bewältigen sind.

Einkehr/Trinkwasser

Auf allen Touren gibt es entweder unterwegs oder am Ausgangs-/Endpunkt zumindest eine Einkehrmöglichkeit. Neben den klassischen Schutzhütten und Berggasthöfen finden sich oft auch gemütliche Wirtshäuser, Ausflugsgasthöfe oder Heurigenlokale. Gibt es bei einer Tour nur wenige Einkehrmöglichkeiten, so sind alle mit Öffnungszeiten, Telefonnummer und, falls vorhanden, Website, aufgelistet. Auch Trinkbrunnen und Quellen werden angeführt. Nicht namentlich genannt sind mehrere Lokale am selben Ort (z. B. im Stadt- bzw. Ortsgebiet); kleine Imbisse und Buffets (meist nur bei Schönwetter geöffnet) stehen nur in der Beschreibung der Wanderung. Da Lokale aber auch unvorhergesehenerweise geschlossen oder Quellen ausgetrocknet sein können, ist es sinnvoll, als Notvorrat immer eine kleine Jause und ausreichend Getränke mit dabeizuhaben.

Kinder und Kinderwagen

Prinzipiell sind alle hier vorgestellten Wanderungen sicher auch mit Kindern zu begehen. Unter diesem Punkt wird beschrieben, was es für Kinder unterwegs zu entdecken gibt bzw. was die Wanderung für die Kleinen besonders attraktiv macht.

Blick ins Land von der Ochsenburger Hütte (Tour 21).

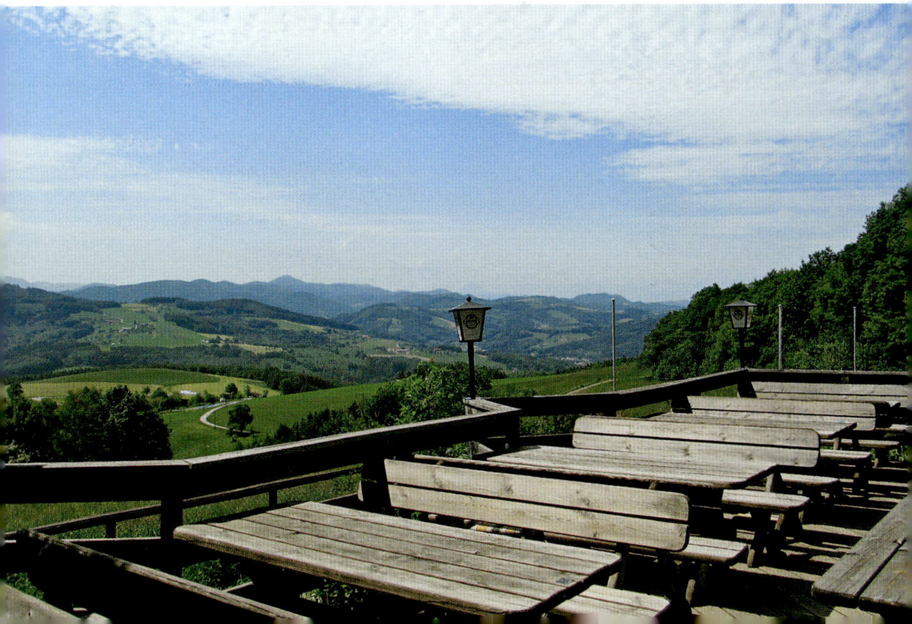

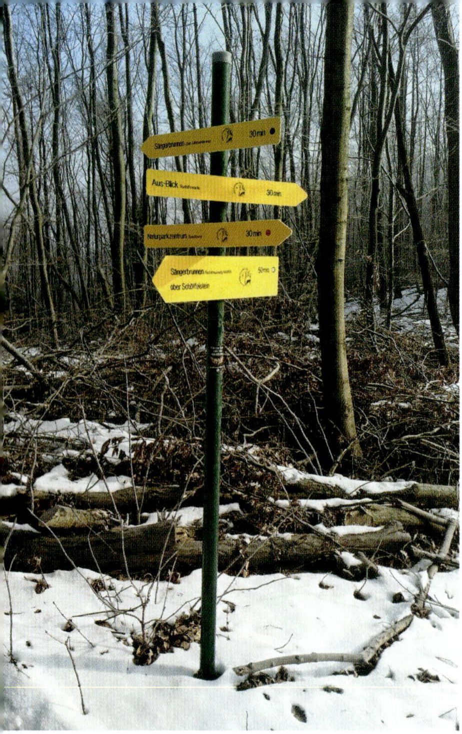

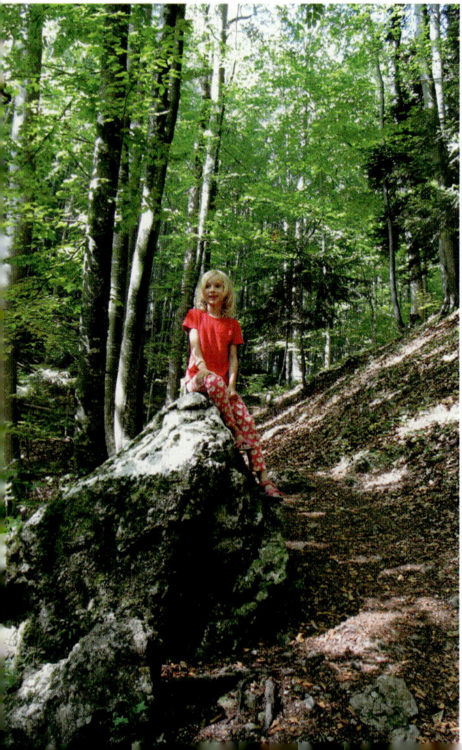

Es wird auch auf Spielplätze oder andere Attraktionen hingewiesen. Wenn eine Tour mit Kinderwagen oder Laufrädern befahrbar ist, wird dies ebenfalls hier vermerkt. Ein entsprechend stabiler, geländegängiger Kinderwagen mit großen Rädern ist aber in jedem Fall notwendig.

Winter

Aufgrund der im Osten Österreichs in den letzten Jahren eher schneearmen Winter sind die meisten in diesem Buch enthaltenen Touren ganzjährig begehbar. Das Schneeflockensymbol in der Kurzinfo zeigt lediglich an, dass man die Tour unter bestimmten Voraussetzungen auch bei Schneelage ins Auge fassen kann. Eine Gewähr für die Begehbarkeit kann aber nicht übernommen werden, da dafür zahlreiche Faktoren (Schneehöhe, Vereisung, Lawinengefahr) eine Rolle spielen. Sind für eine Begehung im Winter besondere Dinge zu beachten, so wird im Text eigens darauf hingewiesen. Leichte (blaue) Touren sind bei Schneelage als mittelschwer (rot) zu betrachten; mittelschwere (rote) Touren sollte man in diesem Fall als schwer (schwarz) bewerten!

Varianten und Kombinationsmöglichkeiten

Manche Wanderungen lassen sich abkürzen, erweitern oder mit (Teilen von) anderen Touren kombinieren. Ist dies der Fall, so wird in der Kurzinfo darauf eingegangen.

Karten

Der abgedruckte Kartenausschnitt reicht aus, um jede Wanderung

Foto oben: Viele Touren sind auch im Winter begehbar. – Unten: Herumklettern auf Felsen macht Spaß!

auch ohne zusätzliches Kartenmaterial durchführen zu können. Die Tour ist als rote Linie eingezeichnet, Varianten sind rot strichliert; zusätzlich gibt es Symbole für Parkplatz, Haltestelle, Gasthaus …
Wer einen größeren Ausschnitt bevorzugt, dem sind folgende Wanderkarten von Freytag & Berndt zu empfehlen:

- 011 Wienerwald
- 012 Hohe Wand – Schneebergland – Gutensteiner Alpen
- 022 Semmering – Rax – Schneeberg – Schneealpe
- 023 Thermenregion Baden
- 5502 Semmering – Wechsel

GPS

Gerade beim geselligen Wandern in der Gruppe leistet ein GPS-Gerät oder ein GPS-fähiges Smartphone gute Dienste, um sich mehr auf das Genießen der Landschaft als auf die Suche nach Wegweisern und Markierungen konzentrieren zu können. Deshalb stehen zu diesem Führer auf der Internetseite des Rother Bergverlag (www.rother.de) GPS-Daten und Koordinaten der Ausgangspunkte kostenlos zum Herunterladen bereit:

- 2. Auflage, Passwort: **316802wzg**

Die Daten wurden großteils vor Ort erfasst und stellenweise anhand digitaler Kartenwerke (OpenStreetMap) ergänzt. Da sich die Gegebenheiten vor Ort aber ändern können, kann für die Daten keine Gewähr übernommen werden und man sollte sich auch niemals ausschließlich auf technische Hilfsmittel verlassen.

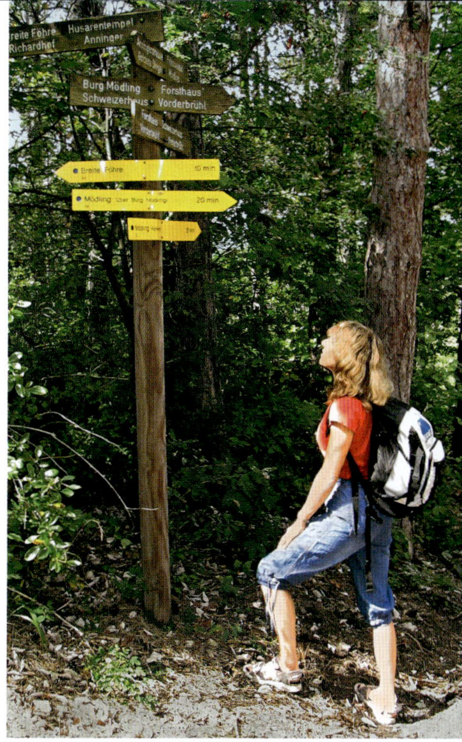

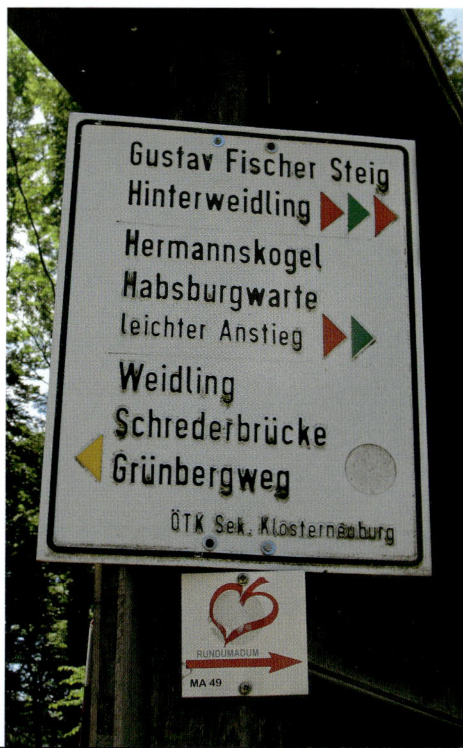

Im Tourengebiet findet man eine bunte Mischung alter und neuer Wegweiser (oben: bei Mödling, Tour 15; unten: am Hermannskogel, Tour 3).

Tipps für Genusswanderer

Tourenauswahl
Dieser Führer beinhaltet eine breite Palette von Wanderungen sehr unterschiedlicher Charakteristik, sodass sich für jeden Geschmack das Richtige finden sollte. Um Ihnen die Auswahl zu erleichtern, sind die wichtigsten Daten der Wanderungen auf der vorderen Umschlagklappe zusammengefasst. Auch das bei jeder Tour abgedruckte Höhenprofil gibt eine erste Orientierungshilfe; Länge und Höhenunterschied, aber auch die allgemeine Charakteristik einer Tour können daraus gut abgelesen werden: Geht es ständig bergauf-bergab oder handelt es sich um eine klassische Tour zu einem Gipfel, bei der man erst bergauf und dann bergab geht?

Eine Entscheidungshilfe für die Tourenauswahl bieten folgende Fragen:

- Wie viel Zeit habe ich für Anreise und Wanderung zur Verfügung?
- Wie schwer und wie lang soll die Tour sein? Bin ich alleine, zu zweit, mit einer Gruppe, mit Kindern oder mit einer anderen Familie unterwegs? In diesem Fall muss sich die Schwierigkeit nach dem schwächsten Gruppenteilnehmer richten.
- Möchte ich die Wanderung mit anderen Aktivitäten verbinden (Besichtigungen, baden etc.)?
- Welches Wetter ist angesagt (Info z. B. unter www.wetter.at/wetter/oesterreich)? Hat es viel geregnet, herrscht Hochwasser (wichtig für Touren auf Erdwegen bzw. entlang von Flüssen)?

Weiter Ausblick aufs Wiener Becken vom Harzberg bei Bad Vöslau (Tour 19).

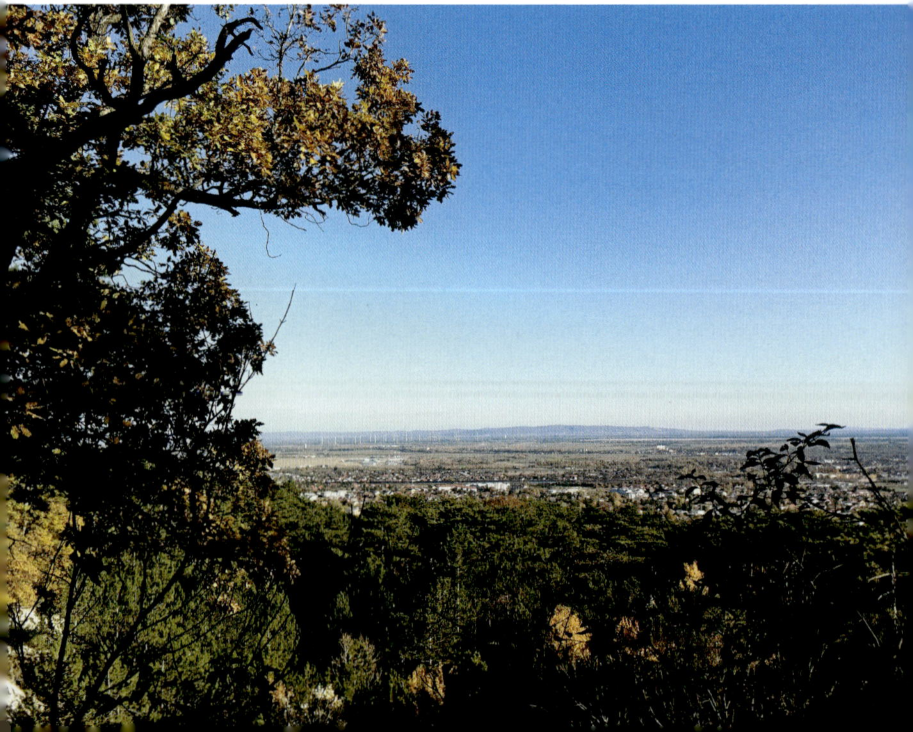

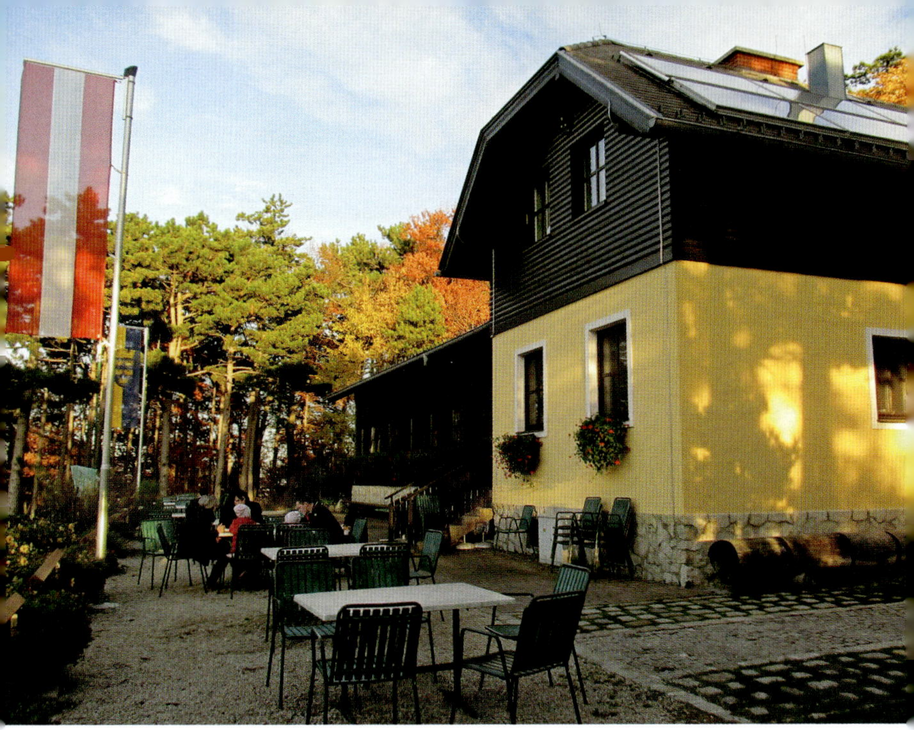

Einkehr am Guglzipf bei Berndorf (Tour 22).

Wählen Sie im Zweifelsfall für Ihre ersten Touren lieber eine kürzere, leichtere Wanderung aus, um herauszufinden, welche Länge und Schwierigkeit Ihnen am besten entspricht. Wenn Sie mit Kindern unterwegs sind, wählen Sie Touren aus, bei denen es für die Jüngsten auch genug zu sehen und zu erleben gibt, denn Kindern wird andernfalls schnell langweilig, und sie verlieren dann rasch die Lust am Mitwandern.

Beste Jahreszeit

In diesem Buch finden Sie Wanderungen für jede Jahreszeit, und viele davon haben je nachdem, wann Sie die Tour unternehmen, einen ganz unterschiedlichen Reiz. Im Osten Österreichs gibt es in den letzten Jahren meist nur für wenige Tage eine durchgehende Schneedecke, sodass selbst im Winter viele Unternehmungen möglich sind – wobei zu bedenken ist, dass hier die meisten Einkehrmöglichkeiten und viele Sehenswürdigkeiten geschlossen sind. Die klassischen Wanderzeiten sind sicherlich das Frühjahr und der Herbst, aber auch im Sommer bieten sich die Touren, die großteils schattig durch Wälder verlaufen, an.

Zeitplanung

Prinzipiell handelt es sich bei den hier vorgeschlagenen Wanderungen um Tagesausflüge, d. h., auch wenn nur eine reine Gehzeit von wenigen Stunden angegeben ist, sollten Sie sich den ganzen Tag Zeit nehmen. So sind Sie flexibler und können je nach Lust und Laune mehr oder weniger Pausen einlegen, länger bei der Jause sitzen bleiben oder nach der Tour noch in einem gemütlichen Lokal einkehren. Für die Wanderzeit inklusive Foto- und Rastpausen rechnen Sie als Richtwert zu den angegebenen Zeiten nochmals die Hälfte hinzu. Wenn Sie mit Kindern unterwegs sind, müssen Sie mit noch wesentlich längeren Geh- und Pausenzeiten rechnen. Als Faustregel können Sie in diesem Fall die angegebenen Zeiten verdoppeln.

Wetter

Die angegebene Schwierigkeit der Wege bezieht sich immer auf trockenes Wetter. Bei Nässe können selbst Wege, die sonst einfach zu bewältigen sind, rutschig und gefährlich werden. Auch unter einer dünnen Laubschicht im Herbst können sich Wurzeln und Steine verbergen, sodass man leicht stolpern oder umknicken kann. Achten Sie deshalb bei widrigen Wetterbedingungen selbst bei blauen Touren ganz besonders auf den Weg. Rote Touren sollten Sie bei Schlechtwetter oder nach längeren Regenfällen nur mit äußerster Vorsicht, schwarze Touren am besten gar nicht begehen. Auch wenn eine Wanderung nicht ins Hochgebirge führt, kann ein plötzlicher Wetterumschwung eine deutliche Abkühlung bringen, und vor Gewittern mit der Gefahr von Blitzschlag ist man nicht einmal im Flachland sicher. Beachten Sie deshalb vor jeder Wanderung – egal wie leicht und kurz diese erscheinen mag – den Wetterbericht, brechen Sie die Tour bei den ersten Anzeichen eines aufziehenden Unwetters ab oder warten Sie das Vorbeiziehen eines Gewitters in einem Gasthaus oder einem anderen sicheren Unterstand ab.

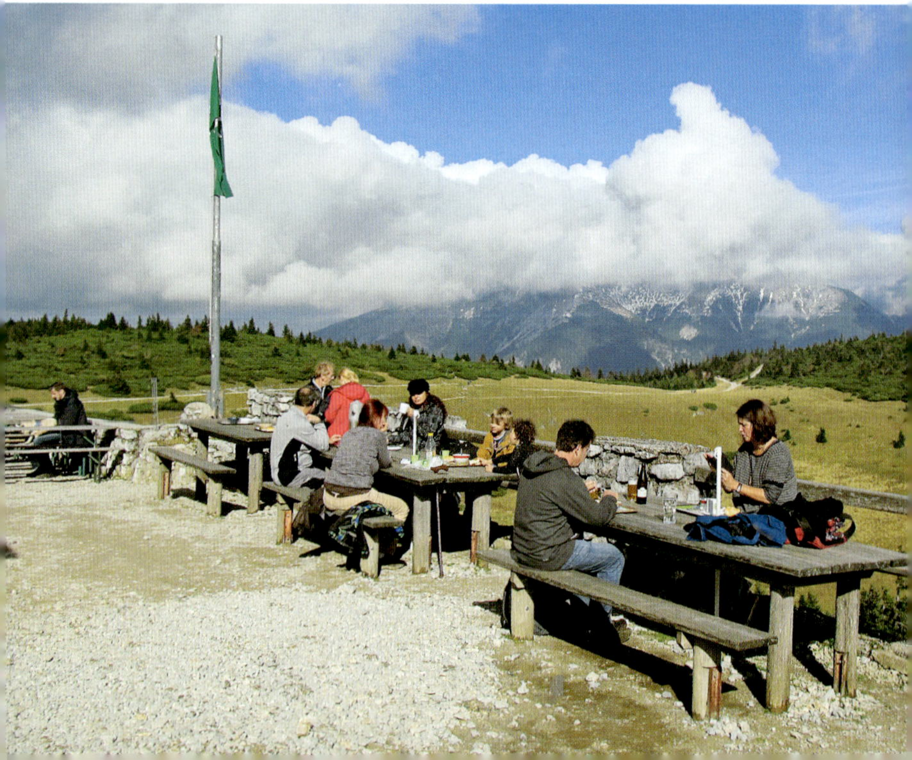

Ausrüstung

Die Sportartikelhersteller versuchen seit geraumer Zeit, auch Wanderern, an denen sich früher nicht allzu viel Geld verdienen ließ, moderne Hightech-Materialien schmackhaft zu machen. Mit welcher Bekleidung man sich zu welcher Jahreszeit am wohlsten fühlt – ob mit Funktionswäsche und Fleecejacke oder mit Hemd und Pullover – muss letztlich jeder für sich selbst entscheiden. Gerade für leichte Wanderungen muss es auch nicht immer eine schwere Wanderausrüstung sein. So wenig wie möglich, so viel wie unbedingt nötig lautet die wichtigste Faustregel, und demensprechend kann auch ein kleiner Leichtrucksack vollkommen ausreichend sein, wenn man nicht viel mitnimmt. Wer öfter wandert, hat ohnehin seine persönliche Packliste, die er je nach Jahreszeit und Tour variiert und anpasst. Auf einen einstündigen Spaziergang mit mehreren Einkehrmöglichkeiten in unmittelbarer Nähe von Unterständen, in die man sich bei Regen flüchten kann, wird man weniger mitnehmen als auf eine dreistündige Tour abseits bewohnter Ortschaften, auf der es nur am Ausgangspunkt ein Gasthaus gibt. Die folgende Packliste ist deshalb nur eine grobe Empfehlung.

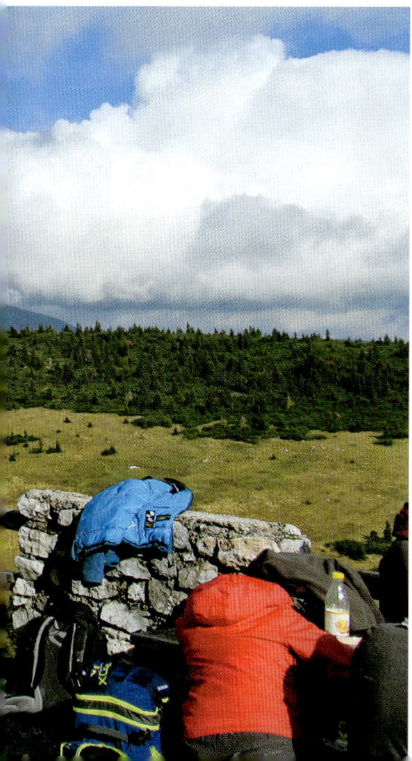

Immer dabei haben sollte man:

- Wasser und Minimalproviant für den kleinen Hunger zwischendurch
- Reservekleidung nach Bedarf
- Papiertaschentücher
- Sonnencreme und Sonnenhut bzw. -kappe
- Regenschutz oder Regenkleidung
- Fahrplan (bei öffentlicher Anreise)
- ausreichend Bargeld (z. B. für ein Taxi, wenn man den Bus versäumt hat, oder für andere unvorhergesehene Ereignisse)
- Wanderführer und/oder Wanderkarte
- Notfallapotheke (Desinfektionsmittel, Pflaster, Mittel gegen Mückenstiche)
- Mobiltelefon, um im Notfall Hilfe rufen zu können

Je nach Bedarf, Wanderziel und Jahreszeit kann man folgende Dinge auf die Packliste setzen:

- Thermoskanne für warme Getränke
- Picknickdecke oder Unterlegmatte
- Badesachen
- GPS-Gerät (bzw. Handy mit GPS-Funktion)
- Fotoapparat

Alpine Verhältnisse auf der Rax (Tour 34).

Gebietsüberblick

Das Gebiet der in diesem Buch beschriebenen Wanderungen stellt geografisch gesehen den östlichsten Teil der Nord- und Zentralalpen dar. Im Norden wird es durch das Tullner Becken begrenzt. Die daran südlich anschließenden Hügelländer und Mittelgebirge des Wienerwaldes reichen bis in die westlichen Außenbezirke von Wien hinein und sind dadurch das beliebteste Naherholungsgebiet für die Bewohner der Bundeshauptstadt. Geologisch betrachtet teilt sich der Wienerwald in einen nördlichen, aus Sandstein bestehenden und einen südlichen, aus Kalkgestein geformten Teil. Dementsprechend unterschiedlich präsentieren sich auch Landschaft und Vegetation. Wegen der großen Artenvielfalt und der Bedeutung als Naturlandschaft ist der Wienerwald heute fast vollständig als UNESCO-Biosphärenpark ausgewiesen. Zusätzlich wurden einzelne Teile zu Naturschutzgebieten oder Naturparks erklärt, wie der Lainzer Tiergarten im Stadtgebiet von Wien, der Naturpark Eichenhain bei Klosterneuburg, der Sandsteinwienerwald bei Purkersdorf, der Naturpark Sparbach und die Föhrenberge bei Mödling. Während der nördliche Wienerwald von ausgedehnten Buchenbeständen dominiert wird, sind es im Südosten, wo der Wienerwald zu den Weinbergen am Westrand des Wiener Beckens hin abfällt, hauptsächlich Föhrenwälder, die in vergangenen Jahrhunderten zur Gewinnung von Baumharz kultiviert wurden.

Selbst die höchsten Gipfel des Wienerwaldes erreichen nicht die 1000-Meter-Grenze. Südlich des Triesting- und Gölsentales aber schließen sich die Gutensteiner Alpen an, die den östlichsten Abschnitt des Alpenhauptkammes bilden. In diesem Gebiet liegen sowohl der nördlichste als auch der östlichste Eintausender der Alpen, und der höchste Gipfel erreicht bereits an die 1400 Meter. Auch die Gutensteiner Alpen sind dicht bewaldet, wobei in der Höhe Fichten und Lärchen und in den Tallagen Buchen und Föhren dominieren. Zahlreiche beliebte Ausflugsziele befinden sich hier, wie die Hohe Wand, die Steinwandklamm und die Myrafälle, oder auch die höchstgelegene Burgruine

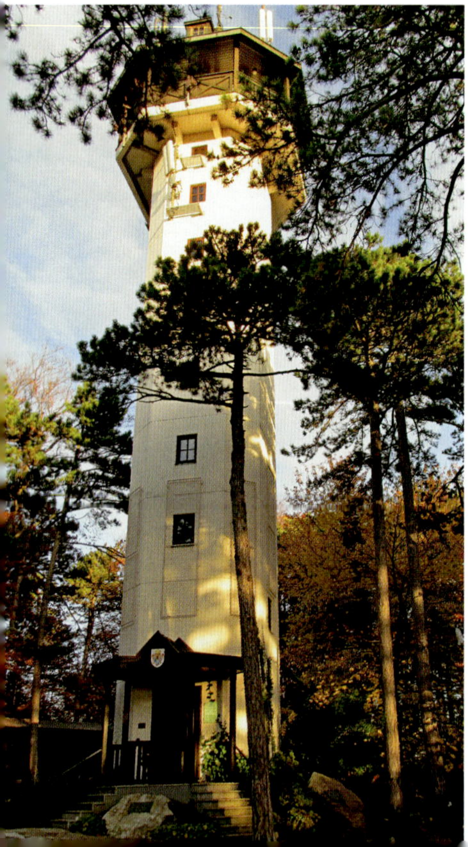

Aussichtswarte am Guglzipf bei Berndorf (Tour 22).

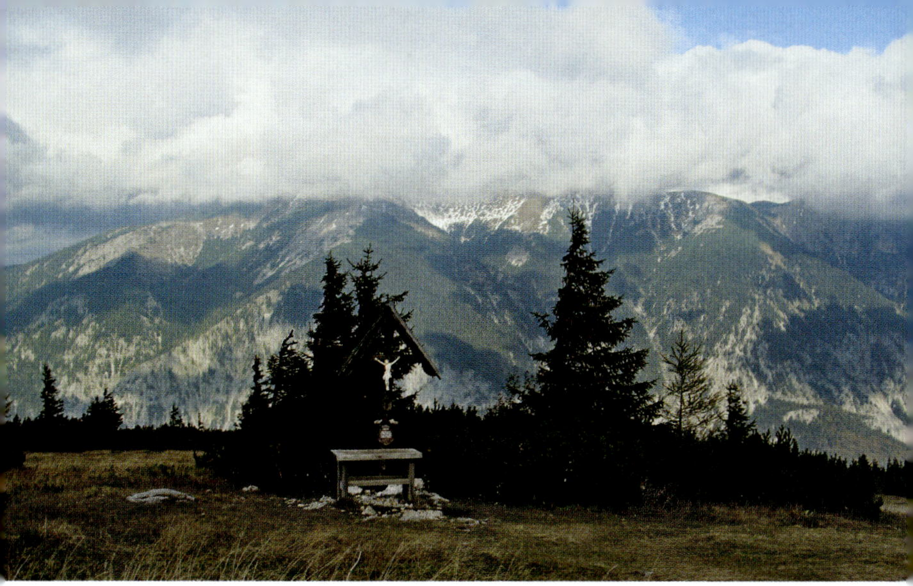

Im Rax-Schneeberg-Gebiet erreichen die Berge bis über 2000 Meter (Tour 34).

Niederösterreichs, die Araburg, und die historisch bedeutende Wallfahrtskirche am Mariahilfberg.
Südwestlich der Linie Ternitz – Puchberg – Mamauwiese schließt sich mit der Rax-Schneeberg-Gruppe ein Teil der Kalkalpen an, der bereits um die 2000 Meter Höhe erreicht und in dem sich die höchsten Gipfel Niederösterreichs befinden. Die mächtigen Gebirgsstöcke von Rax und Schneeberg sind für Wanderer durch eine bereits seit einem guten Jahrhundert existierende Zahnradbahn bzw. die älteste Seilbahn Österreichs gut erschlossen und gehören (wie die in den Gutensteiner Alpen gelegene Hohe Wand) zu den »Wiener Hausbergen«. Sie bestehen aus Karstgestein, sind reich an schroffen Felsen, Dolinen und Höhlen und stellen eines der bedeutendsten Wasserschutzgebiete für die Bundeshauptstadt dar.
Über den Semmeringpass verlaufen seit Jahrhunderten wichtige Verkehrswege von Wien Richtung Steiermark, Kärnten und bis an die Adria. Die alte Reichsstraße, die »Triester Straße«, ebenso wie die älteste Gebirgsbahn der Welt und in jüngerer Zeit eine Schnellstraße verbinden das Tal der Schwarza mit dem Mürztal. Der Semmering bildet die Grenze zwischen den Kalkalpen und dem östlichsten Teil der Zentralalpen, die hier im aus Schiefer und Gneis bestehenden Wechselgebirge noch Höhen bis um die 1700 m erreichen. Wälder in den Tallagen und Almen, hier Schwaigen genannt, beherrschen das Landschaftsbild.
Gab es früher keine gemeinsame Bezeichnung für die südlich des Wienerwaldes gelegenen Gebirgsgruppen, so wird das Gebiet von den Gutensteiner Alpen bis zum Wechsel seit einigen Jahren touristisch erfolgreich unter der Bezeichnung »Wiener Alpen« zusammengefasst und wegen der zahlreichen wunderbaren Aussichtspunkte (hier »Blickplätze« genannt) als »Paradies der Blicke« vermarktet.

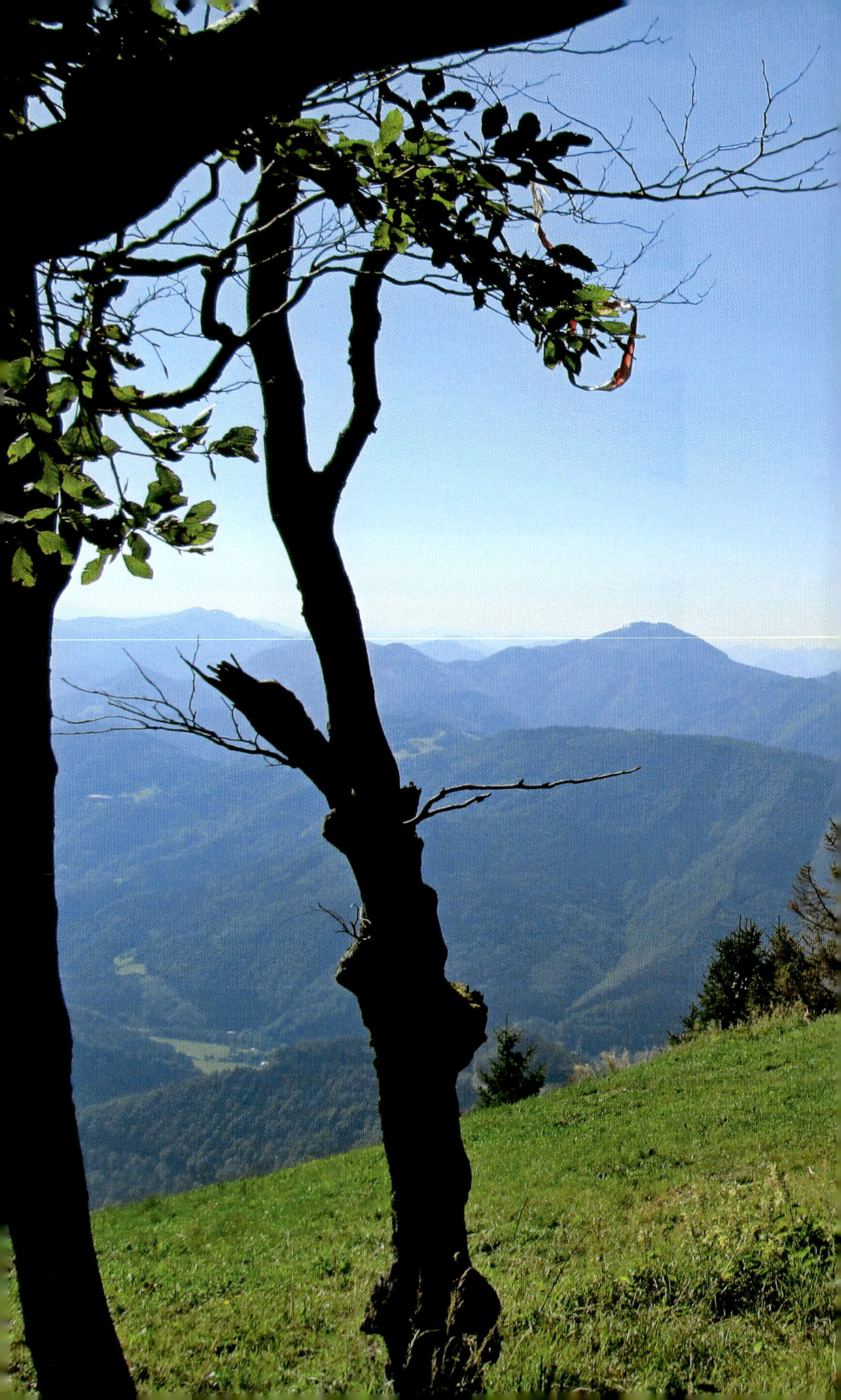

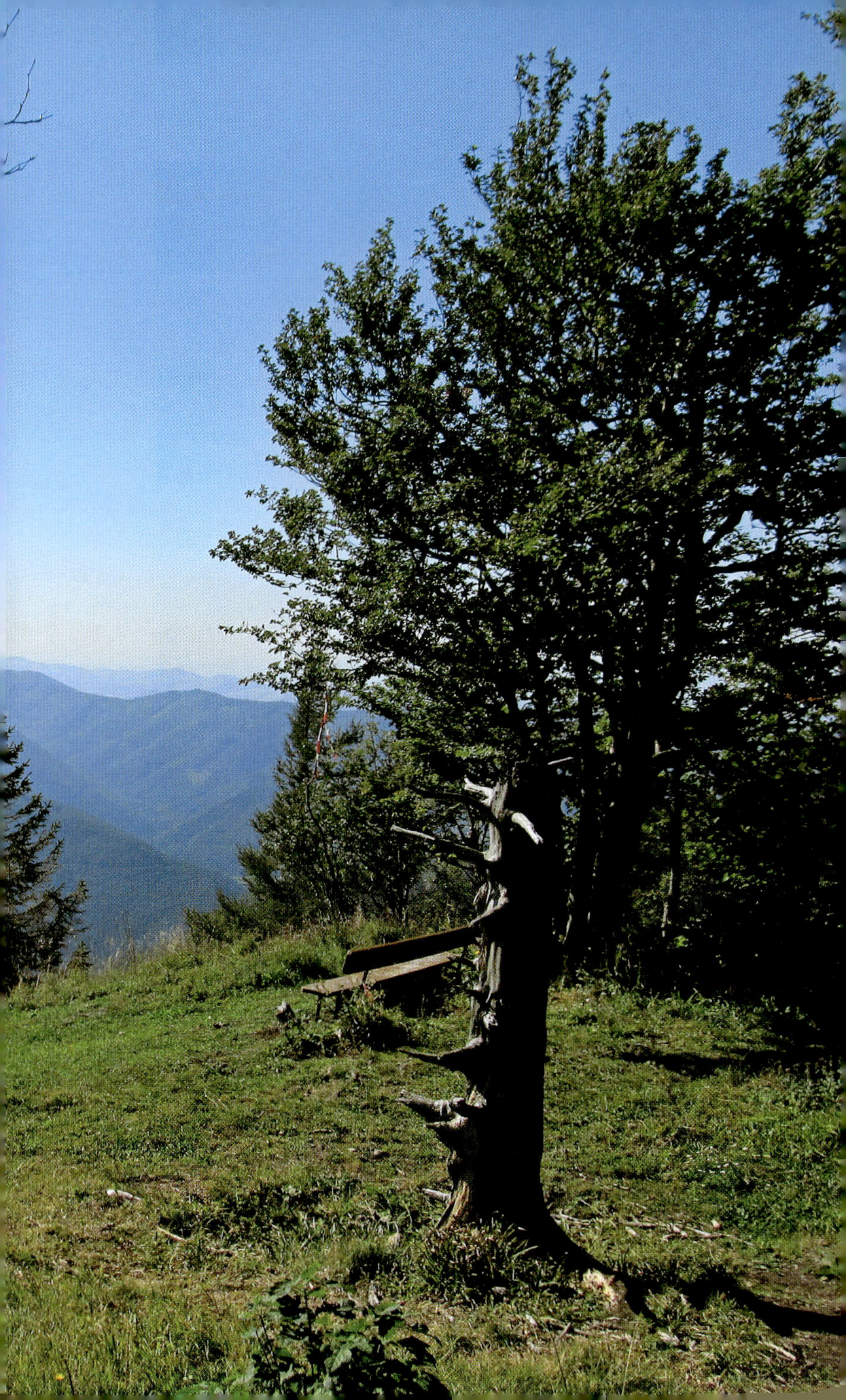

1 Auf den Kahlenberg

Klassische Einstiegstour auf den Hausberg der Wiener ★★

»Hast du vom Kahlenberg das Land dir rings beseh'n, so wirst du was ich schrieb und was ich bin versteh'n«, dichtete Franz Grillparzer. Was wäre wohl besser geeignet als »Eröffnungstour« dieses Buches als der Aufstieg auf den berühmtesten und wohl auch geschichtsträchtigsten Aussichtsberg Wiens. Natürlich kann man den Berg auch direkt mit dem Auto oder mit dem Bus erreichen, aber viel schöner und abwechslungsreicher ist die Wanderung durch das dicht bewaldete Tal der Wildgrube zur Stefaniewarte und durch die Weingärten am Nußberg wieder zurück hinunter in den alten Heurigenort Nußdorf.

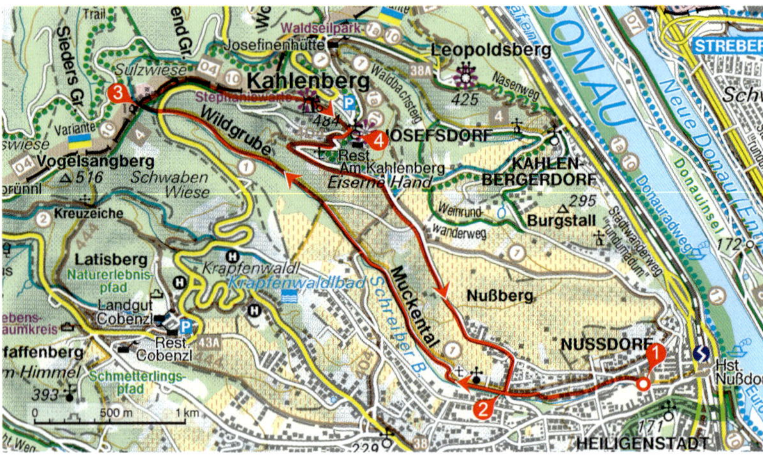

KURZINFO

Ausgangspunkt: Wien Nußdorf, 177 m, Endstation der Straßenbahnlinie D. Autofahrer können in den angrenzenden Straßen oder etwas weiter in der Kahlenberger Straße parken und sparen so am Hin- und Rückweg einige Minuten. Mo-Fr wegen Kurzparkzone im gesamten Stadtgebiet nur öffentliche Anreise möglich!

Anfahrt: Mit dem Auto auf der Heiligenstädter Straße (B 14) bis zum Nußdorfer Platz und dort durch die Greinergasse zur Zahnradbahnstraße. Öffentlich mit der Straßenbahnlinie D bis zur Endstation.

Gehzeit: 3.30 Std.

Weglänge: 9,9 km.

Höhenunterschied: 350 m.

Anforderungen: Der Aufstieg von der Wildgrubgasse bis zur Sulzwiese ist geschottert, der Abstieg von der Stefaniewarte zum Restaurant am Kahlenberg erfolgt über einen Fußweg. Der Rest der Tour verläuft auf asphaltierten Wegen.

Rast: Rastbänke gibt es entlang des gesamten Weges; Jausenbänke auf der Sulzwiese, bei der Stefaniewarte und im Beethovenpark.

Einkehr: Café Schönstatt bei der Sulzwiese (wegen Umbau erst ab November 2022 wieder geöffnet), Tel. +43 1 320 13 07, www.schoenstattzentrum-wien.at; Coffee Shop Kahlenberg (täglich

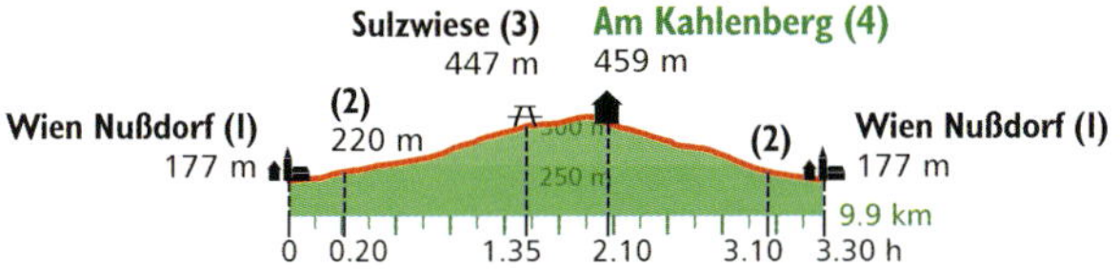

geöffnet), Tel. +43 1 328 15 007 02, www.kahlenberg.wien; Buschenschank Mayer am Nußberg (Öffnungszeiten siehe Homepage), Tel. +43 664 75 55 66 67, www.mayeramnussberg.at; Heuriger Sirbu (Öffnungszeiten siehe Homepage), Tel. +43 1 320 59 28, www.sirbu.at; mehrere Lokale und Heurige in Nußdorf.

Kinder: Kinderspielplätze gibt es im Beethovenpark (am Hin- und Rückweg) sowie für Gäste beim Heurigen Sirbu. Die Tour kann auch mit Kinderwagen gegangen werden; wem der Aufstieg durch die Wildgrube dabei zu beschwerlich ist, der kann die unten beschriebene, durchgehend asphaltierte Variante ab der Hst. Sulzwiese gehen.

Winter: Der Aufstieg durch die Wildgrube ist bei Schneelage nicht geräumt; im Winter kann aber die Abstiegswanderung ab Sulzwiese (siehe unten) problemlos begangen werden. Vorsicht: an den windexponierten Stellen der Kahlenberger Straße kommt es leicht zu Glatteisbildung.

Varianten: Da man bei der Sulzwiese und am Kahlenberg bei Bushaltestellen der Linie 38A vorbeikommt, kann die Tour auch abgekürzt oder geteilt werden: Man kann entweder nur von Nußdorf auf den Kahlenberg wandern und vom Parkplatz bei der Josefskirche (4) die Rückfahrt mit dem Bus antreten, oder man fährt mit dem Bus zur Haltestelle Sulzwiese (3) und hat damit nur einen kurzen Aufstieg zur Warte und wandert anschließend großteils bergab. Wenn man von der Warte zurück zum Villenweg und auf diesem unterhalb des Gipfels vorbeigeht, so kann man dem einzigen schmalen Wegstück ausweichen und bleibt durchgehend auf Asphalt.

Hinweis: Die Stefaniewarte ist von Mai bis Oktober an Samstagen von 12 bis 18 Uhr und an Sonn- und Feiertagen von 10 bis 18 Uhr geöffnet.

Touristeninformation: Wien-Tourismus, Tel. +43 1 245 55, www.wien.info.

Weinberge dominieren den Südhang des Kahlenbergs.

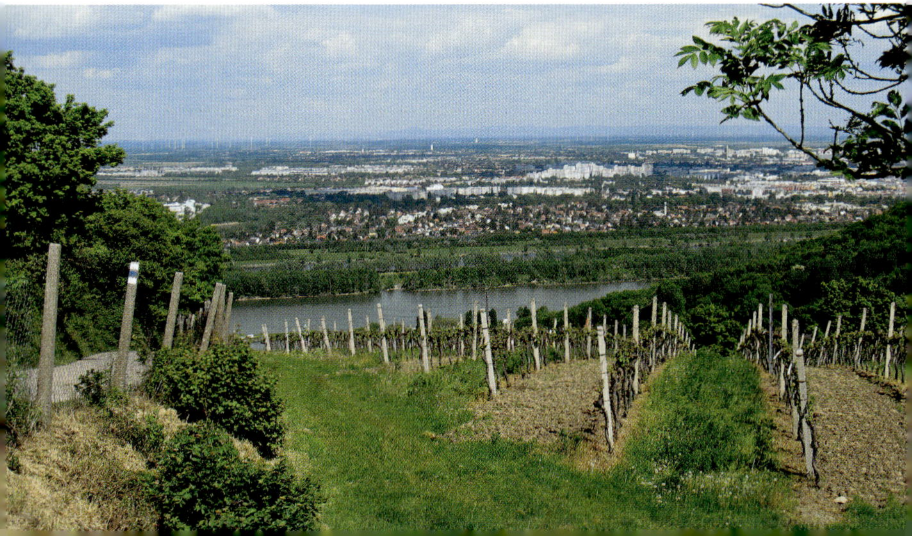

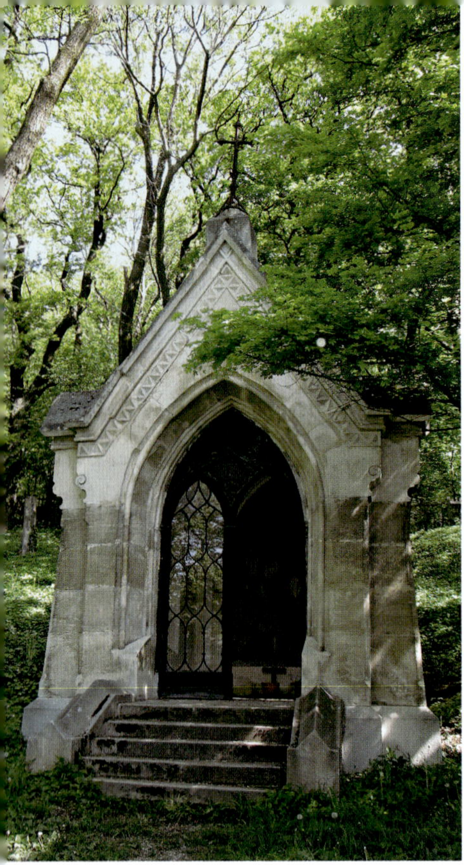

Kapelle am Kahlenberger Friedhof.

Bei der ehemaligen Talstation der Zahnradbahn auf den Kahlenberg – das Stationsgebäude liegt heute im Inneren der Straßenbahnschleife – in **Nußdorf (1)** beginnt unsere Wanderung. Wir gehen auf der Zahnradbahnstraße bergauf und folgen dann einem als Stadtwanderweg 1 ausgeschilderten Spazierweg, der mal links, mal rechts entlang des Schreiberbaches verläuft. Nachdem wir die Eroicagasse gequert haben, liegt links von uns der Beethovenpark, in dem es Rastbänke, einen Spielplatz und einen Trinkwasserbrunnen gibt. Am oberen Ende des Parks, bei der **Kahlenberger Straße (2)**, wandern wir geradeaus weiter durch die Wildgrubgasse, immer noch am Bach entlang.

Wir passieren den Nußdorfer Friedhof und gehen dann unterhalb von Weingärten weiter ins Tal hinein. Am Beginn des Waldes macht die Wildgrubgasse eine Kehre nach rechts, während wir auf einem unbefestigten Weg durch den Wald entlang des Baches geradeaus weiter bergauf gehen, immer noch am Stadtwanderweg 1. Wir bleiben stets im Tal und ignorieren eine Abzweigung rechts bergauf. Schließlich kommen wir unter einer Brücke der Höhenstraße hindurch auf die **Sulzwiese (3)**, auf der wir uns nach rechts wenden und dem Stadtwanderweg, dem Weitwanderweg 04 und den Wegweisern Richtung Kahlenberg folgen. Wir gehen am Areal der Schönstattbewegung mit Einkehrmöglichkeit im Café Schönstatt vorbei zur Höhenstraße und auf einem asphaltierten Fußweg an dieser entlang bis zu einem Parkplatz.

Ein Stück weiter überqueren wir die Höhenstraße auf einer Brücke (wer mit einem Kinderwagen unterwegs ist, kann die dortigen Stufen umgehen, indem er die Höhenstraße beim Parkplatz überquert, auf der anderen Seite den Villenweg nach links geht und bei der Gabelung kurz darauf die linke, ansteigende Zufahrtsstraße zum Sender nimmt). Wir kommen zur Aussichtswarte am Gipfel des Kahlenbergs, der Stefaniewarte (der Fernsehsender steht gleich daneben). An der Ostseite des Bergs folgen wir einem Fußweg, teilweise über Stiegen (die aber auch umgangen werden können) bergab und treffen auf den Villenweg, dem wir hinunter zum Platz **Am Kahlenberg (4)** folgen. Links befindet sich ein großer Parkplatz

mit Bushaltestelle, gerade vor uns die Kirche St. Josef und rechts das Café-Restaurant Kahlenberg mit einer Aussichtsterrasse.
Wir gehen vom Villenweg aus gesehen scharf rechts die Kahlenberger Straße in zwei Serpentinen hinunter, bis links ein blau markierter Wanderweg abzweigt. Nach 400 m mündet dieser in den Heinz-Werner-Schimanko-Weg, der seinerseits wieder in die Kahlenberger Straße mündet (man kann also auch auf dieser bleiben, statt die blau markierte Abzweigung zu nehmen). Gleich darauf führt die blaue Markierung bei der Eisernenhandgasse links und eine gelbe Markierung rechts bergab, während wir geradeaus weitergehen und nach 200 m zu den Heurigen Mayer am Nußberg und Sirbu gelangen. Immer weiter der Kahlenberger Straße folgend wandern wir zunächst noch zwischen Weinbergen, dann zwischen Häusern bergab. Die Straße biegt sich schließlich nach rechts, und wir treffen an der Kreuzung mit der **Wildgrubgasse (2)** wieder auf den Hinweg. Hier wenden wir uns nach links und gelangen durch den Beethovenpark wieder zurück zum Ausgangspunkt bei der Straßenbahnendstelle in **Nußdorf (1)**.

Rast neben dem Abstiegsweg über den Nußberg.

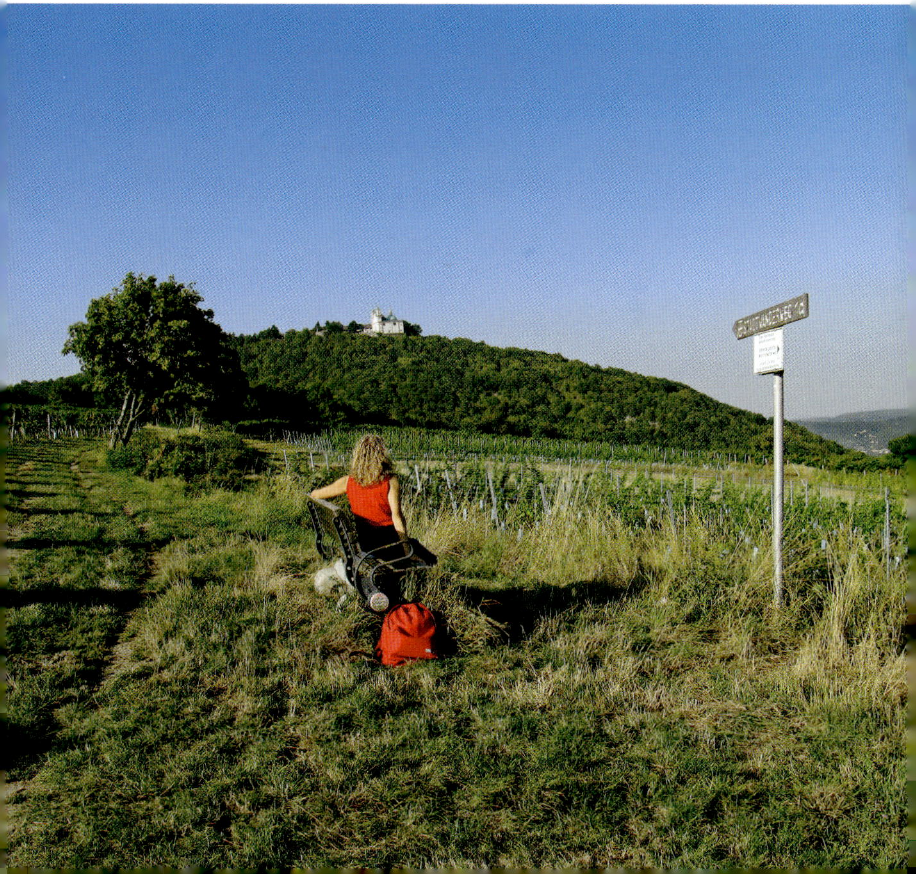

2 Rund um den Cobenzl

Paradetour im Wienerwald ganz ohne Gipfelsieg ★★★

Der Cobenzl, der eigentich Latisberg heißt, hat seinen heutigen umgangssprachlichen Namen von dem Grafen Johann Philipp Cobenzl, der hier im 18. Jahrhundert ein Schloss errichtete. Während der bewaldete Gipfel keine Aussicht bietet und deshalb kaum von jemandem bestiegen wird, finden sich um den Berg herum umso mehr lohnende Ziele, wie die Sisi-Kapelle, der Baumkreis am Himmel, die Aussichtsterrasse des ehemaligen Schlosshotels und der bei Familien besonders beliebte Kinderbauernhof.

KURZINFO

Ausgangspunkt: Parkplatz bzw. Bushaltestelle am Cobenzl, 365 m.
Anfahrt: Mit dem Auto auf der Höhenstraße von Grinzing der Beschilderung folgend direkt zum Parkplatz am Cobenzl. Öffentlich mit dem Bus 38A ab Wien Heiligenstadt (Anschluss S-Bahn und U-Bahn-Linie U4).
Gehzeit: 1.30 Std.
Weglänge: 4,0 km.
Höhenunterschied: Unter 100 m.
Anforderungen: Schotter- und Waldwege zwischen Himmelstraße, Kreuzeiche und ehemaligem Schlosshotel, sonst Asphalt.
Rast: Zahlreiche Rastbänke entlang des Weges.
Einkehr: Restaurant Waldgrill Cobenzl (kein Ruhetag), Tel. +43 1 320 58 33, www.waldgrill-cobenzl.at; Häuserl am Himmel (Do–So geöffnet), Tel. +43 1 320 66 61; Café-Restaurant Oktogon (im Winter Fr, Sa, So und Feiertag ab Mittag geöffnet, im Sommer auch Mi und Do geöffnet), Tel. +43 1 406 59 38, www.himmel.at.
Kinder: Neben dem Kinderbauernhof am Ende der Tour (Stallführungen, Ponyreiten, spezielle Kinderprogramme) ist auch der Baumkreis mit seinen »sprechenden« Bäumen eine Attraktion für Kinder. Spielplätze finden sich auf der Wiese nördlich des Baumkreises und beim Schloss Cobenzl. Direkt am Ausgangspunkt gibt es auch noch einen Schmetterlingslehrpfad.
Winter: Der Waldweg um den Latisberg herum zur Kreuzeiche wird im Winter nicht geräumt, ist aber meist problemlos begehbar. Die asphaltierten Wegabschnitte zwischen Cobenzl und Himmel sind auch im Winter begehbar.
Hinweis: Ggf. Eintritt Kinderbauernhof 5,80 € für Erwachsene, 4,80 € für Kinder von 3 bis 15 Jahren, darunter frei. Lebensbaumkreis und Sisi-Kapelle können kostenlos besucht werden.
Touristeninformation: Kinderbauernhof Landgut Cobenzl, Tel. +43 1 328 94 04-20, www.landgutcobenzl.at; Wien-Tourismus, Tel. +43 1 245 55, www.wien.info.

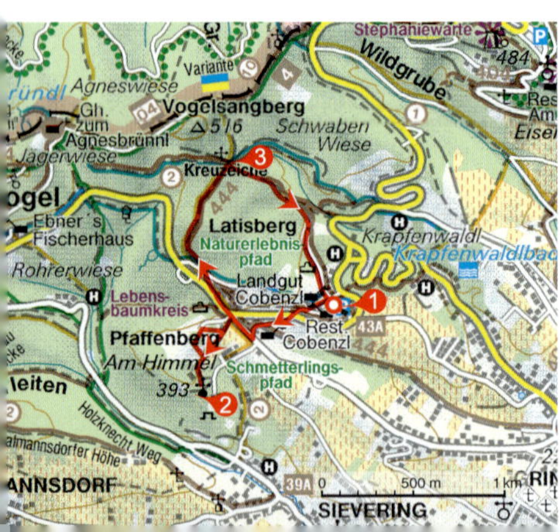

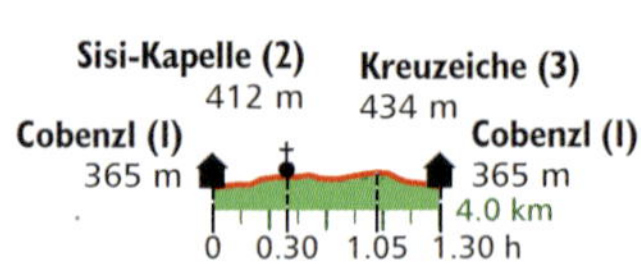

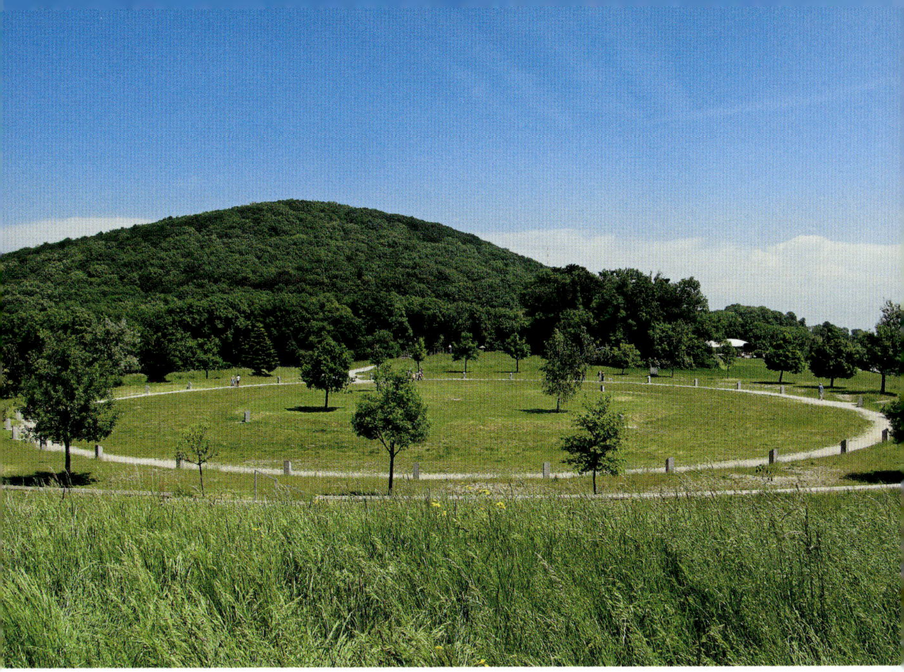

Der Lebensbaumkreis am Himmel.

Gleich beim Ausgangspunkt, dem Parkplatz und der Bushaltestelle am **Cobenzl (1)**, befindet sich eine Einkehrmöglichkeit, das Restaurant Waldgrill. Daran links vorbei folgen wir dem Wegweiser »Cobenzlwiese, Kinderspielplatz« auf einem Asphaltweg. Wir kommen an mehreren Jausenbänken bei einem Spielplatz vorbei zur Höhenstraße, die wir überqueren. Nun geht es auf einem asphaltierten Fußweg parallel zur Himmelstraße an einer weiteren Wiese mit Rastbank vorbei zum Ausflugsgasthaus Häuserl am Himmel, dort über Stufen hinauf zu einer weiteren Straße und diese nach rechts bergauf.

100 m weiter, kurz vor der Einmündung in die Höhenstraße, nehmen wir einen Schotterweg nach links, gehen links am achteckigen Pavillon des Restaurants Oktogon vorbei und immer dem Weg folgend in ein Wäldchen hinein zur wie ein kleines Märchenschloss anmutenden **Sisi-Kapelle (2)**.

Ein Stück am gleichen Weg zurück und dann links abzweigend zum bereits von Weitem sichtbaren »Keltischen« Lebensbaumkreis. Diesen verlassen wir dann auf der Nordseite und gehen am waldpädagogischen Spielplatz vorbei an der Nordseite des Oktogons wieder zurück zur Himmelstraße. Nun halten wir uns links hinauf zur Kreuzung mit der Höhenstraße, überqueren diese und folgen auf der anderen Seite der gelben und rot-weiß-roten Markierung auf einem mit einem Schranken gesperrten Weg parallel zur Höhenstraße. Wir treffen auf den Stadtwanderweg 2 und gehen auf dem markierten Weg, der sich nach einer Wiese mit Jausenbank von der Höhenstraße entfernt, durch den Wald bergauf zur Weg-

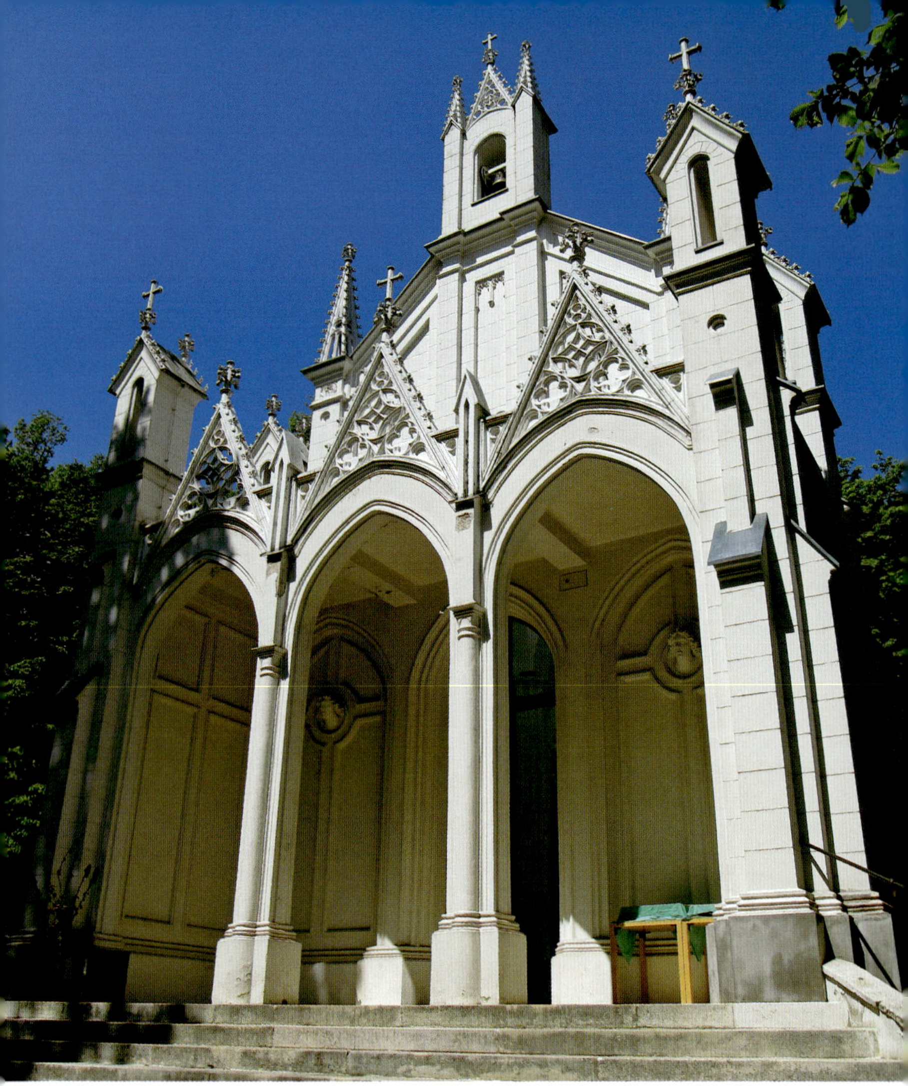

Wie aus einem Märchen: die Sisi-Kapelle.

kreuzung bei der **Kreuzeiche (3)**. Hier gibt es zahlreiche Wegweiser und Markierungen.
Wir folgen hier der roten Markierung Richtung Cobenzl. Auf einem zunächst leicht, dann etwas steiler bergab führenden Weg gelangen wir zu einer Aussichtsterrasse, die den letzten Überrest des einstigen Schlosshotels Cobenzl darstellt. Hier beginnt ein Asphaltweg, auf dem wir bequem zum Landgut Cobenzl mit dem Kinderbauernhof gelangen. Von dort geht es geradeaus weiterhin auf Asphalt die letzten Meter zurück zum Restaurant Waldgrill und zum Parkplatz am **Cobenzl (1)**.

Hermannskogel

Auf den höchsten Punkt des Wiener Stadtgebietes ★★

Verglichen mit den wesentlich häufiger besuchten Bergen am Steilabbruch des Wienerwaldes zur Donau hin, dem Kahlenberg und dem Leopoldsberg, fristet der Hermannskogel eher ein Schattendasein, obwohl es sich dabei um den höchsten Gipfel Wiens handelt, der die nächsthöheren Berge gleich um gut 30 Meter überragt. Die Habsburgwarte auf seinem Gipfel bietet nicht nur einen schönen Ausblick, sondern ist auch historisch interessant, weil sie bis vor etwa 100 Jahren den Referenzpunkt der gesamten Landvermessung Österreich-Ungarns bildete.

KURZINFO

Ausgangspunkt: Parkplatz an der Sieveringer Straße beim »Grüass Di a Gott Wirt«, 374 m, oder Haltestelle Sieveringer Straße/Rohrerwiese der Buslinie 415. An Wochenenden Bushaltestelle Rohrerwiese der Linie 43A, 200 m entfernt.
Endpunkt: Sievering, Endstation der Buslinie 39A. Autofahrer beenden die Tour bereits am Ausgangspunkt.
Anfahrt: Mit dem Auto auf der Sieveringer Straße Richtung Weidlingbach und Höhenstraße bis unmittelbar nach der Unterführung unter der Höhenstraße, dort scharf links auf den Parkplatz. Öffentlich mit dem Regionalbus 415 ab Wien Oberdöbling (S-Bahn) bis Sieveringer Straße/Rohrerwiese (fährt nur 3–4x täglich) oder mit dem Bus 43A ab Neuwaldegg bis Rohrerwiese (fährt dafür nur an Samstagen und Sonntagen etwa einmal pro Stunde).
Gehzeit: 2.30 Std.
Weglänge: 6,9 km.
Höhenunterschied: 200 m im Aufstieg und 300 m im Abstieg.
Anforderungen: Die Tour verläuft großteils auf breiten Wanderwegen, die teilweise geschottert sind. Am Rückweg von der Jägerwiese zum »Grüass Di a Gott Wirt« und ab dem Ortsbeginn von Sievering Asphalt.
Rast: Jausen- und Rastbänke beim »Grüass Di a Gott Wirt« und auf der Jägerwiese.

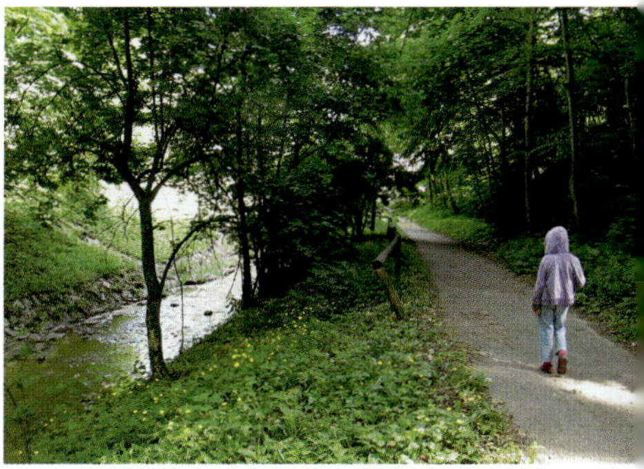

Am Weg entlang des Erbsenbachs.

Einkehr: »Grüass Di a Gott Wirt« (täglich außer Mo geöffnet), Tel. +43 664 554 35 97, www.gdagwirt.at; Gasthaus zum Agnesbründl (Mi–So geöffnet), Tel. +43 1 440 13 00, www.jaegerwiese.at; Alto im Fischerhaus (Fr–So geöffnet, 200 m abseits), Tel. +43 664 488 81 54, www.fischerhaus.co.at; Buschenschank Haslinger in Sievering (Mo Ruhetag, Schließzeiten siehe Homepage), Tel. +43 1 440 13 47, www.buschenschank-haslinger.at; Alte Mühle am Erbsenbach (Öffnungszeiten siehe Homepage), Tel. +43 1 440 21 72, www.erbsenbach.at.
Kinder: Spielplätze beim »Grüass Di a Gott Wirt« und auf der Jägerwiese, außerdem Tiergehege mit Bauernhoftieren beim Gasthaus zum Agnesbründl.
Touristeninformation: Wien-Tourismus, Tel. +43 1 245 55, www.wien.info.

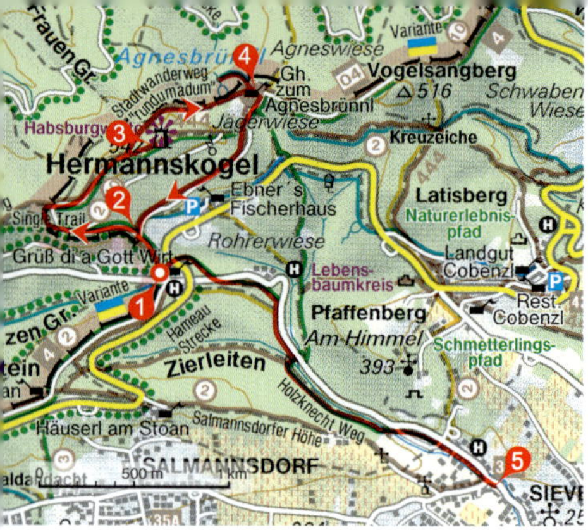

Vom Parkplatz beim **»Grüass Di a Gott Wirt« (1)** bzw. der Bushaltestelle Sieveringer Straße/Rohrerwiese gehen wir am Rand der Wiese bergauf (auf dieser befinden sich mehrere Rastbänke und ein Spielplatz) und kommen zu einem weiteren Parkplatz und einer Orientierungstafel des Stadtwanderweges 2 (wer von der Bushaltestelle Rohrerwiese des 43A kommt, geht die Höhenstraße bergab und gelangt so ebenfalls zu dieser Tafel. Hier folgen wir dem Wegweiser »Hermannskogel 30 Min.« bergauf (zunächst noch grün, blau und rot markiert) am Rand der **Rohrerwiese** entlang.

Bei der nächsten **Abzweigung (2)** gehen wir der roten und grünen Markierung folgend geradeaus und kommen 10 Min. später zu einer Abzweigung, bei der der rot markierte Weg links Richtung Hinterweidling abzweigt. Wir halten uns nun mit der grünen Markierung auf dem Hauptweg durch lichten Wald bergauf. Wieder kommen wir zu einem Wegweiser, bei dem sich der Weg neuerlich gabelt: Geradeaus gehen wir nun die letzten Meter zum Gipfel des **Hermannskogels (3)** mit der Habsburgwarte, bei der sich auch Rastbänke befinden.

Danach gehen wir am gleichen Weg zum Wegweiser zurück und halten uns nun vom Gipfel aus gesehen scharf rechts auf der roten Markierung bergab. So erreichen wir die große **Jägerwiese (4)**, mit Tiergehege, Rastbänken und einem Spielplatz. Direkt vor uns liegt das Gasthaus zur Jägerwiese. Links vor dem Gasthaus kann man auf einem blau markierten Weg einen Abstecher zum mitten im Wald versteckten Agnesbründl machen; danach geht es auf einem Asphaltweg rechts am Gasthaus vorbei, rot und gelb markiert bergauf durch lichten Wald zurück Richtung Rohrerwiese. Die gelbe Markierung zweigt nach rechts ab und führt sehr steil von der Ostseite auf den Hermannskogel-Gipfel hinauf, wir bleiben aber auf dem rot markierten Asphaltweg und folgen diesem ab hier bergab. Nach etwa 15 Min. mündet eine blaue Markierung von scharf links ein. (Auf dieser käme man zu einer weiteren Einkehrmöglichkeit, dem Fischerhaus und – wenn man öffentlich am Wochenende angereist ist – könnte man von dort aus entlang der Höhenstraße direkt zur Bushaltestelle des 43A gehen, wenn man die Tour hier beenden wollte.)

Wenige Meter später treten wir wieder aus dem Wald auf die große, vom Anfang des Weges bekannte **Rohrerwiese** hinaus. An deren Rand gehen wir zur **Abzweigung (2)**. Von hier gehen wir auf bekanntem Weg zur Orientierungstafel des Stadtwanderweges 2 zurück. Autofahrer beenden die Tour nun, indem sie geradeaus am **»Grüass Di a Gott Wirt« (1)** vorbei zum Parkplatz zurückgehen. Wir wenden uns nun aber links, dem Wegweiser und der grünen Markierung Richtung Erbsenbach-Staubecken und Sievering folgend. Zunächst queren wir die Höhenstraße, gehen bergab und

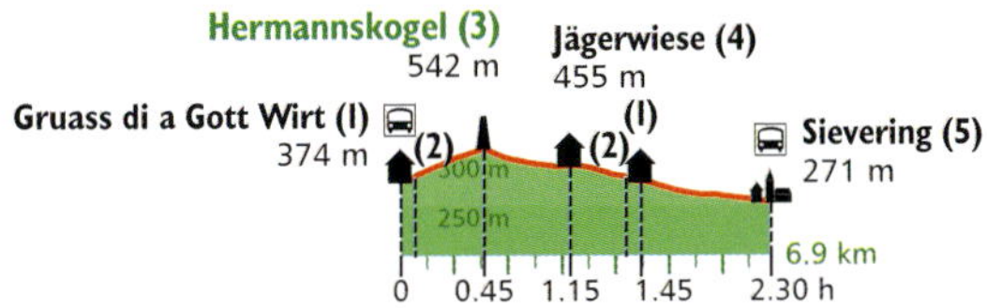

überqueren dann auch die Sieveringer Straße. Danach geht es auf einem schmalen Fußweg zwischen Straße und einem Bach bergab. Der Weg mündet nun in die Sieveringer Straße; gegenüber befindet sich das Staubecken des Erbsenbaches, das aber meist bis auf einen kleinen Tümpel trocken ist. Wir bleiben kurz auf der Straße und kommen zu einem Wegweiser, bei dem eine rote Markierung von rechts einmündet.
Ab hier folgen wir dem grün markierten Asphaltweg rechts des Baches (die Straße verläuft links davon). Bei einem Haus gehen wir links über den Bach zu einem Trinkwasserbrunnen und folgen dann dem Uferweg entlang des Baches weiter bergab. Abermals treffen wir auf die Sieveringer Straße. Geradeaus führt eine gelbe Markierung Richtung Kreuzeiche und Himmelwiese, während wir uns nach rechts wenden und die letzten 300 m durch den alten Weinort Sievering mit seinen historischen Winzerhäusern zur Kreuzung mit der Agnesgasse gehen. An dieser befinden sich die Endstation **Sievering (5)** der Buslinie 39A und zwei weitere Einkehrmöglichkeiten – die Alte Mühle direkt bei der Busstation und die Buschenschank Haslinger wenige Meter nach rechts in der Agnesgasse.

Am Aufstieg zum Hermannskogel.

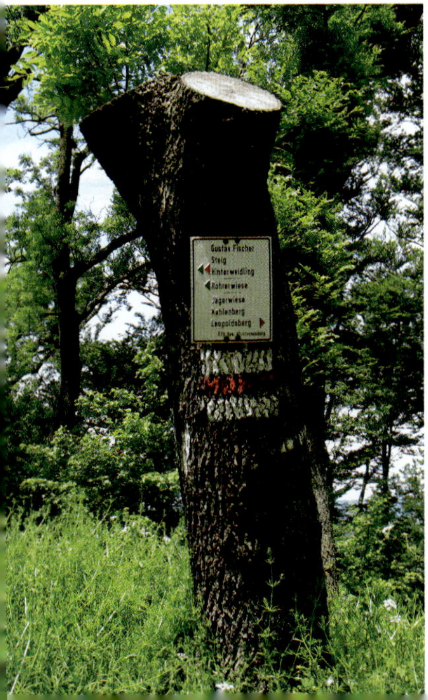

Die Habsburgwarte auf dem Gipfel.

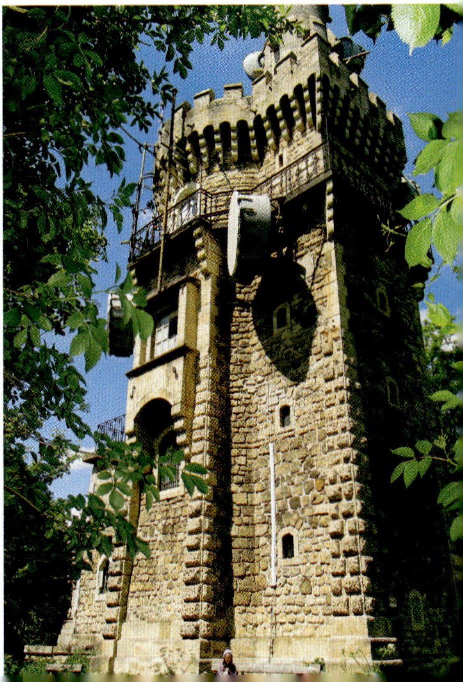

4 Im Naturpark Eichenhain

»Mutter des Wienerwaldes« und Obstlehrpfad ★

Im äußersten Nordosten des Wienerwaldes befindet sich im Gemeindegebiet von Klosterneuburg und St. Andrä-Wördern der Naturpark Eichenhain, der durch die für den aus Sandstein bestehenden Teil des Wienerwaldes typischen Buchen- und Eichenwälder gekennzeichnet ist. Auf dieser Streckenwanderung gehen wir über den höchsten Punkt des Naturparks bei der Windischhütte an der riesigen, über 300 Jahre alten Stieleiche, der »Mutter des Wienerwaldes« vorbei zum Haschhof, wo sich Schauobstgärten und ein Obstlehrpfad befinden.

KURZINFO

Ausgangspunkt: Steinriegl Hochstraße, 458 m. Bushaltestelle der Linie 445. Parkmöglichkeit für Autofahrer im Ort oder am Beginn der Variante bei der Windischhütte.

Endpunkt: Klosterneuburg, Bushaltestelle Lorenz-Böhler-Weg der Linien 400 und 406.

Anfahrt: Mit dem Bus ab Wien Hernals (6–8 Verbindungen pro Tag) bis zur Haltestelle Steinriegl Hochstraße. Die Haltestelle direkt bei der Windischhütte der Buslinie 405 ab St. Andrä-Wördern wird nur wenige Male am Tag nur an Schultagen angefahren.

Gehzeit: 3.30 Std.

Weglänge: 9,4 km.

Höhenunterschied: 100 m im Austieg und 380 m im Abstieg.

Anforderungen: Lange, aber einfache Tour großteils auf breiten Wegen und Schotterstraßen, im Ortsgebiet auf Asphalt.

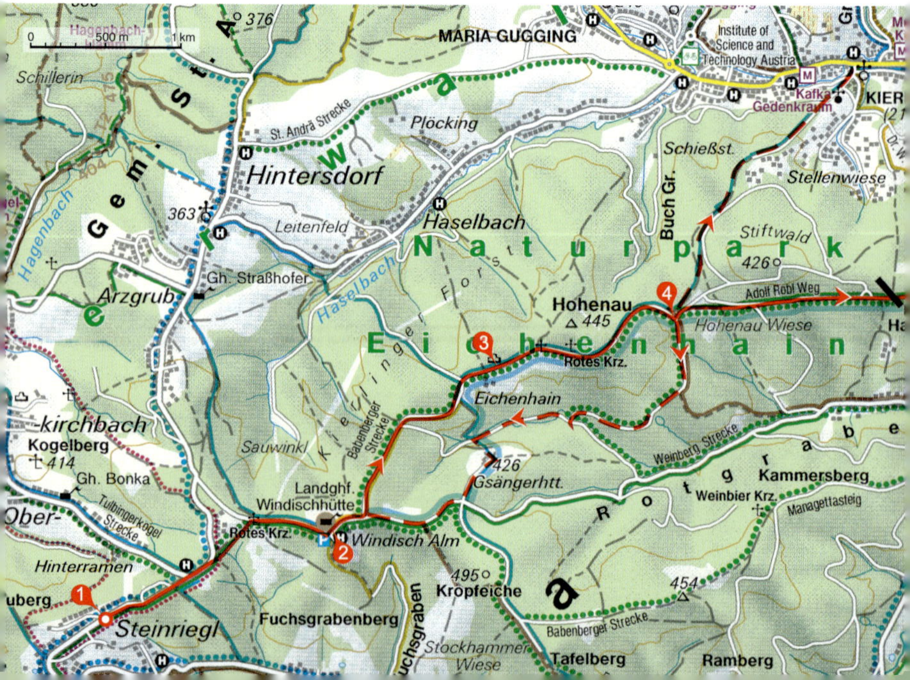

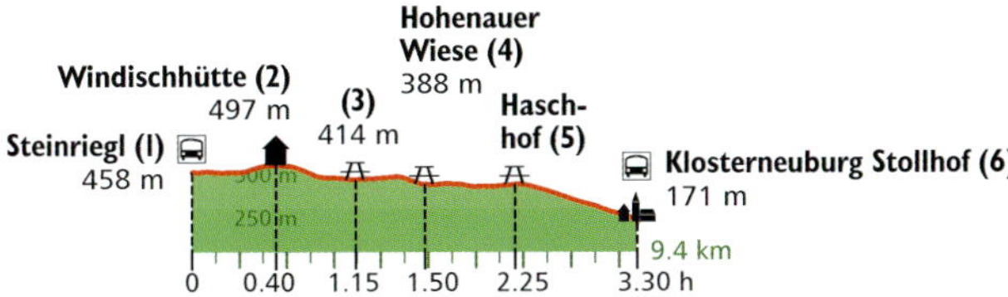

Rast: Rastbänke gibt es bei der Windischalm, der »Mutter des Wienerwaldes«, auf der Hohenauer Wiese und beim Haschhof.
Einkehr: Landgasthof Windischhütte (Mi–So und feiertags geöffnet), Tel. +43 2243 304 44, www.windischhuette.at.
Kinder: Der Obstlehrpfad und die Schauobstgärten sind auch für Kinder sehr interessant, außerdem gibt es Spielplätze am Haschhof und in der Doppelngasse kurz vor dem Ende der Tour. Auf der Windischalm gibt es leider keinen Spielplatz mehr, sondern nur eine kleine Sandkiste.
Varianten: Rundwanderung für Autofahrer mit Rückkehr zur Windischhütte: Von der Hohenauer Wiese (4) mit der roten Markierung Richtung Weidling gehen; wo diese links in den Wald abbiegt, aber auf der Schotterstraße bleiben. Auf dieser erst noch bergab, dann in einem Graben bergauf bis zur Kreuzung mit einem blau markierten Wanderweg. Diesem folgen wir nach links zur auf einer schönen Obstbaumwiese gelegenen Gsängerhütte, bei der man auf eine Schotterstraße trifft. Auf ihr gerade weiter zu einer Kreuzung mit einer rot markierten Schotterstraße, der wir rechts bergauf zur bekannten T-Kreuzung kurz vor der Windischalm folgen. Ab hier die letzten Meter zurück zur Windischhütte. Es gibt auch mehrere Möglichkeiten, die Tour abzukürzen. Man kann entweder erst ab der Windischhütte (2) wandern (Busverbindung aber sehr selten; 1,8 km bzw. 35 Min. kürzer) oder von der Hohenauer Wiese (4) auf der blauen Markierung nach links gehen und zur Kirche von Kierling (Bushaltestelle Kierling Volksschule der Linien 400 und 406) absteigen (2,3 km bzw. 45 Min. Ersparnis).
Touristeninformation: Tourismusverband Klosterneuburg, Tel. +43 2243 320 38, www.klosterneuburg.net; Verein Naturpark Eichenhain, Tel. +43 676 624 68 04, www.naturparke.at.

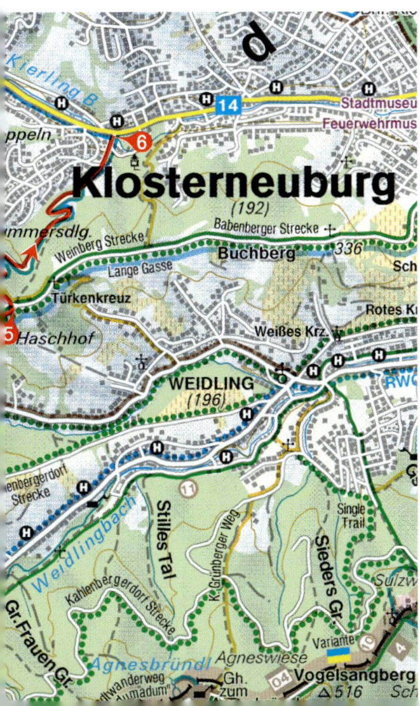

Von der Bushaltestelle Hochstraße im Ort **Steinriegl (1)** gehen wir auf der Straße geradeaus weiter bergauf zur Abzweigung nach Oberkirchbach etwas außerhalb des Ortes und an dieser geradeaus weiter. 200 m danach zweigt in einer Linkskurve im Wald geradeaus ein grün markierter Weg ab, den wir nehmen. Wir treffen wieder auf eine Asphaltstraße, die auf dem Parkplatz beim Landgasthof **Windischhütte (2)** endet. Von hier blau und rot markiert bis zur Windischalm (Stütz-

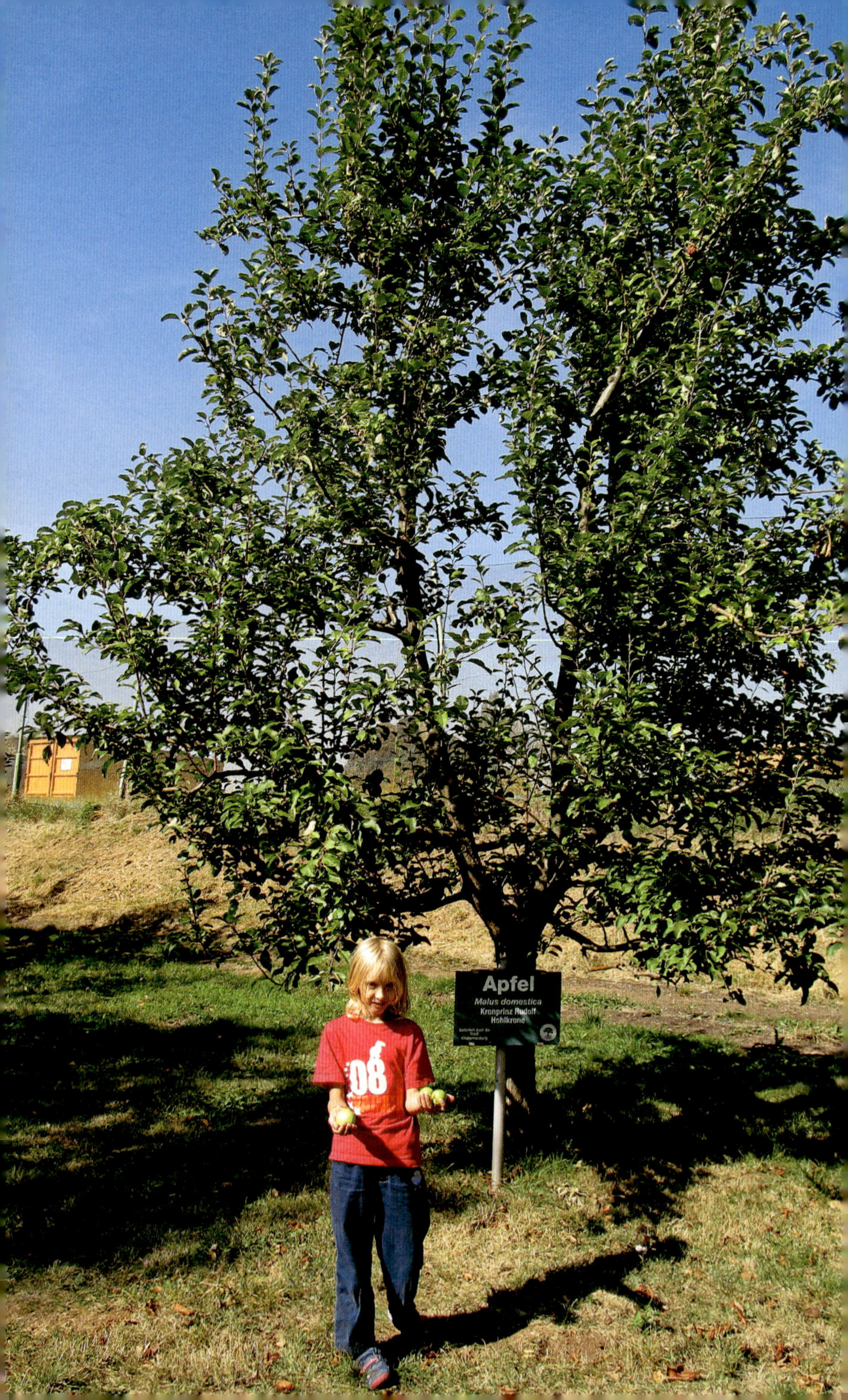
Apfel
Malus domestica
Kronprinz Rudolf
Hohlkrone
08

punkt der Naturwacht, Jausenbänke) auf Asphalt, dann auf Schotter zu einer Abzweigung, bei der die rote Markierung geradeaus weiterführt, während wir gelb und blau markiert links abbiegen, den Wegweisern Richtung Eichenhain und Hohenauer Wiese folgend. Unser Weg führt stetig bergab zur Abzweigung einer unmarkierten Schotterstraße nach rechts. Hier gehen wir geradeaus weiter, nun fast eben, und kommen zum Eichenhain. Am Rand einer großen Wiese steht direkt neben dem Weg die mächtige Stieleiche **»Mutter des Wienerwaldes« (3)**; wenige Meter danach kommen wir zum Rastplatz Eichenhain mit einer Stempelstelle des Wienerwald-Weitwanderweges.

Weiter geht es auf dem blau markierten Hauptweg am Roten Kreuz vorbei zu einer Gabelung, bei der wir uns links Richtung Hohenauer Wiese und Klosterneuburg halten. Nach wenigen Metern befindet sich rechts eine Unterstandshütte. Gleich darauf führt der Weg hinaus auf die **Hohenauer Wiese (4)**, an deren Beginn es eine Wegkreuzung gibt und die wir auf einer Wegspur überqueren, der grünen Markierung Richtung Haschhof und Klosterneuburg folgend (an der Kreuzung links Variante nach Kierling blau, rechts Variante Rundweg zur Windischhütte rot).

Auf dem geschotterten Adolf-Robl-Weg erreichen wir das **Bundesversuchsobstgut Haschhof (5)** mit seinen Schauobstgärten, dem Obstlehrpfad, einem Spielplatz und Jausenbänken. Hier wenden wir uns nun nach links und folgen der asphaltierten Haschhofstraße immer bergab. Nachdem wir die ersten

In den Schauobstgärten Haschhof.

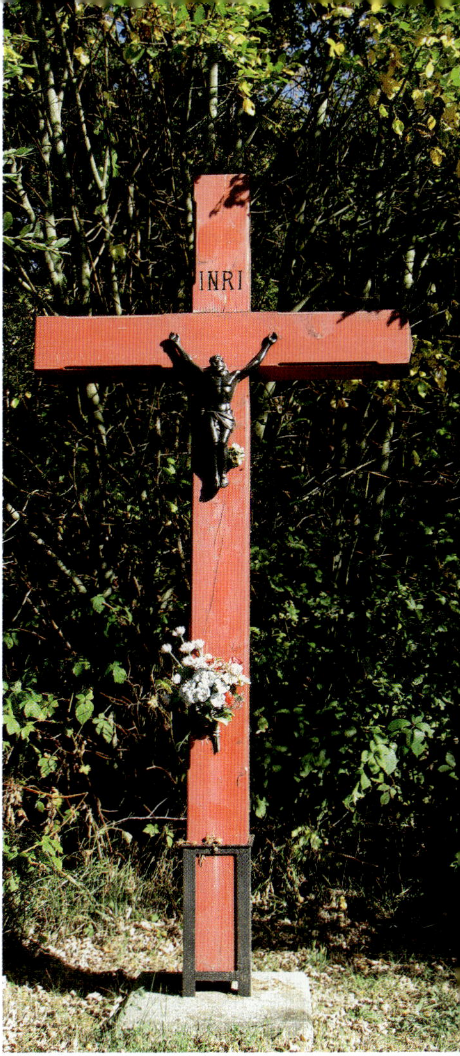

Das Rote Kreuz am Wegrand.

Häuser erreicht haben, kann man links auf der Gasse Doppelngraben einen Abstecher zu einem Spielplatz machen. Weiter der Haschhofstraße folgend treffen wir auf die Kierlinger Straße, der wir wenige Meter nach rechts zur Bushaltestelle **Lorenz-Böhler-Weg (6)** folgen.

5 Hagenbachklamm

Durch die Waldschlucht zur Greifvogelstation ★★

Auch wenn sich eine Klamm im Sandstein-Wienerwald an Schroffheit und Wildheit nicht mit Schluchten im Karstgebiet der Kalkalpen messen kann, ist eine Wanderung durch die Hagenbachklamm ein eindrucksvolles Erlebnis. Ein besonderer Höhepunkt ist nach dem Durchschreiten der Waldschlucht ein Besuch in der Greifvogel-Zuchtstation. Und wer auf dem Planeten-Wanderweg auf den Tulbinger Kogel (Tour 6) den Planeten Pluto vermisst, kann ihm auf dieser Wanderung einen Besuch abstatten.

KURZINFO

Ausgangspunkt: Bushaltestelle St. Andrä-Wördern Hagenbachklamm oder Parkplatz am Beginn der Klamm, 256 m.
Endpunkt: St. Andrä-Wördern, Kirchenplatz; Bushaltestelle. Autofahrer gehen von hier auf dem beschilderten Wanderweg 15 Min. zusätzlich zurück zum Parkplatz am Beginn der Hagenbachklamm.
Anfahrt: Mit dem Auto auf der B 14 von Klosterneuburg oder Tulln kommend zum direkt an der Straße gelegenen Parkplatz am Eingang der Klamm. Mit dem Regionalbus 406 (bzw. werktags auch mit einzelnen Bussen der Linie 404) ab Wien Heiligenstadt oder Klosterneuburg zur Haltestelle St. Andrä-Wördern Hagenbachklamm.
Gehzeit: 2.45 Std.
Weglänge: 7,7 km.
Höhenunterschied: 140 m im Anstieg und 200 m im Abstieg.
Anforderungen: Anfangs teilweise steile, schmale und holprige Fußwege, im oberen Teil der Klamm und am Rückweg breiter und flacher. Von der Greifvogel-Zuchtstation in den Ort Unterkirchbach Asphalt.
Rast: Vereinzelte Rastbänke entlang des Weges durch die Klamm, ein überdachter Rastplatz in deren Mitte und Jausenbänke am Beginn der Klamm, bei der Greifvogelstation und beim Spielplatz.
Einkehr: Gasthof Hauser (Fr–Di geöffnet), Tel. +43 2242 6280; Hotel-Restaurant Marienhof (Mi–So geöffnet), Tel. +43 2242 6263, www.marienhof-wien.com (alle in Unterkirchbach); Gasthof Lindenkeller in St. Andrä (Mi–So geöffnet), Tel. +43 2242 336 96, www.lindenkeller.at. Auf der Variante zum Bahnhof weiters Gasthaus Steinböck (Di Ruhetag), Tel. +43 2242 323 65; Burgherrenrestaurant Zeiner direkt beim Bahnhof (Di und Mi Ruhetag), Tel. +43 676 706 05 01, www.gastro-zeiner.at.
Kinder: Der abenteuerliche Weg durch die Klamm, die Greifvogelstation und ein

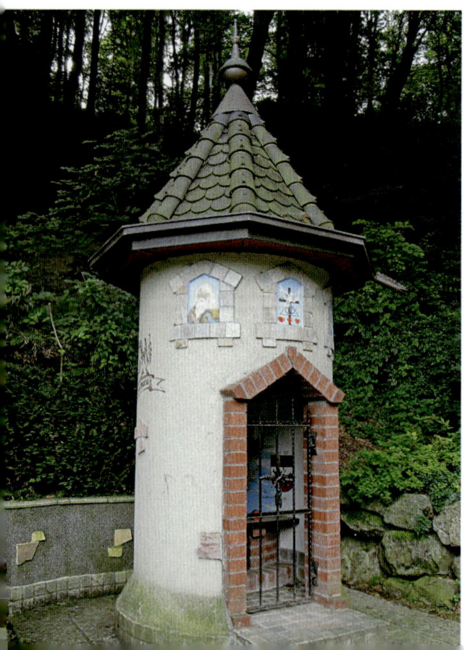

Barbarakapelle am Beginn der Hagenbachklamm.

Spielplatz machen die Tour zum Erlebnis für Kinder. Gegenüber der Greifvogelstation wird auch Ponyreiten für Kinder angeboten.

Varianten: Wer nicht in Unterkirchbach einkehren möchte, kann auch schon bei der Greifvogelstation (45 Min. kürzer) oder beim Spielplatz (30 Min. kürzer) umkehren. Außerdem ist es natürlich möglich, hin und zurück den gleichen Weg zu gehen, wenn man nicht in den Ort St. Andrä möchte bzw. wenn man sich als Autofahrer den zusätzlichen Rückweg zum Parkplatz sparen möchte. Wer in St. Andrä-Wördern nicht auf den selten verkehrenden Bus angewiesen sein möchte, kann auch zu Fuß zum Bahnhof St. Andrä-Wördern (S-Bahn-Verbindung nach Wien) gehen: Vom Kirchenplatz auf der Greifensteiner Straße bis zum Ortsende von St. Andrä bzw. Ortsbeginn von Wördern, dort links dem etwas verwinkelten Verlauf der Hauptstraße folgend am Gasthaus Steinböck vorbei. 100 m hinter dem Gasthaus halb rechts auf einem Fußweg an einem Spielplatz und einem Park vorbei zur Dr.-Karl-Renner-Allee und auf dieser links zum Bahnhof. 35 Min. zusätzlich.

Touristeninformation: Tourismusregion Wienerwald, Tel. +43 2231 621 76, www.wienerwald.info.

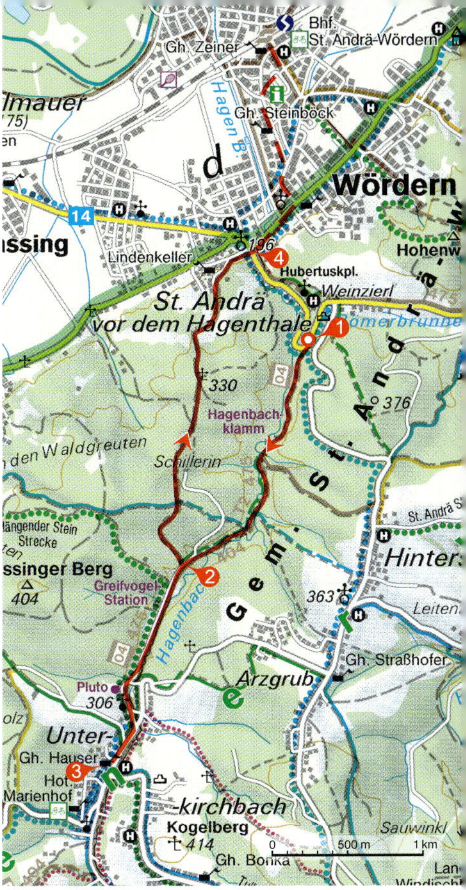

An der markanten Kehre der B 14 im Hagenbachtal befindet sich ein Parkplatz und ein Stück weiter an der Straße die Bushaltestelle **Sankt Andrä-Wördern Hagenbachklamm (1)**, bei der wir unsere Wanderung beginnen. An der Barbarakapelle und einer Orientierungstafel vorbei folgen wir dem Wegweiser Richtung Hagenbachklamm, Hintersdorf und Kirchbach, durchgehend weiß-rot-weiß und rot-weiß-rot markiert. Auf dem nicht zu verfehlenden einzigen Weg entlang des Baches wandern wir vorbei an Felsen, über Holzbrücken und Stege. Wir gelangen zu einem überdachten Rastplatz, hinter dem ein Weg links nach Hintersdorf abzweigt. Nochmals überqueren wir einen Holzsteg und haben schon bald darauf den schmalen und

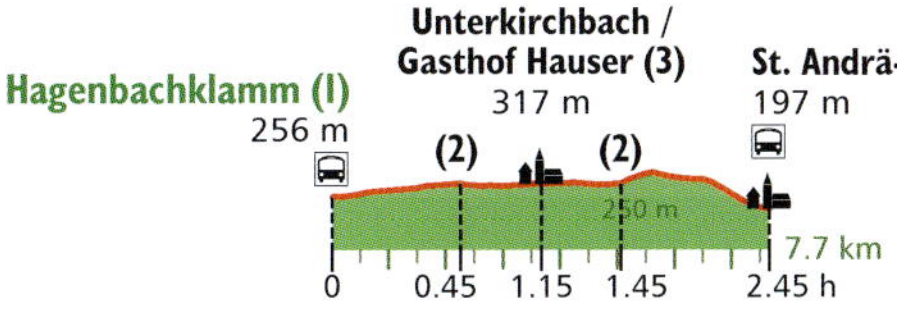

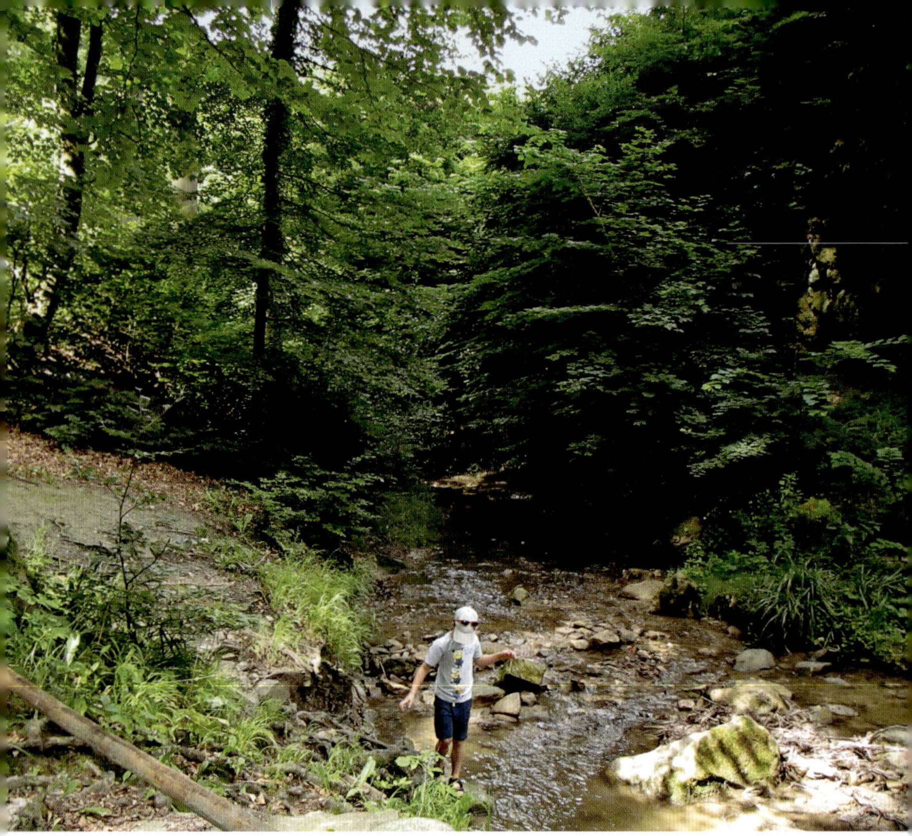

Für Kinder ist die Klamm ein Erlebnis.

schwierigen Teil des Weges hinter uns gebracht.
Wir treffen auf eine von links oberhalb einmündende, blau markierte Forststraße, auf der man abermals nach Hintersdorf gehen könnte. Die blaue Markierung begleitet uns für knapp 100 m, dann zweigt sie nach rechts Richtung Wolfpassing ab. Wir gehen auf einem nun breiteren, bequemen Weg in größerem Abstand vom Bach im Tal weiter. Eine Forststraße mündet von rechts hinten ein; hier gibt es eine Infobox mit Broschüren über den Biosphärenpark Wienerwald. 150 m weiter kommen wir zu einer Abzweigung bei einem **Schranken (2)**, die wir uns für den Rückweg merken, und kurz darauf auf Asphalt. Wir erreichen gleich danach die Greifvogel-Zuchtstation und können nun auf dem asphaltierten Klammweg weiter zu einer Spielwiese mit Jausenbänken und Spielplatz gehen. Vorbei am Planeten Pluto des Planetenwanderweges Königstetten – Tulbinger Kogel – Hagenbachklamm (siehe Tour 6) kommen wir in den Ort Unterkirchbach, wo wir beim **Gasthof Hauser (3)** oder, 500 m weiter, beim Restaurant Marienhof einkehren können.
Wir gehen am gleichen Weg zurück zum **Schranken (2)** und wenden uns bei diesem nun steil bergauf. Ein Wegweiser Richtung St. Andrä-

Wördern steht erst einige Meter hinter der Abzweigung. Der nun rot markierte Weg wird schmäler, führt weiter bergauf und kreuzt am höchsten Punkt einen blau markierten Weg. Nun bergab gehend treffen wir auf eine Schotterstraße, wandern weiter auf dem rot markierten Weg ein Stück fast eben zu einem Wegkreuz, bei dem sich auch eine Jausenbank befindet. Nun geht es wieder steiler bergab. Der Wanderweg mündet in den geschotterten Ristlweg.

Wir halten, nun schon an den ersten Häusern des Ortes vorbei, auf die Kirche zu. Nach links abzweigend durch die Wallenböckgasse käme man zum Lindenkeller (Einkehr); ansonsten geht man rechts an der Kirche vorbei zur Wiener Straße, an der sich die Bushaltestelle **St. Andrä Kirchenplatz (4)** befindet. Autofahrer können von hier in 15 Min. zunächst der Straße entlang, dann links von dieser auf einem Wanderweg zum Parkplatz zurückgelangen.

Bequeme Wege im oberen Teil der Klamm.

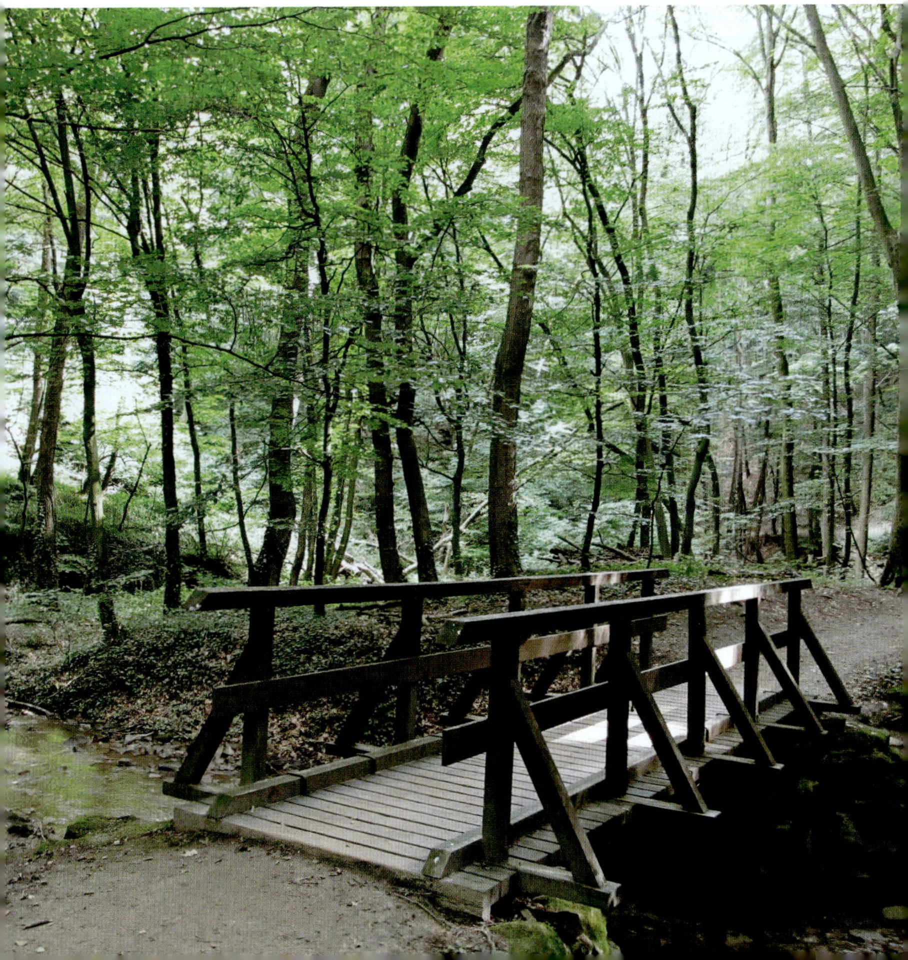

6

Auf den Tulbinger Kogel

Auf dem Planetenweg zur Leopold-Figl-Warte ★★

Einmal quer durch unser Sonnensystem – unter dieses Motto könnte man die Wanderung von Königstetten auf den Tulbinger Kogel und von dort weiter über Hainbuch wieder zurück nach Königstetten stellen. Erbsengroße Planetenmodelle, zwischen denen kilometerweite Distanzen liegen, bringen dem Wanderer auf anschauliche Weise die Größenverhältnisse nahe. Aber auch wenn man sich nicht für Astronomie interessiert, kommt man bei dieser Tour auf seine Kosten, bietet doch die Leopold-Figl-Warte einen fantastischen Ausblick über halb Niederösterreich.

KURZINFO

Ausgangspunkt: Königstetten, 181 m, bei der Kirche. Bushaltestelle und Parkmöglichkeit.
Anfahrt: Mit dem Auto entweder auf der B 14 über Klosterneuburg nach St. Andrä-Wördern und dort beim Kreisverkehr links nach Königstetten oder von Wien Neuwaldegg auf der Exelbergstraße direkt nach Königstetten. Öffentlich ist Königstetten am besten mit der Buslinie 411 ab Tullnerfeld Bahnhof oder St. Andrä-Wördern (Mo–Sa stündlich, So- und Feiertag alle 2 Stunden) erreichbar; weitere Anreisemöglichkeiten erfährt man über die Routenplaner der ÖBB oder des VOR.
Gehzeit: 3.30 Std.

Aussichtspunkt oberhalb von Königstetten.

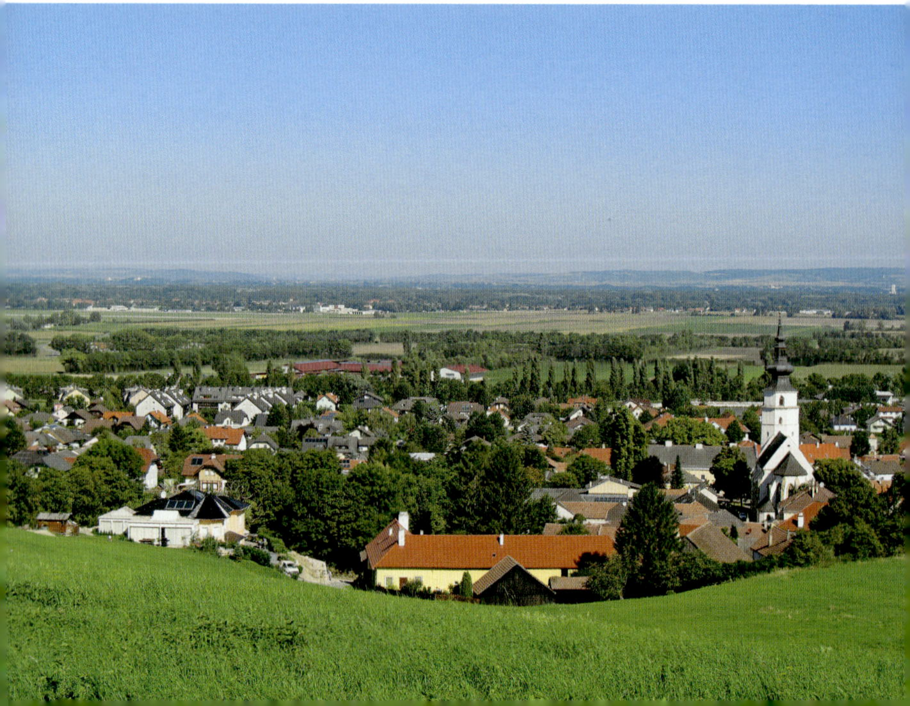

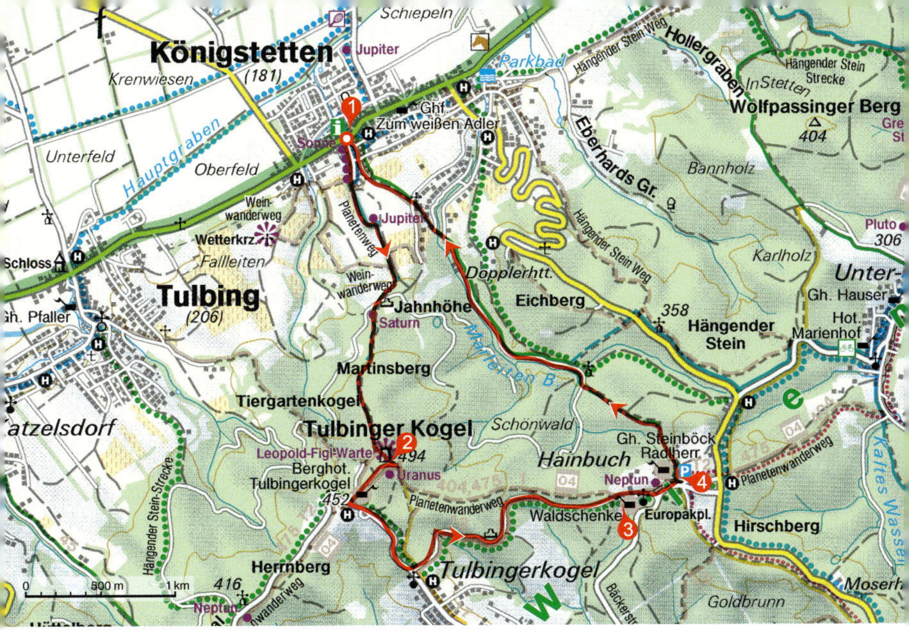

Weglänge: 9,5 km.

Höhenunterschied: 350 m.

Anforderungen: Längere Wanderung großteils auf guten Schotterstraßen und Feldwegen, aber auf einzelnen Abschnitten schmale, etwas steilere Fußwege, sowohl am Aufstieg als auch am Abstieg.

Rast: Mehrere Rastbänke am Beginn des Weges bis zum Alpenvereinsrastplatz und bei der Warte, am Abstieg keine mehr.

Einkehr: Restaurant im Berghotel Tulbingerkogel (täglich geöffnet), Tel. +43 2273 7391, www.tulbingerkogel.at; Waldschenke (Fr abends, Sa, So und Feiertag geöffnet), Tel. +43 2273 7388, www.waldschenke-staar.at; Gasthaus Radlherr (Sa–Mi, Juli geschlossen), Tel. +43 2273 7384; in Königstetten Kingston's Pub Café (täglich geöffnet), Tel. +43 664 226 33 50, www.kingstons.at; in Königstetten hat außerdem täglich mindestens ein Heurigenbetrieb geöffnet, siehe www.weinort-koenigstetten.at/heurigenkalender.

Kinder: Der Planetenweg ist für Kinder interessant, weil er auf anschauliche Weise die Dimensionen unseres Sonnensystems vermittelt. Einen Spielplatz gibt es beim Gasthof Radlherr.

Variante: Da es beim Berghotel Tulbinger Kogel eine Bushaltestelle gibt (Linie 449 Mauerbach–Tulln, verkehrt aber nur ca. 3x am Tag, auch sonntags), kann man die Tour evtl. teilen und entweder nur von Königstetten dorthin wandern oder sich den Aufstieg ersparen und vom Tulbinger Kogel über die Waldschenke bergab nach Königstetten wandern.

Touristeninformation: Tourismusregion Wienerwald, Tel. +43 2231 621 76, www.wienerwald.info; Info zum Planetenweg: www.koenigstetten.at/Wanderweg_Planetenweg.

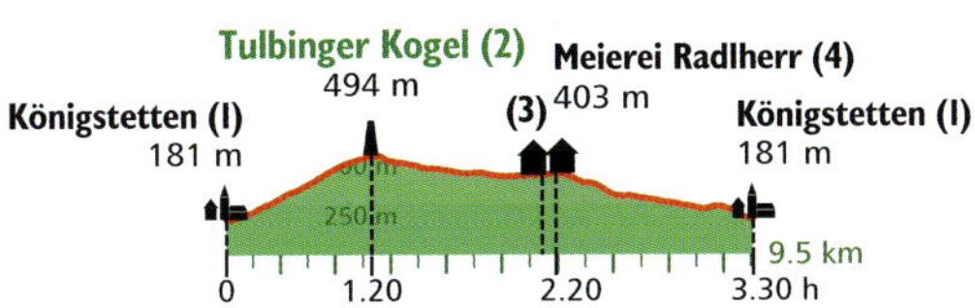

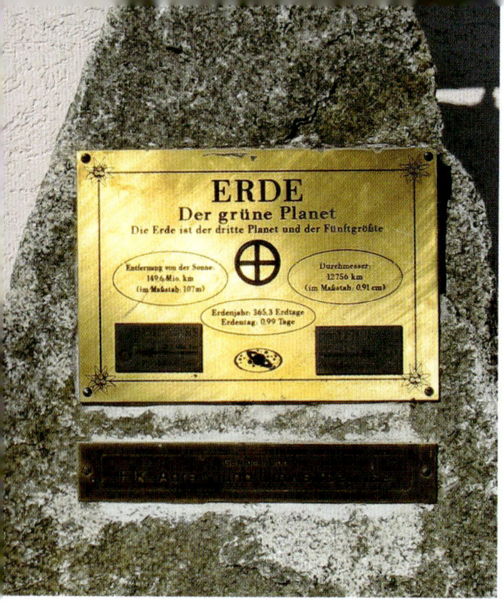

Infotafel des Planetenweges.

Am Platz bei der Kirche von **Königstetten (1)** spazieren wir an einer Infotafel des Planetenwanderweges vorbei zur Sonne, die sich rechts der Kirche befindet. Wir folgen der blauen Markierung durch die Kogelgasse und passieren dabei in kurzem Abstand Merkur, Venus, Erde und Mars. Am Ende der Gasse gehen wir bei einem Wegweiser zum Tulbinger Kogel rechts und 50 m weiter links durch einen Hohlweg in Richtung der Weingärten bergauf. Zwischen Feldern links und Weingärten rechts folgen wir dem blau markierten Weg an einer Rastbank mit dem Jupiter vorbei. Wir kreuzen den Weinwanderweg und gehen auf dem Feldweg gerade weiter bergauf, auf den Wald zu.

Bevor man diesen erreicht, führt die Markierung – leicht zu übersehen – rechts durch einen Waldstreifen. Wer sie verpasst, geht einfach 30 m weiter an der T-Kreuzung mit einer Schotterstraße nach rechts. Die beiden Wege treffen beim Rastplatz des Alpenvereins Königstetten wieder aufeinander; dort befinden sich auch ein Denkmal und der Saturn.

Unsere blaue Markierung führt hier auf einem schmalen Fußweg in den Wald hinein. Bei einer Gabelung nach 200 m nehmen wir den rechten, breiteren Weg. Auf ihm gelangen wir schließlich zu einem Wegweiser direkt unterhalb des Gipfels, bei dem wir rechts Richtung Passauerhof, Riederberg und Troppberg gehen. Nach wenigen Metern haben wir den Gipfel des **Tulbinger Kogels (2)** mit der Leopold-Figl-Warte, Jausenbänken, einer weiteren Orientierungstafel des Planetenweges und dem Uranus erreicht.

Von der Warte wandern wir rot-weiß-rot markiert auf einem breiten Erdweg, dann auf einem Schotterweg bergab zum Parkplatz des Berghotels Tulbingerkogel, auf dem wir links gehen, um dann einem Fußweg parallel zur Straße bergab zu folgen. Dieser wechselt in einer Rechtskurve die Straßenseite und erreicht dann das Ortsschild von Tulbingerkogel, bei dem eine mit einem Schranken gesperrte Schotterstraße links in den Wald führt.

Auf dieser Straße gehen wir nun leicht bergab, zunächst unmarkiert. Nach etwa 1 km ab dem Schranken treffen wir auf den direkt vom Gipfel kommenden rot markierten Wanderweg, der ab hier wenige Meter links von uns parallel zur Schotterstraße verläuft. Man kann auf ihn wechseln, wenn man Waldwege bevorzugt, oder auf der Schotterstraße bleiben. Schließlich stößt der Weg am Beginn einer Lichtung auf die Straße, die kurz darauf in Asphalt übergeht. Wir sehen die ersten Häuser von Hainbuch und kommen an der **Waldschenke (3)** vorbei. Wo sich die Asphaltstraße nach rechts biegt, gehen wir geradeaus auf einem Schotterweg weiter, eine Wiese mit Obstbäumen zu unserer Linken.

Vor dem **Gasthaus Radlherr (4)** befindet sich schließlich auch noch der Neptun (wer zum Pluto möchte, der ohnehin offiziell nicht mehr als Planet geführt wird, muss die Tour 5 durch die Hagenbachklamm machen). Hinter dem Gasthaus folgen wir der grünen Markierung und einem Wegweiser nach links Richtung Königstetten. Für etwa 15 Min. leitet uns ein schmales Weglein durch den Wald, dann treffen wir auf eine Schotterstraße.

Auf ihr grün markiert weiter, an einem Marterl und an der Abzweigung eines blau markierten Weges nach rechts vorbei. Die Schotterstraße verläuft in einem tief eingeschnittenen Tal, in dem wir links unter uns einen Bach sehen. Hinter einem Schranken beginnen links des Weges Häuser; beim ersten Haus auf der rechten Seite zweigt die Markierung – leicht zu übersehen – links von der Schotterstraße ab und führt zu einem Steg, auf dem man den Bach quert. Danach geht es bergauf zu einem Holzkreuz, bei dem wir auf eine Asphaltstraße treffen. Auf dieser kurz rechts und in der Rechtskurve halb links auf einem Weg durch Felder und Weingärten auf die Kirche zu. Schließlich steigen wir über Stufen steil hinunter zur Schulgasse, auf der wir zur Kirche von **Königstetten (1)** zurückgehen.

Der gemütliche Gasthof Radlherr am Abstiegsweg.

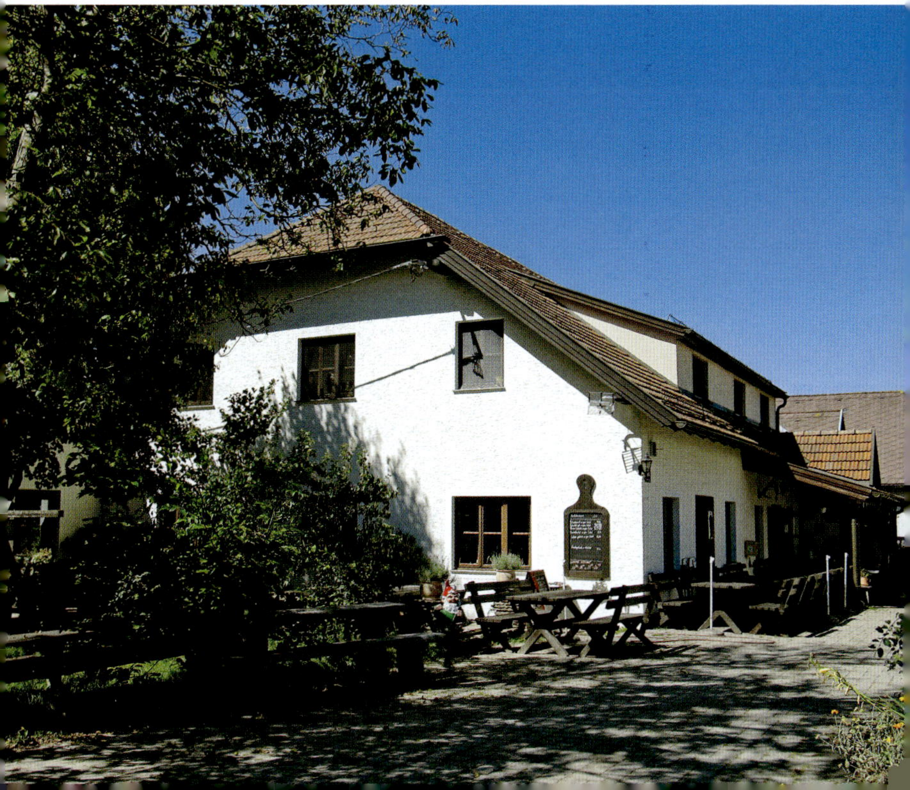

7 Zur Jubiläumswarte

Waldspaziergang rund ums Rosental ★★

Diese abwechslungsreiche Runde verläuft eigentlich mitten im Wiener Stadtgebiet, und dennoch führt sie gleich zu mehreren attraktiven Wanderzielen. Von den Steinhofgründen mit ihren großen Wiesen geht es durch den Landschaftsgarten des Dehneparks mit uralten Bäumen und einem Teich vorbei am versteckt im Wald gelegenen Silbersee zur höchsten Aussichtswarte von Wien, der 31 Meter hohen Jubiläumswarte auf dem Gallitzinberg.

Die Jubiläumswarte bietet einen fantastischen Ausblick.

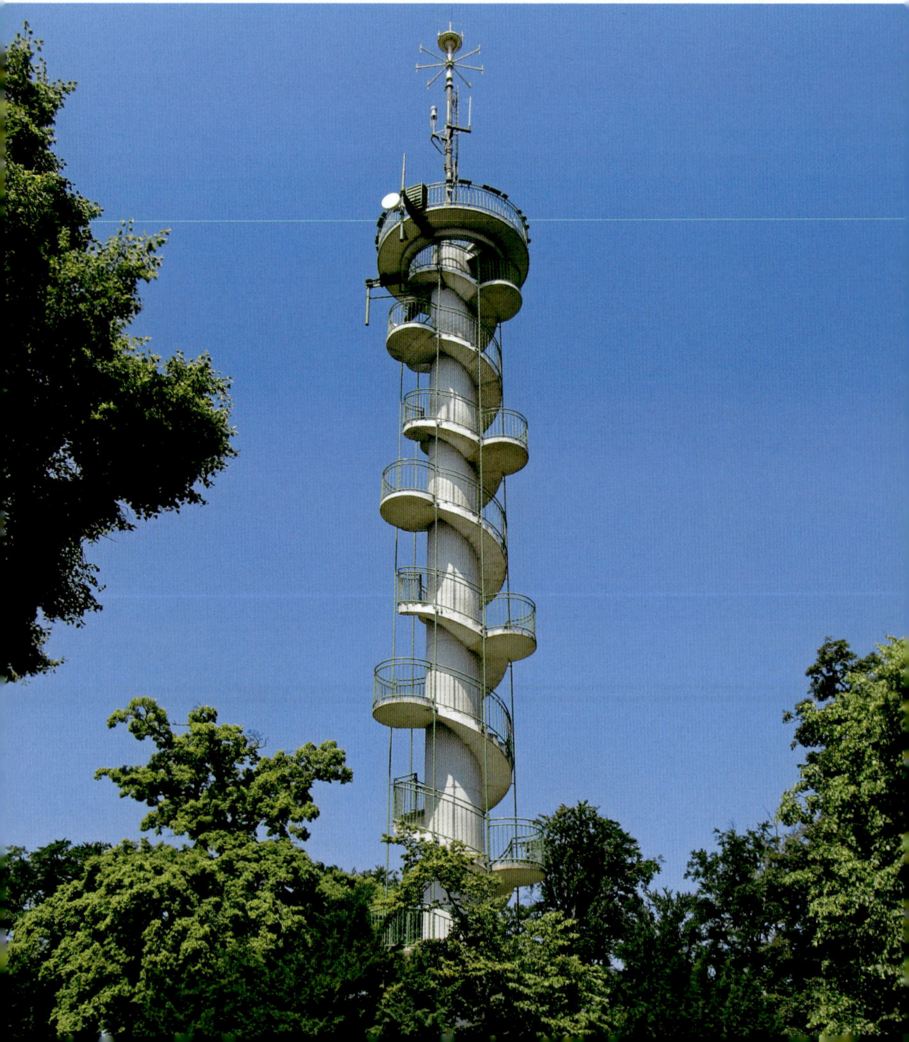

KURZINFO

Ausgangspunkt: Feuerwache Steinhof, 352 m, Ecke Savoyenstraße/Johann Staud Straße. Bushaltestelle, Parkmöglichkeit (Achtung, Mo–Fr Kurzparkzone; Parkplatz ein Stück bergauf Richtung Jubiläumswarte benützen!).
Anfahrt: Mit dem Auto von Wien Ottakring über Thaliastraße und Johann-Staud-Straße bis zur Feuerwache Steinhof oder noch ein Stück weiter bergauf zum Parkplatz. Mit dem Bus 46A oder 46B ab der S-Bahn-Station Wien Ottakring.
Gehzeit: 2.15 Std.
Weglänge: 5,8 km.
Höhenunterschied: Rund 200 m.
Anforderungen: Großteils breite Schotter- und Erdwege, auf kurzen Abschnitten auch Asphalt. Nur der Aufstieg vom Dehnepark über den Silbersee ist etwas steiler und kann nach Regenfällen rutschig sein.
Rast: Zahlreiche Rastbänke entlang des gesamten Weges.
Einkehr: Großes Schutzhaus Rosental (im Winter nur Fr–So, Frühjahr und Herbst Fr–Di, im Sommer täglich geöffnet), Tel. +43 1 911 47 51, www.grosses-schutzhaus-rosental.at; Kleines Schutzhaus Rosental (Do–So und feiertags geöffnet), Tel. +43 1 914 08 18.
Kinder: Es gibt einen großen Spielplatz im Dehnepark, etwa 100 m abseits der beschriebenen Route. Man erreicht ihn, indem man vom Dehneparkteich entlang des Rosenbachs abwärts geht. Wer am Ende der Tour nochmals auf einen Spielplatz möchte, geht wieder in die Steinhofgründe hinein, beim ersten Trinkbrunnen links und gelangt so zu einer großen Wiese mit Spielplatz und Rastbänken.
Winter: Die Straßen und die Wege in den Parks sind auch im Winter problemlos begehbar. Das steile Wegstück zwischen Dehnepark und Steinböckengasse kann, wenn nötig, umgangen werden, indem man am Kleinen Schutzhaus vorbei die Rosentalgasse und dann links die Jan-Kiepura-Gasse hinaufgeht. Das Besteigen der Jubiläumswarte ist im Winter aus Sicherheitsgründen nicht möglich.
Variante: Wer öffentlich angereist ist und die Tour etwas abkürzen möchte, kann statt des Abstiegs zur Feuerwache von der Jubiläumswarte ein Stück auf dem Weg parallel zum Pelzer Rennweg und dann auf diesem bergab gehen und erreicht so schon nach 500 m die Endstelle der Buslinie 52B.
Touristeninformation: Wien-Tourismus, Tel. +43 1 245 55, www.wien.info.

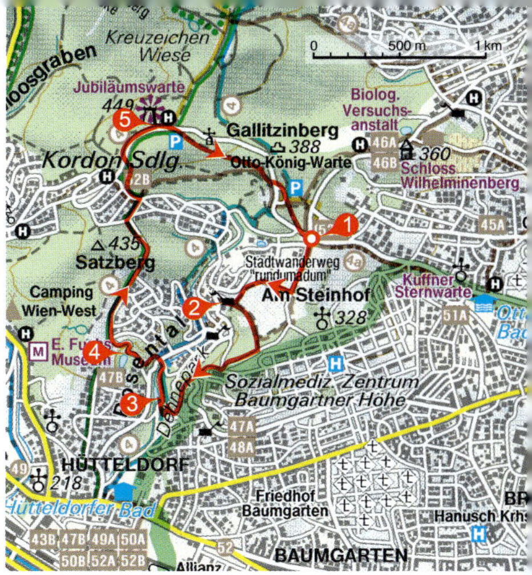

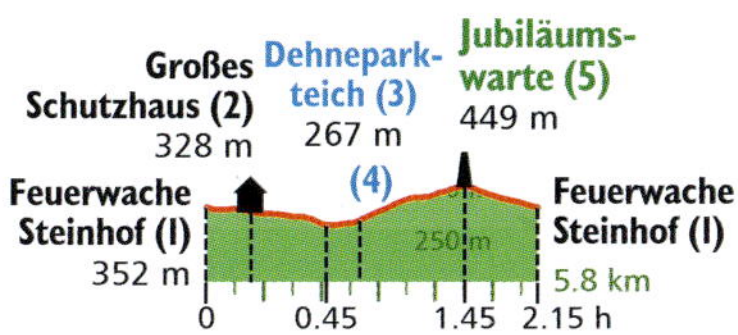

Wir folgen neben der **Feuerwache Steinhof (1)** dem Heschweg wenige Meter bis zum Eingang des Erholungsgebiets Steinhofgründe. Gleich nachdem wir dieses betreten haben, finden wir links an der Wand einen Orientierungsplan und bei der Kreuzung gleich dahinter einen Trinkwasserbrunnen. Wir gehen geradeaus auf einer Schotterstraße, an Infotafeln über die Steinhofgründe vorbei zu einer weiteren Kreu-

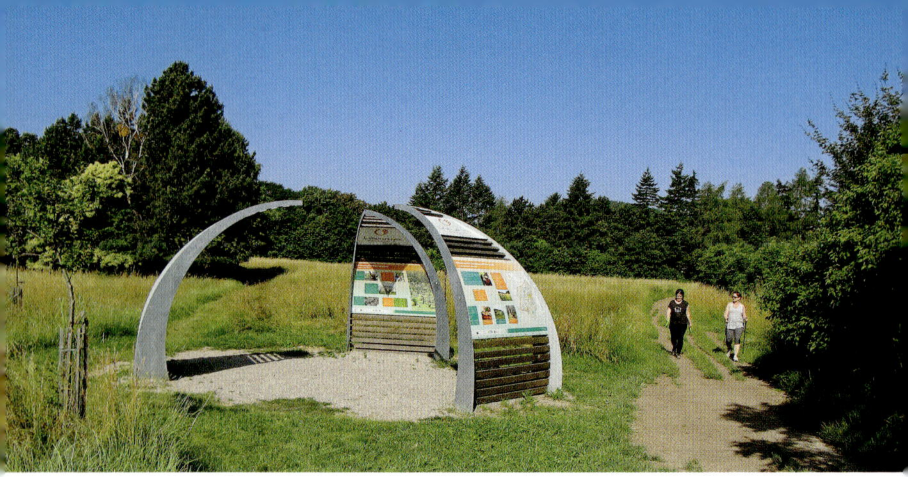

In den Steinhofgründen.

zung mit Trinkbrunnen, an der wir rechts auf einer breiten, geschotterten Straße den Wegweisern zum Großen Schutzhaus Rosental folgen (man kann an dieser Kreuzung aber auch einen Abstecher 100 m nach links machen, um zu einem idyllischen Teich mit Lagerwiese und Jausenbänken zu kommen). Wir passieren ein große Scheune und gehen dahinter auf einem Erdweg links bergab zu einer Kreuzung, an der rechts in wenigen Metern Entfernung das **Schutzhaus Rosental (2)** liegt.

Unsere weitere Tour führt an dieser Abzweigung nach links, auf einem Erdweg auf einen Wald zu, in dem wir gleich auf einen Querweg treffen und diesem nach rechts folgen. Wir stoßen beim zum Otto-Wagner-Spital gehörenden »Pavillon Severin« auf eine Asphaltstraße, der wir nach rechts und dann in einem Linksbogen um das Gebäude herum folgen. Gleich nach der Biegung nehmen wir einen Schotterweg halb rechts, verlassen durch ein Tor die Steinhofgründe und kreuzen den Heschweg, um genau gegenüber das Waldgebiet des Dehneparks zu betreten. Immer auf dem Hauptweg gehen wir bergab zu einer Kreuzung bei der Ruinenvilla, dort geradeaus weiter und in Serpentinen steil hinunter zum **Dehneparkteich (3)**. An dessen Ufer wandern wir blau markiert nach rechts, folgen am Talgrund dem Rosenbach und queren diesen dann auf einem Steg. Wir verlassen über eine Stiege bergauf den Park und treffen auf die Rosentalgasse. Ein Schild gegenüber weist darauf hin, dass man nach rechts einen Abstecher von 3 Min. zum Kleinen Schutzhaus Rosental (Einkehr) machen könnte.

Wir folgen der blauen Markierung und den Wegweisern des Stadtwanderweges 4 Richtung Satzberg und Silbersee in den Wald bergauf. Gut markiert und beschildert kommen wir zum idyllisch im Wald gelegenen **Silbersee (4)**. Wir bleiben auf dem blau markierten Stadtwanderweg, gehen scharf rechts weiter bergauf und kommen nach etwa 10 Min. zu einer großen Wiese mit Jausenbank. Der Stadtwanderweg 4 trifft auf die asphaltierte Steinböckengasse und folgt dieser bergauf, nun allerdings grün markiert. Am Ende der Steinböckengasse folgen wir einer mit Schranken gesperrten Forststraße geradeaus auf Schotter durch den Wald erst noch weiter bergauf, dann zuletzt leicht bergab zu einer T-Kreuzung hinter einem weiteren Schranken, von der links die Pappelstraße und rechts die Wickengasse wegführt. Wir gehen rechts und kommen kurz darauf wieder zu einer Kreuzung, an der wir uns links an den Wegweisern Richtung Jubiläumswarte orientieren. Zunächst folgt der Stadtwanderweg dem asphaltierten Seglerweg; wenige Meter nach der Einmündung der Ziestgasse von links zweigen wir halb rechts in den Wald ab. Die Abzweigung kann man leicht übersehen, da die ersten Meter schmal und etwas verwachsen sind. Wir queren eine Asphaltstraße und gehen dann parallel zu dieser nach rechts bergauf. So erreichen wir die links der Straße gelegene **Jubiläumswarte (5)**, die man unbedingt besteigen sollte, weil sie einen herrlichen Rundumblick bietet. Bei der Warte gibt es einen Parkplatz und einen Trinkbrunnen.

Von der Warte wandern wir ein kurzes Stück auf der Johann-Staud-Straße bergab und kommen zu einer Orientierungstafel, bei der wir rechts auf einem gelb markierten breiten Schotterweg durch den Wald bergab Richtung Steinhof gehen. In der Gegenrichtung ist dieser Weg als Stadtwanderweg 4a ausgeschildert. Wir passieren den kleinen Jubiläumsteich, queren dahinter einen Bach und folgen weiter der gelben Markierung. Der Weg nähert sich wieder der Johann-Staud-Straße und quert diese schließlich. Kurz darauf kommen wir wieder bei einem Trinkbrunnen und einem Wegweiser vorbei; rechts befindet sich auch ein Parkplatz. An der folgenden Gabelung nehmen wir den rechten Weg, queren nochmals die Johann-Staud-Straße und gehen parallel zu dieser die letzten Meter hinunter zur **Feuerwache Steinhof (1)**.

Am Dehneparkteich.

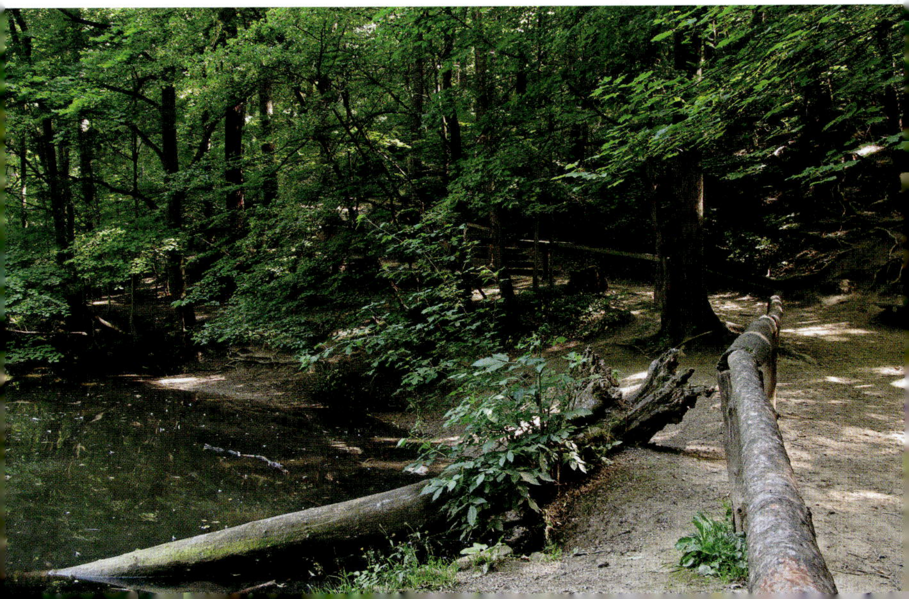

8 Hochramalpe

Besuch bei einem klassischen Ausflugsgasthaus ★★

Schon seit 140 Jahren besteht die Hochramalpe bei Gablitz als Ausflugsziel. Ein Unternehmer aus Wien pachtete damals das Grundstück, das er wegen der schönen Aussicht ausgewählt hatte, und errichtete hier ein Ausflugsgasthaus, das sich von Anfang an großer Beliebtheit erfreute. Zu dieser Beliebtheit hat sicherlich auch der große, künstlich angelegte Teich beigetragen, der im Sommer zum Bootfahren und im Winter zum Eislaufen genützt werden kann. Unsere Wanderung von Purkersdorf zur Hochramalpe folgt weitgehend einem Abschnitt des Österreichischen Jakobsweges.

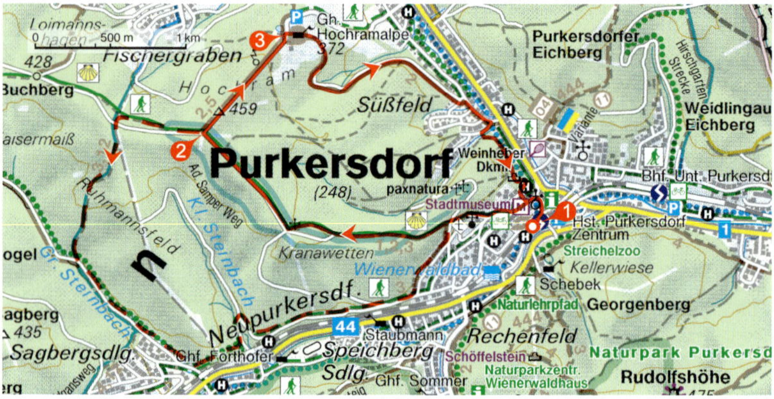

KURZINFO

Ausgangspunkt: Bahnhaltestelle Purkersdorf Zentrum, 248 m.

Anfahrt: Mit dem Auto auf der B 1 nach Purkersdorf, dort an der Ampel bei der Feuerwehr links auf die B 44 abbiegen und nach 300 m auf dem großen Parkplatz rechts parken. Öffentlich mit der S-Bahn-Linie S 50 bis zur Haltestelle Purkersdorf Zentrum.

Gehzeit: 2.30 Std.

Weglänge: 6,7 km.

Höhenunterschied: 250 m.

Anforderungen: Großteils breite Schotter- und Forststraßen sowie Spazierwege, am Rückweg auf einem kurzen Stück schmale Waldwege, die aber umgangen werden können.

Rast: Am Hinweg keine Rast- und Jausenbänke, erst am Rückweg kurz vor dem Ende der Tour.

Einkehr: Gasthaus Hochramalpe (Mai bis September täglich außer Mi, Oktober bis April täglich außer Mi und Do geöffnet), Tel. +43 2231 629 71, www.hochramalpe.at; China-Restaurant Feng Sheng (auf der Variante durchs Ortsgebiet; Di–So), Tel. +43 2231 651 01, www.fengsheng.at; zahlreiche Lokale im Ortszentrum von Purkersdorf.

Kinder: Auf der Hochramalpe gibt es nicht nur einen schönen Spielplatz, sondern auch die Möglichkeit, Boote zu mieten und am Teich herumzupaddeln. Am Ende der Tour ist zudem ein Besuch des großen Spielplatzes auf der Kellerwiese beim Naturpark Purkersdorf (siehe Variante) möglich.

Winter: Die Wege sind, außer bei hoher Schneelage, auch im Winter begehbar.

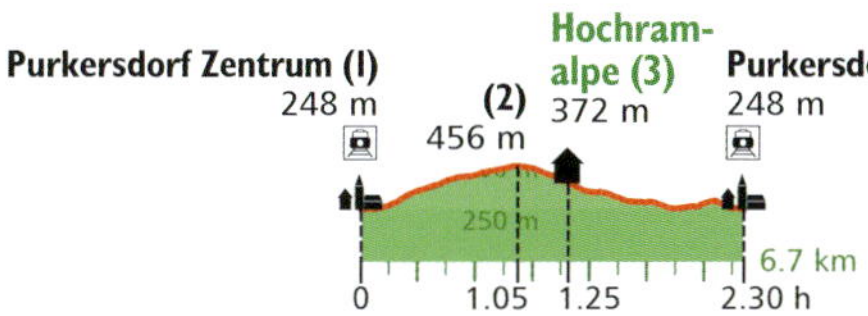

Wenn es entsprechend kalt ist, kann der Teich auf der Hochramalpe zum Eislaufen genützt werden.

Varianten: Wer eine etwas längere Runde machen möchte, der kann dem Rundwanderweg Kranawetten zurück nach Purkersdorf folgen: Man geht von der Hochramalpe zurück bis zur Abzweigung des Jakobsweges (2). Diesem folgt man ein Stück und verlässt ihn dann in einer Rechtskurve halb links, immer mit den Schildern des Rundwanderweges Kranawetten (bei der nächsten Abzweigung auch Richtung Steinbachtal ausgeschildert). Man geht auf einer Schotterstraße bergab erst durch den Wald, dann durch Buschwerk. Bei der nächsten Gabelung folgt man wieder dem Rundwanderweg-Wegweiser halb links, kommt zu Häusern und biegt bei diesen wieder halb links in die Rochusgasse hinauf. Diese mündet in eine Forststraße, auf der man halb links bergauf geht und nach 100 m auf den bekannten Hinweg trifft. Auf diesem rechts bergab Richtung Zentrum. Gehzeit gesamt 3.45 Std.

Wenn man sich den Gegenanstieg kurz vor dem Ende der Tour ersparen möchte, kann man von Süßfeld aus entlang der Bundesstraße etwa 500 m durchs Ortsgebiet gehen und dann rechts ins Zentrum zur Kirche abbiegen. Gehzeit etwa 15 Min. kürzer.

Kombinationsmöglichkeit: Wer am Ende der Tour noch Lust hat, kann auf dem bei Tour 9 beschriebenen Weg von der Bahnhaltestelle Purkersdorf Zentrum noch einen Abstecher zum Streichelzoo des Naturparks Purkersdorf auf der Kellerwiese machen. Hin und zurück gesamt 30 Min. zusätzlich.

Touristeninformation: Tourismusregion Wienerwald, Tel. +43 2231 621 76, www.wienerwald.info.

Der idyllische Teich lädt zum Bootfahren ein.

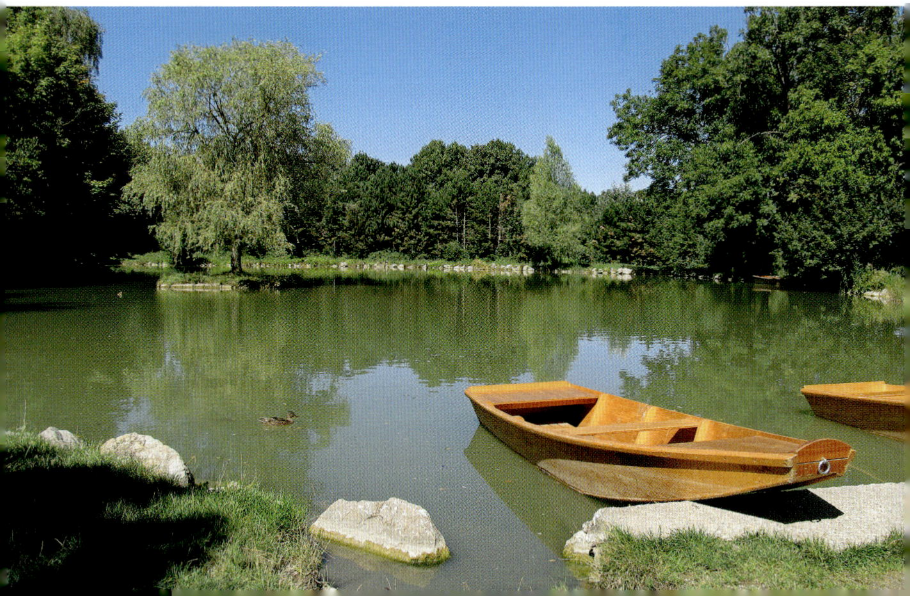

Wir gehen vom Ausgangspunkt am Bahnhof **Purkersdorf Zentrum (1)** durch die Karl-Kurz-Gasse der rot-weiß-roten Markierung folgend zur Kirche. Hinter dieser steht eine Orientierungstafel des Österreichischen Jakobsweges. Durch die Kaiser-Josef-Gasse spazieren wir bis zur Abzweigung der Berggasse, dann auf dieser halb rechts bergauf, immer den Schildern des Jakobsweges folgend. Vor dem Friedhof halten wir uns rechts, nun grün-weiß markiert. Der Asphalt endet nach kurzer Zeit und wir wandern auf einem Fußweg durch den Wald. Eine breite Schotterstraße quert, und wir biegen, immer noch am Jakobsweg, rechts auf diese ab. Eine Viertelstunde später kommen wir zu einer Gabelung **(2)**. Hier führt der Jakobsweg nach links, während wir dem Wegweiser zur Hochramalpe nach rechts folgen. Zuerst eben, dann bergab gehen wir rot markiert durch dichten Wald. Das letzte Stück dieses Weges verläuft über eine Wiese auf das Ausflugsgasthaus **Hochramalpe (3)** zu, bei dem es einen Spielplatz und einen Teich gibt, auf dem man auch Boote mieten kann.

Für den Rückweg nehmen wir den Weg, der an der Rückseite des Gasthofs zwischen diesem und dem Spielplatz hindurchführt. Wir kommen zu einem Parkplatz, auf dem wir gegenüber von uns einen Wegweiser sehen, dem wir halb rechts auf dem Rundwanderweg Süßfeld folgen. An dem Baum rechts vom Wegweiser gibt es noch ein altes Schild Richtung Purkersdorf und eine rote Markierung. Wir folgen einem Feldweg bergab, der sich allmählich nach rechts biegt und dann wieder in den Wald hinein-

Die Jakobskirche von Purkersdorf am Anfang des Weges.

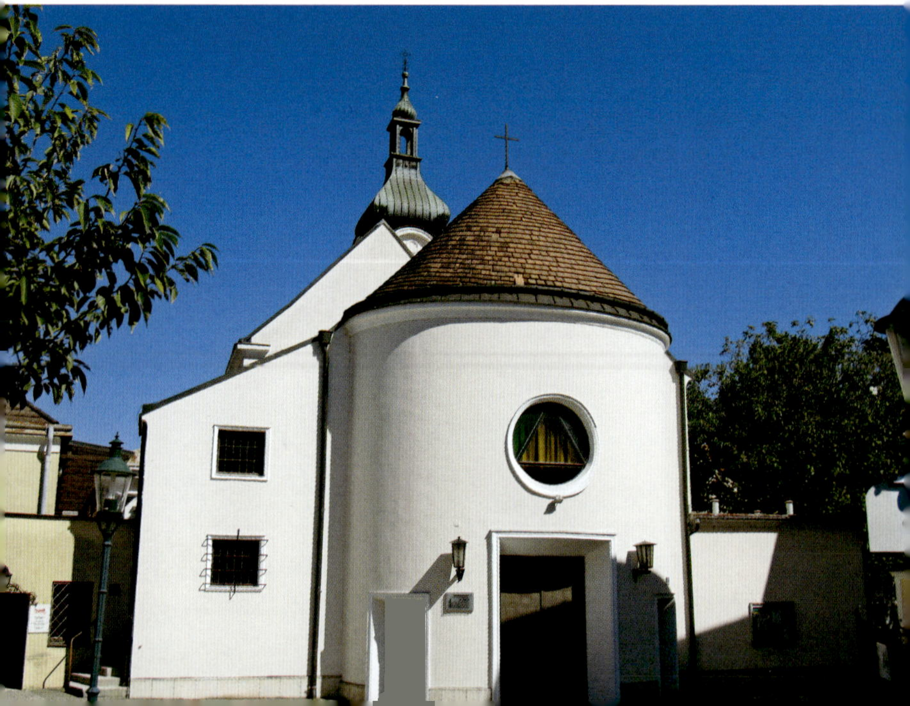

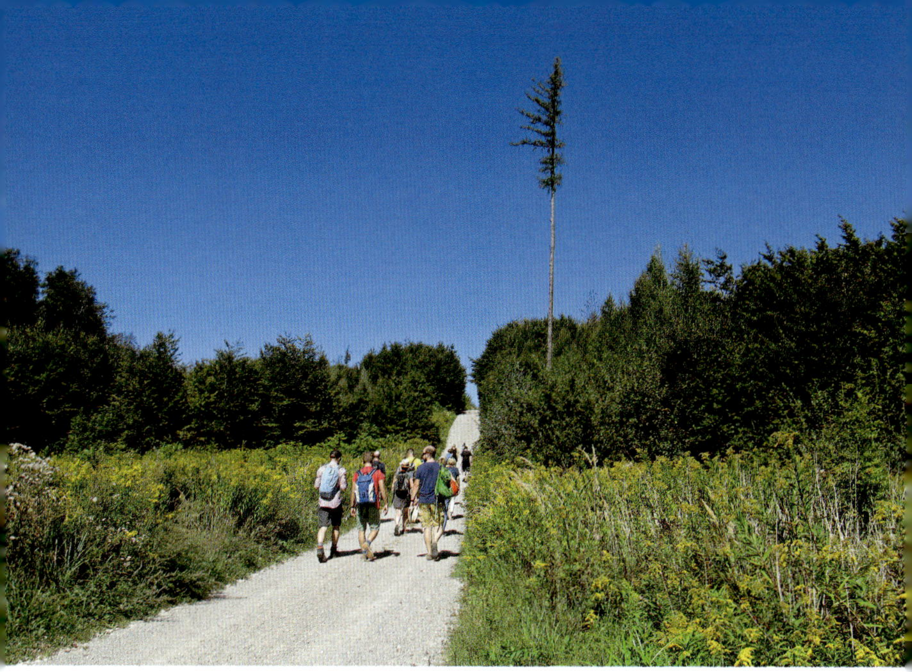

Pilgergruppe am Jakobsweg.

führt. Ein Tal ausgehend kommen an einer Rastbank vorbei und folgen dann einer nun breiten Schotterstraße immer leicht bergab. Die Straße nähert sich den Häusern von Gablitz und mündet dann hinter einem Schranken als Friedrich-Unterberger-Weg ausgeschildert in die Robert-Hamerling-Gasse im Purkersdorfer Ortsteil Süßfeld. Wir gehen wenige Meter nach links und dann auf der Süßfeldstraße nach rechts.

Kurz bevor diese auf die Bundesstraße hinausführt, folgen wir wieder einem Wegweiser des Rundwanderweges Süßfeld rechts eine Gasse hinauf, halten uns immer links und überqueren am Beginn des Waldes einen Bach auf einem hölzernen Steg. Auf der anderen Seite aber nicht dem Wegweiser folgend rechts ins Tal hinein, sondern auf einem Weg, der entlang der Einfriedungen an der Rückseite der Häuser von Purkersdorf entlang nach links verläuft. Nach etwa 100 Metern gabelt er sich; beide Wege sind unmarkiert und unbeschildert, aber wir nehmen den rechten, bergauf führenden Waldweg. Nach kurzem Anstieg geht es wieder ein Stück eben dahin, dann sehen wir schon links von uns einen Aussichtspunkt mit Jausenbank und einem Denkmal für den Dichter Josef Weinheber.

Über eine Streuobstwiese gehen wir auf einem gut ausgebauten Spazierweg im Zickzack hinunter auf die Kirche von Purkersdorf zu. Über einige Stufen gelangen wir in die Neugasse, folgen dieser links bergab und treffen hinter der Kirche bei der Kaiser-Josef-Straße wieder auf den Hinweg. Durch das Ortszentrum von Purkersdorf kehren wir zur Bahnhaltestelle **Purkersdorf Zentrum (1)** zurück.

9 Zum Schöffelstein

Wanderung im Naturpark bei Purkersdorf ★★

Der Naturpark Purkersdorf ist wohl absolut konkurrenzlos, was seine Nähe zu Wien und – sowohl öffentlich als auch mit dem Auto – seine leichte Erreichbarkeit angeht. Wenige Meter vom Bahnhof Purkersdorf Zentrum und von einem Parkplatz direkt an der Bundesstraße entfernt warten bereits ein Spielplatz und ein Streichelzoo mit Ponys, Zwergziegen und Schafen auf die Besucher. Weitere Attraktionen auf der kurzweiligen Runde sind das Naturparkzentrum Wienerwaldhaus, Gehege mit Wildschweinen, Rehen und Hirschen, ein origineller Waldspielplatz, mehrere Aussichtspunkte und am höchsten Punkt der Tour der Gedenkstein für den »Retter des Wienerwaldes« Josef Schöffel.

KURZINFO

Ausgangspunkt: Bahnhaltestelle Purkersdorf Zentrum, 248 m.
Anfahrt: Mit dem Auto auf der B 1 nach Purkersdorf, dort an der Ampel bei der Feuerwehr links auf die B 44 abbiegen und nach 300 m auf dem großen Parkplatz rechts parken. Öffentlich mit der S-Bahn-Linie S 50 bis zur Haltestelle Purkersdorf Zentrum.
Gehzeit: 2.00 Std.
Weglänge: 4,6 km.
Höhenunterschied: 200 m.
Anforderungen: Großteils breite, aber am Auf- und Abstieg zum Schöffelstein zum Teil recht steile Wanderwege. Der Rückweg entlang des Deutschwaldbaches ist dann praktisch eben.
Rast: Zahlreiche Rastbänke, u.a. auf der Kellerwiese, beim Schöffelstein und beim Wienerwaldhaus.
Einkehr: Landgasthof Sommer (Öffnungszeiten siehe Homepage), Tel. +43 2231 633 87, pension-sommers.jimdofree.com; Ausflugsgasthaus Klugmayer (Mi–So 9–22 Uhr, Februar geschlossen, Tel. +43 2231 634 98); zahlreiche Lokale im Ortszentrum von Purkersdorf.
Kinder: Ein Streichelzoo und ein großer Spielplatz auf der Kellerwiese, Gehege mit Wildschweinen, Rehen und Hirschen beim Wienerwaldhaus, das »Holzlabor«, der Waldspielplatz beim Naturparkhaus mit originellen Spielgeräten und ein weiterer Spielplatz beim Blätterdach machen die Tour zum Erlebnis für Kinder.
Variante: Wer sich den recht steilen Anstieg zum Schöffelstein ersparen möchte, der geht hinter dem Darüber-Blick auf dem Hauptweg weiter, den Wegweisern Richtung Blätterdach folgend. So gelangt man mit moderater Steigung und etwa 20 Min. Zeitersparnis direkt zum Rastplatz Blätterdach.
Touristeninformation: Naturpark Purkersdorf, Tel. +43 2231 214 80, www.naturpark-purkersdorf.at; Tourismusregion Wienerwald, Tel. +43 2231 621 76, www.wienerwald.info.

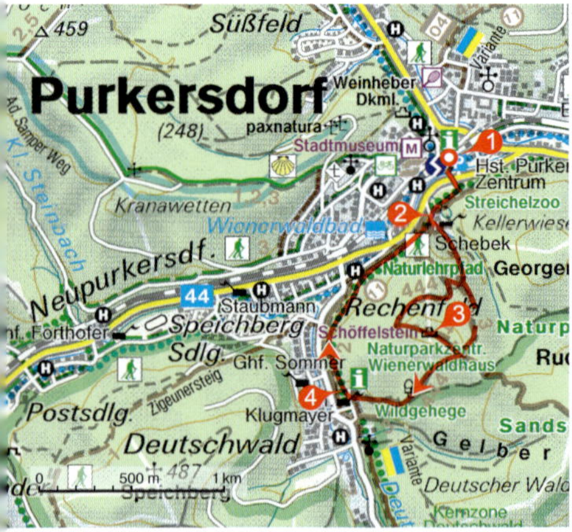

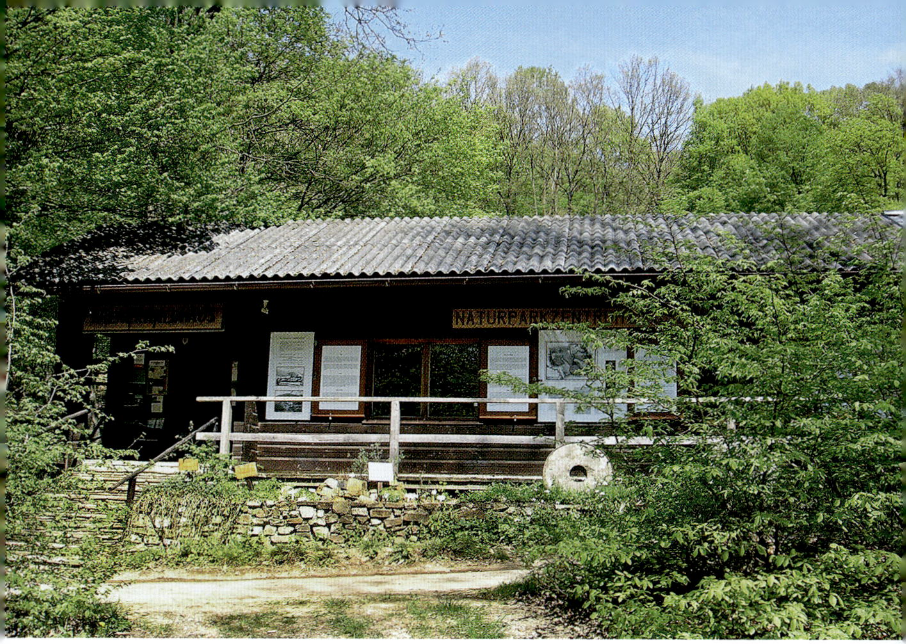

Das Naturparkzentrum ist einen Besuch wert.

Vom Bahnhof **Purkersdorf Zentrum (1)** gehen wir, wenn wir aus Richtung Wien angekommen sind, unter der Bahn hindurch und auf einer hölzernen, überdachten Brücke über den Wienfluss. So erreichen wir einen großen Parkplatz, auf dem wir rechts gehen, um dann über einen Fußgehersteg die Bundesstraße zu überqueren. Wir betreten den Naturpark Purkersdorf, in dem wir gleich zu einem großen Spielplatz und zu mehreren Jausenbänken kommen. Geht man nach links, gelangt man auch zu einem Streichelzoo. Ob man diesem gleich zu Beginn der Tour oder am Ende einen Besuch abstatten möchte, muss man selbst entscheiden – wir kommen jedenfalls hier am Rückweg wieder vorbei.

Dem Wegweiser Richtung Wienerwaldhaus folgend gehen wir dann unterhalb des Spielplatzes zur Kreuzung mit der asphaltierten Straße

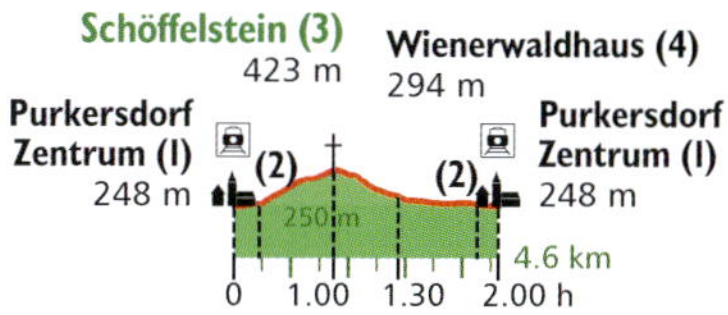

Kellerwiese (2). Auf dieser wenden wir uns links und folgen dem rot-weiß-rot markierten Weitwanderweg 04 und 444 sowie der Beschilderung Richtung »Blätterdach« und »Darüber-Blick« am ehemaligen Naturparkheurigen vorbei. Am Straßenende nehmen wir eine breite, aber steile Forststraße in zwei Serpentinen bergauf. Der Markierung folgend gelangen wir zum Aussichtspunkt »Darüber-Blick« (mit Infotafeln, Schau-Bienenstöcken und einer Nisthilfe für Nützlinge). Wenige Meter weiter kommen wir wieder zu einer Gabelung. Links käme man kürzer und weniger steil zum »Blätterdach« (siehe Variante), während wir uns

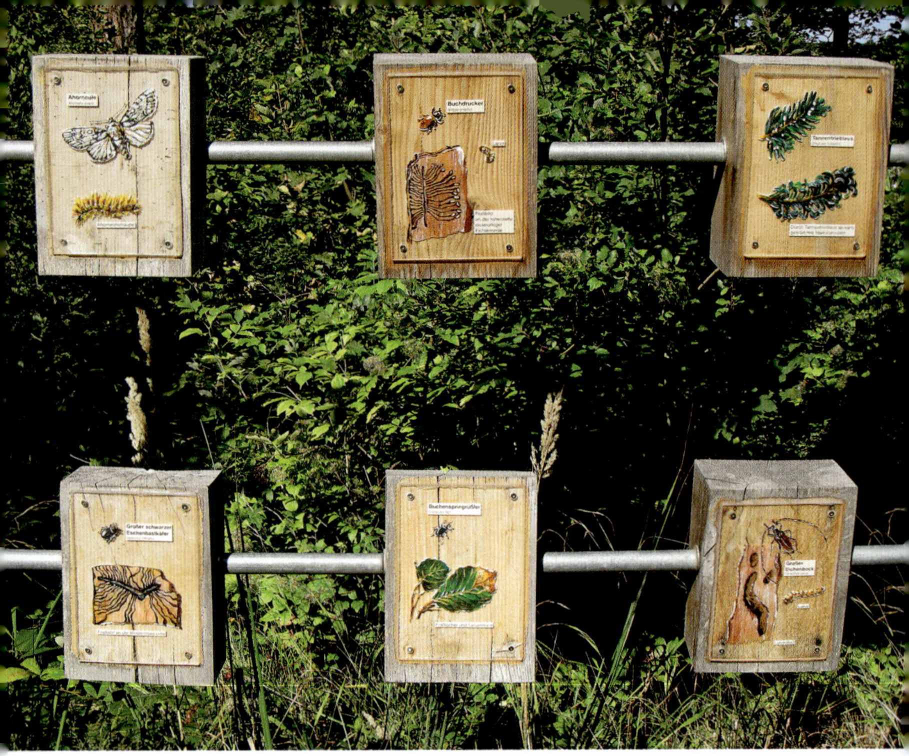

Eine der interaktiven Stationen des Waldlehrpfades.

rechts wenden und den Schildern des Wanderweges 04 folgen. Nach 100 m treffen wir auf einen anderen Weg, auf dem es rechts bergab Richtung Sängerbrunnen geht, während wir links bergauf wandern und nach einem längeren, steilen Anstieg den Gipfel des Bergs mit dem **Schöffelstein (3)** erreichen. Hier gibt es eine Stempelstelle des Weitwanderweges sowie eine Jausenbank.

Wir folgen dem Weg nun bergab und kommen nach wenigen Minuten zu einem Rastplatz auf einer Waldlichtung, dem sogenannten Blätterdach. Hier gibt es einen kleinen Spielplatz, Klanghölzer und eine Unterstandshütte. Links führt ein Weg zurück zum Sängerbrunnen und zum Darüber-Blick (auf diesen kommt man, wenn man die weniger steile Variante geht). Wir wenden uns rechts Richtung Naturparkhaus. Nach wenigen Metern mündet von rechts ein Weg ein, 200 m weiter kommen wir an der Station »Spechtwohnung« des Naturlehrpfades vorbei und nach weiteren 200 m zu einer Abzweigung, bei der

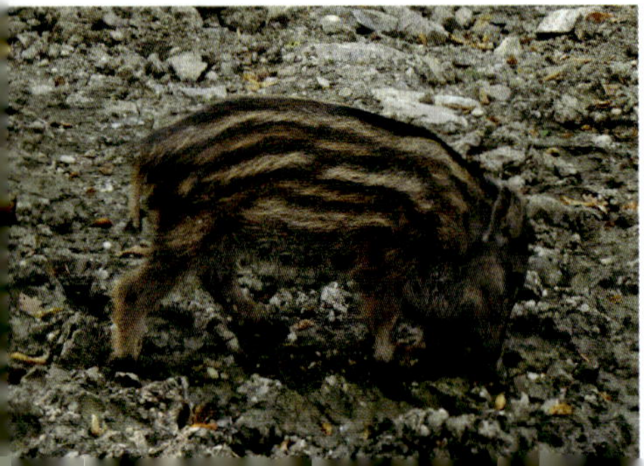

Frischling im Gehege beim Naturparkhaus.

wir den Weg nach rechts Richtung Naturparkhaus nehmen. Gleich darauf passieren wir einen Bildbaum und erreichen schließlich auf einem breiten Schotterweg entlang eines Wildschweingeheges das **Wienerwaldhaus (4)**. Hier gibt es weitere Gehege mit Rehen und Hirschen, einen Waldspielplatz mit originellen Spielgeräten, eine Ausstellung und das »Holzlabor« im Inneren des Hauses. Auch Jausenbänke findet man hier.

Der Naturlehrpfad führt steil bergab; wir folgen ihm und den Wegweisern Richtung Sängerbrunnen. Nach kurzer Zeit treffen wir auf einen Weg parallel zur Deutschwaldstraße. Links könnte man einen Abstecher zum Gasthof Klugmayer machen; wir wenden uns aber nach rechts. Nach knapp 100 m gibt es eine weitere mögliche Einkehr, den Gasthof Sommer (mit Spielplatz; man erreicht ihn, indem man die Deutschwaldstraße und auf der Brücke den Deutschwaldbach quert). Wir folgen weiter dem Naturlehrpfad, der sich schließlich von der Deutschwaldstraße entfernt und nun entlang des Wienflusses verläuft. Wir erreichen den Sängerbrunnen (kein Trinkwasser) sowie wenige Meter dahinter wieder die Straße **Kellerwiese (2)**. Von hier gelangen wir auf dem bekannten Weg zurück zum Parkplatz oder zum Bahnhof **Purkersdorf Zentrum (1)**.

Stempelstelle auf dem Schöffelstein.

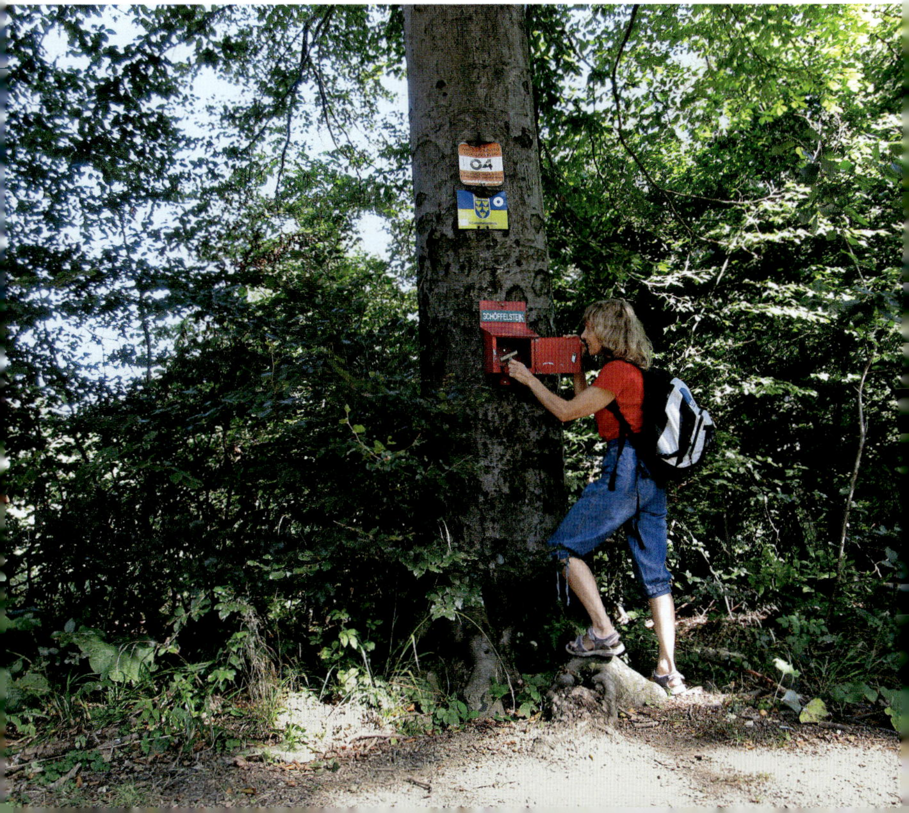

10 Auf die Hubertuswarte

Paradewanderung im Lainzer Tiergarten ★★

Auf dem 508 Meter hohen Kaltbründlberg, dem höchsten Punkt des Lainzer Tiergartens, steht seit 1937 eine 22 Meter hohe Aussichtswarte, die einen herrlichen Ausblick bis zum Ötscher im Westen, zum Schneeberg im Süden und bis zu den Kleinen Karpaten im Osten bietet. Während die meisten Wanderer von einem der Tore auf Wiener Stadtgebiet aus hierher kommen, wollen wir den Anstieg von der weniger bekannten Seite her – vom Laaber Tor oder vom Gütenbachtor – in Angriff nehmen.

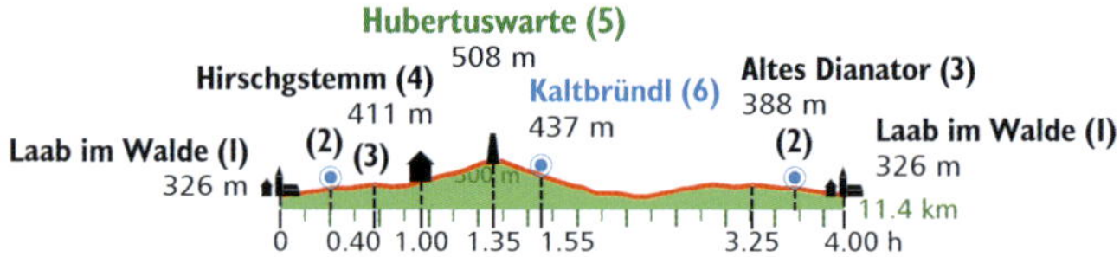

KURZINFO

Ausgangspunkt: Laab im Walde, 326 m. Bushaltestelle und Parkmöglichkeit im Ort.
Anfahrt: Mit dem Auto von Wien Liesing über Breitenfurt oder von Purkersdorf über Tullnerbach nach Laab im Walde. Bei der Kirche auf die Hauptstraße abbiegen und an der Straßenbiegung geradeaus weiter in die Tiergartenstraße. Mit dem Bus der Linie 253 ab Wien Liesing oder Tullnerbach-Pressbaum bis zur Haltestelle Laab Tiergartenstraße.
Gehzeit: 4 Std. ab Laab im Walde, 3 Std. ab Gütenbachtor.
Weglänge: 11,4 km ab Laab im Walde, 9,2 km ab Gütenbachtor.
Höhenunterschied: Rund 300 m ab Laab bzw. 220 m ab Gütenbachtor.
Anforderungen: Leichter Spaziergang durchwegs auf Schotter- und Asphaltwegen mit mäßigen Steigungen; lediglich der Abstecher zur Aussichtswarte ist etwas steiler.

Foto unten: Das Kaltbründl. – Rechts oben: Begegnungen mit Wildschweinen sind keine Seltenheit.

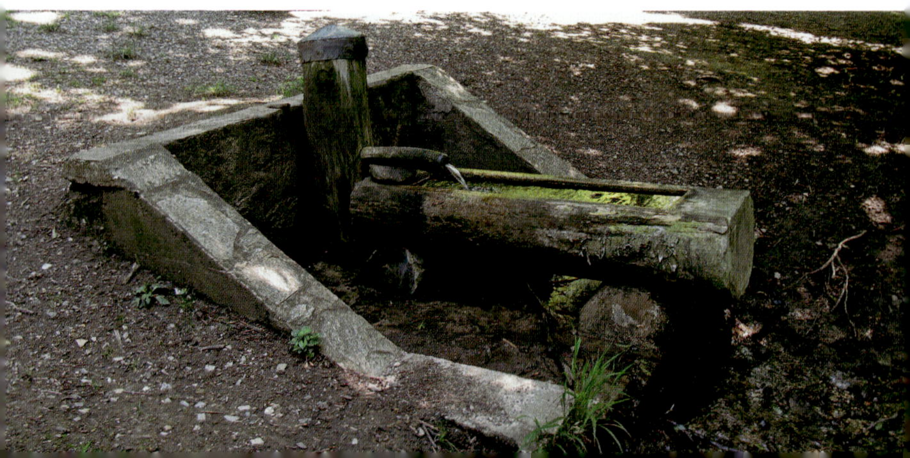

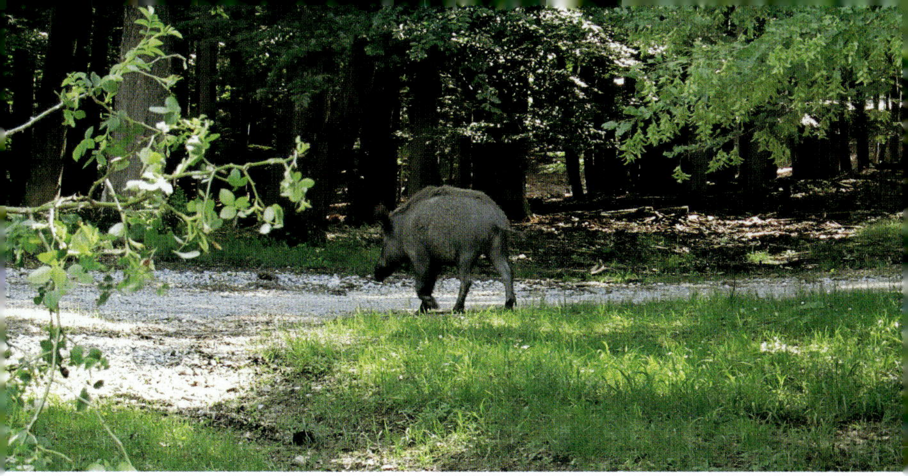

Rast: Zahlreiche Rast- und Jausenbänke entlang des gesamten Weges.
Einkehr: Gasthaus Hirschgstemm (täglich zu den Öffnungszeiten des Lainzer Tiergartens), Tel. +43 676 493 92 05.
Kinder: Es gibt zwei schöne Wald-Kinderspielplätze beim Gasthaus Hirschgstemm und beim Gütenbachtor. Für Kinderwagen geeignet.
Winter: In den Monaten November bis Jänner hat der Lainzer Tiergarten Wintersperre bzw. sind nur kleine Bereiche beim Lainzer Tor geöffnet; ab Anfang Februar ist das Laaber Tor wieder offen. Unbedingt beim Infotelefon oder auf der Website die aktuellen Öffnungs- und Torschlusszeiten beachten.
Variante: Autofahrer können alternativ auch beim Gütenbachtor parken und den Lainzer Tiergarten durch dieses betreten. Beim Tor gibt es einen Infokiosk und wenige Meter dahinter auch einen Wald-Kinderspielplatz. Man geht vom Tor auf Asphalt halb links, quert zweimal einen Bach und trifft beim nächsten Wegweiser auf die Haupttour. Hier den Wegweisern folgend Richtung Hirschgstemm und Laaber Tor. Man kann entweder bis zum Dianator gehen und ab hier dem Hinweg der Haupttour folgen, oder an der Gabelung kurz davor rechts gehen, um zur Brücke über den Gutenbach zu gelangen und so etwa 200 m abzukürzen. Am Ende der Tour an der T-Kreuzung mit der Asphaltstraße dann links statt rechts, an der nächsten Abzweigung wieder rechts und auf einer geschotterten Allee entlang eines Baches zurück zum Gütenbachtor.
Touristeninformation: Infozentrum Lainzer Tiergarten, Tel. +43 1 4000 492 00, www.lainzer-tiergarten.at.

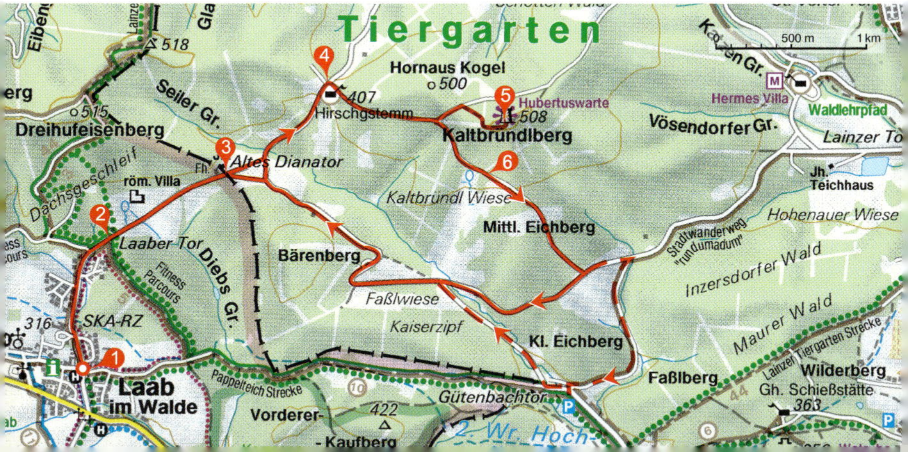

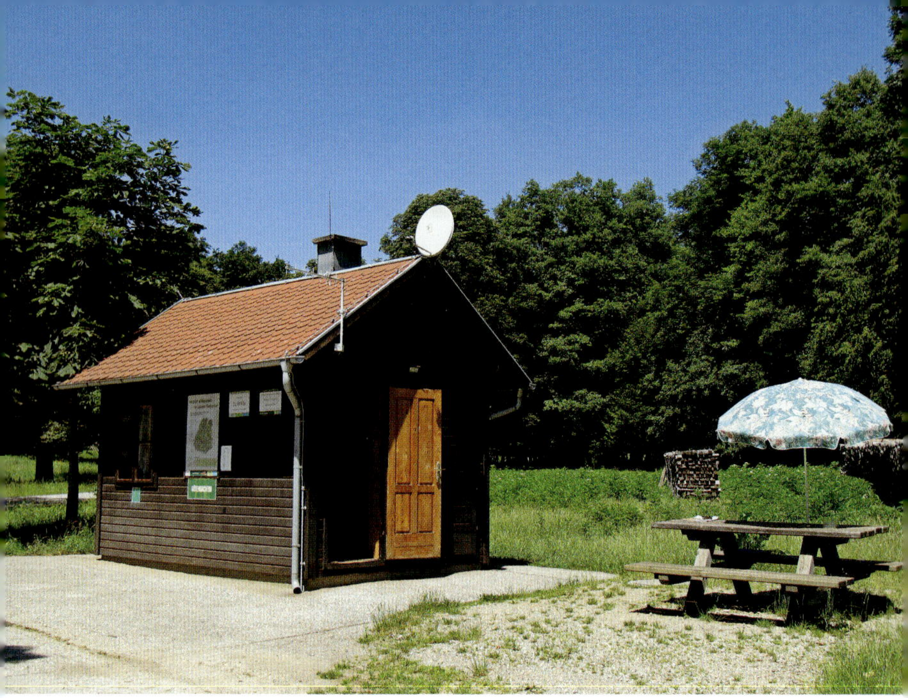

Info-Kiosk beim Gütenbachtor.

Von der Bushaltestelle in **Laab im Walde (1)** gehen wir geradeaus weiter in die asphaltierte, leicht bergauf führende Tiergartenstraße. Diese quert einen Bach und führt gleich danach unter dem Aquädukt der 2. Wiener Hochquellenleitung hindurch. Wir kommen in den Wald und wenige Meter danach zu einer Abzweigung mit Wegweiser und Brunnen, an der wir auf den Wanderweg »Rund um den Lainzer Tiergarten« treffen. Wir gehen geradeaus weiter zum **Laaber Tor (2)**, durch das wir den Lainzer Tiergarten betreten. Hinter dem Tor gibt es einen Infokiosk, eine Orientierungstafel, eine Rastbank und einen Trinkbrunnen. Zwischen Feldern wandern wir geradeaus weiter auf einer Schotterstraße und kommen an einer Wiese mit Rastbänken vorbei zum **Alten Dianator (3)**. Hinter diesem befinden sich links ein Forsthaus und eine Kreuzung zweier Asphaltstraßen, und wir folgen den Wegweisern geradeaus Richtung Hirschgstemm und Nikolaitor auf einer Allee zwischen zwei Wiesen. Wir erreichen eine Brücke über den Gütenbach; direkt davor mündet von rechts eine Straße ein (siehe Variante für Autofahrer). Weiter geradeaus betreten wir den Wald, nun leicht ansteigend. Wir erreichen das Gasthaus **Hirschgstemm (4)**. Links davor gibt es eine große Wiese mit Rastbänken und einen Wald-Kinderspielplatz.

An der Kreuzung direkt hinter dem Gasthaus stehen wieder eine Orientierungstafel und mehrere Wegweiser. Hier wählen wir eine Schotterstraße rechts bergauf Richtung Hubertuswarte, Rohrhaus und Lainzer Tor. Nach etwa 15 Min. zweigen

wir nach links auf eine weitere Schotterstraße ab, weiterhin den Schildern Richtung Hubertuswarte und Rohrhaus folgend. Auf gröberem Schotter geht es nun etwas steiler bergauf; wir kommen zu einer weiteren Gabelung und halten uns rechts Richtung »Rohrhaus über Hubertuswarte«. Schließlich erreichen wir die **Hubertuswarte (5)**, bei der sich auch Rastbänke und eine Unterstandshütte befinden.
Wir gehen zurück bis zur vorletzten Abzweigung und folgen nun dem Wegweiser nach links Richtung Gütenbachtor, erst eben und dann bergab. Wir passieren eine große Wiese mit Bänken, auf der sich das für den Berg namensgebende **Kaltbründl (6)** befindet. Weiter bergab stoßen wir an einer T-Kreuzung auf eine Asphaltstraße. Hier halten wir uns rechts Richtung Laaber Tor; Autofahrer, die auf der Variante vom Gütenbachtor gekommen sind, gehen hingegen links. Wir wandern erst leicht bergauf, dann bergab und passieren einen Unterstand und Jausenbänke. Dann treffen wir nahe der Vereinigung dreier Bäche auf eine weitere vom Gütenbachtor kommende Asphaltstraße, der wir halb rechts folgen. Es geht an einer großen Lagerwiese vorbei bergauf durch den Wald, dann wieder leicht bergab zu einer Gabelung. An dieser halten wir uns links, um zum **Alten Dianator (3)** zurückzugelangen (wer die Variante ab Gütenbachtor gewählt hat, kann hier nach rechts Richtung Hirschgstemm abkürzen). Vom Alten Dianator gehen wir auf dem bekannten Weg über das **Laaber Tor (2)** zurück nach **Laab im Walde (1)**.

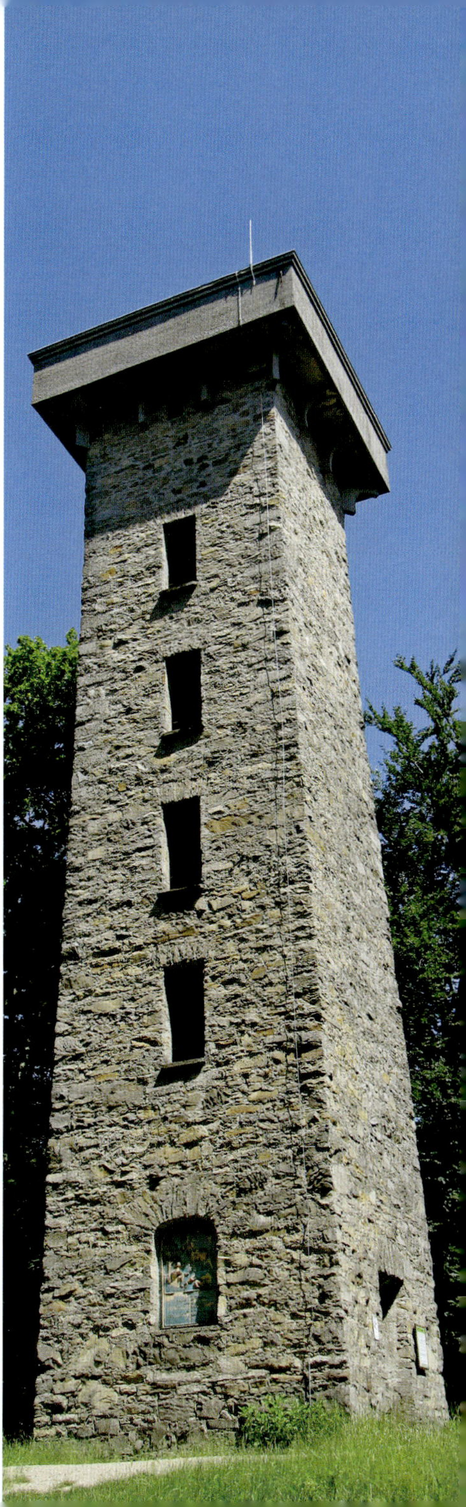

Die Hubertuswarte ist Ziel der Wanderung.

11 Zur Wiener Hütte

Klassisches Ausflugsziel am Südrand der Hauptstadt ★

Als gemütlicher Spaziergang auf bequemen, breiten Wegen führt uns diese Wanderung durch den dichten Leopoldsdorfer Wald, der sich über den lang gestreckten Bergrücken zwischen den Tälern der Reichen Liesing und der Dürren Liesing erstreckt. Unser Ziel ist dabei die Wiener Hütte, ein seit vielen Jahrzehnten beliebtes Ausflugsgasthaus, bei dem sich auch eine Lagerwiese und ein schöner Spielplatz befinden. Der Rückweg führt uns auf schönen Promenadenwegen entlang der Reichen Liesing.

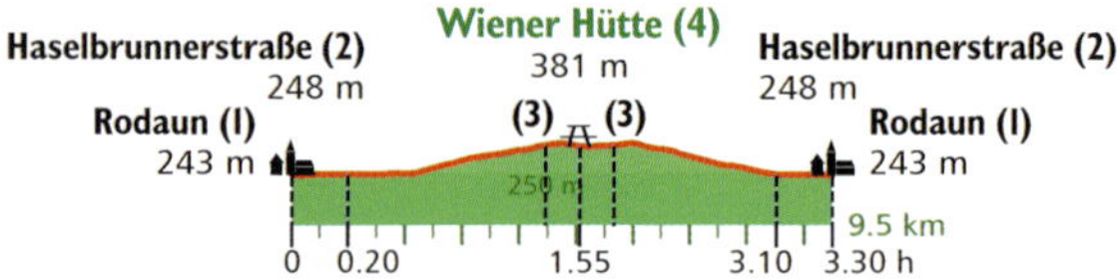

KURZINFO

Ausgangspunkt: Wien Rodaun, 243 m, Endstation der Straßenbahnlinie 60, oder Haltestelle Willergasse, Schule der Buslinie 60A, Autofahrer parken am besten in der Ketzergasse oder in der Willergasse. Mo–Fr wegen Kurzparkzone im gesamten Stadtgebiet nur öffentliche Anreise möglich!

Anfahrt: Mit dem Auto von Wien Liesing auf der Ketzergasse bis zur Willergasse. Öffentlich mit Straßenbahnlinie 60 ab Wien Hietzing oder Speising bis Endstation; mit Bus 60A ab Wien Liesing bis Station Rodaun oder Willergasse, Schule (etwa 300 m Wegersparnis).

Gehzeit: 3.30 Std.

Weglänge: 9,5 km ab Rodaun, 8,5 km ab Willergasse.

Höhenunterschied: 180 m.

Anforderungen: Leichter Spaziergang durchwegs auf breiten Schotterwegen und auf Asphalt.

Rast: Mehrere Rast- und Jausenbänke entlang des Hinweges, bei der Wiener Hütte, im Schubertpark und entlang der Liesing.

Einkehr: Gasthaus Wiener Hütte (Mi–So geöffnet), Tel. +43 2238 713 14, www.wienerhuette.wien; Ristorante Gallo Ros-

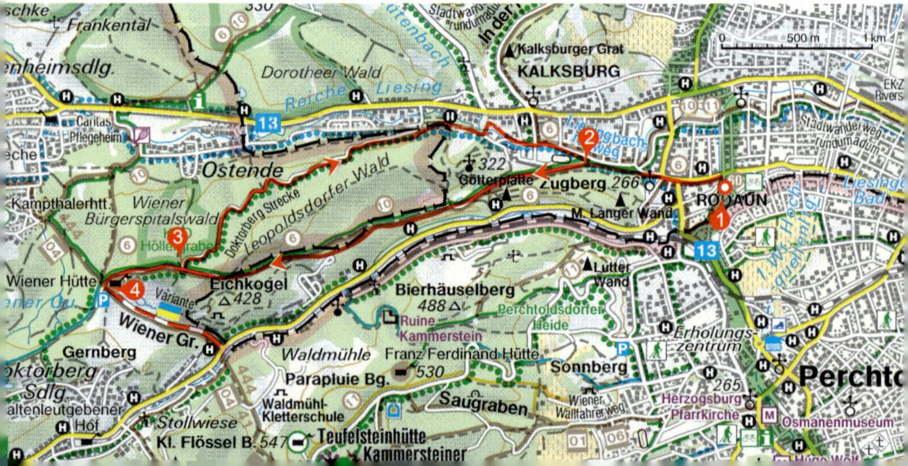

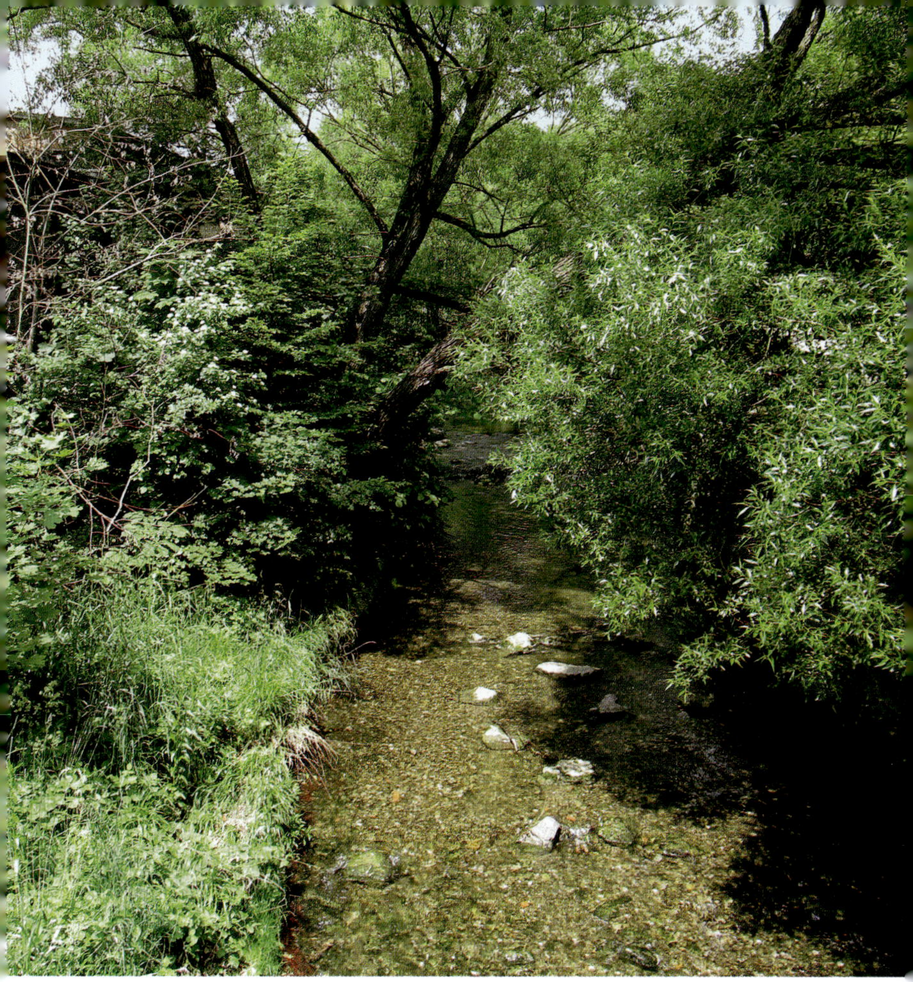

An der Reichen Liesing.

so (kein Ruhetag), Tel. +43 1 888 75 08, www.ristorante-gallo-rosso.com; Rodauner Jausenstation (kleine Imbisse). Etwas abseits des Weges am Kalksburger Kirchenplatz (200 m durch die Mackgasse nach links): Gasthaus Brandtner (Mi–So geöffnet), Tel. +43 1 887 42 93, www.zumbrandtner.at; Pizzeria Lignano (kein Ruhetag), Tel. +43 1 886 40 50, pizzerialignano.at.

Kinder: Schöner Spielplatz bei der Wiener Hütte und am Rückweg im Schubertpark. Die gesamte Tour kann mit Kinderwagen begangen werden.

Winter: Aufgrund der breiten, einfachen Wege ist die Tour auch im Winter bei mäßiger Schneelage begehbar.

Variante: Wer öffentlich unterwegs ist und die Tour abkürzen möchte, kann von der Wiener Hütte (4) auf der Wiener-Graben-Straße nach Kaltenleutgeben absteigen und von der Bushaltestelle »Wiener Graben« (wenige Meter rechts an der Kreuzung mit der Kaltenleutgebener Straße) die Rückfahrt antreten. Gesamtlänge 5,4 km, Gehzeit 1.45 Std.

Touristeninformation: Wien-Tourismus, Tel. +43 1 245 55, www.wien.info.

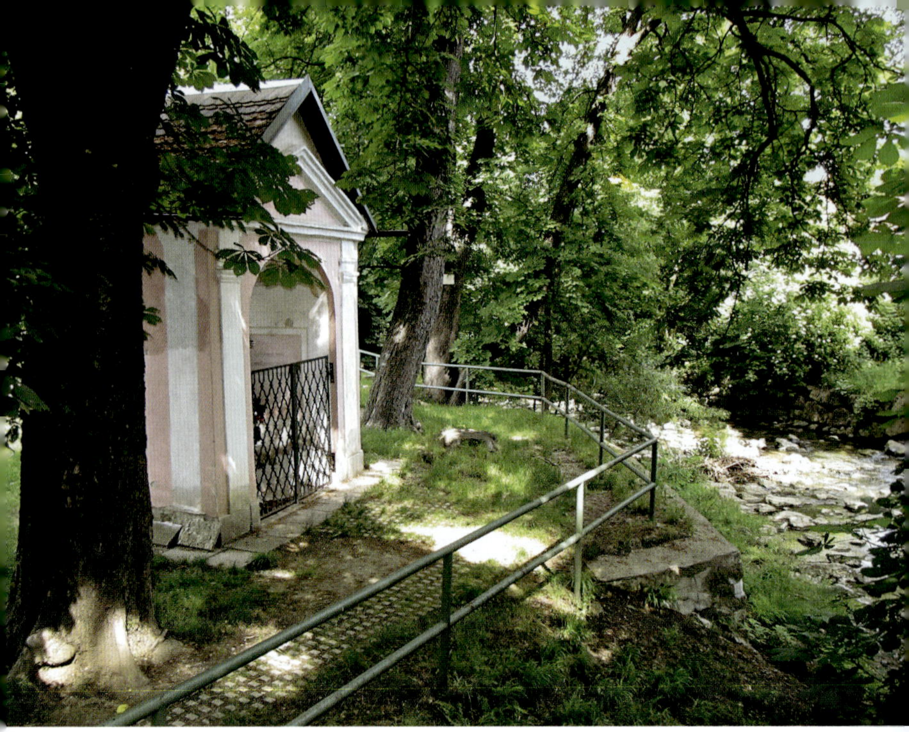

Die Nepomuk-Kapelle an der Liesing.

Von der Straßenbahnhaltestelle **Rodaun (1)** gehen wir entgegen der Fahrtrichtung die Gleise entlang zur Ketzergasse und halten uns auf dieser links. Wir überqueren die Kreuzung mit der Hochstraße und kommen am Restaurant Gallo Rosso vorbei; kurz danach biegt sich die Straße nach rechts, während sich die Ketzergasse geradeaus als schmälere Gasse fortsetzt (wenige Meter rechts in der Willergasse befindet sich die Bushaltestelle des 60A als alternativer Ausgangspunkt). Wir gehen in der Ketzergasse weiter und überqueren gleich hinter dem Parkplatz der Tierklinik Rodaun eine Brücke über die Reiche Liesing. Am anderen Ufer, bei der Johann-Nepomuk-Kapelle, spazieren wir links am Promenadenweg entlang des Baches aufwärts. Nach 350 m treffen wir auf die **Haselbrunnergasse (2)**.

Hier gehen wir über die Liesing zurück ans andere Ufer und folgen einer gleich nach der Brücke halb rechts in den Wald hinaufführenden, blau markierten Schotterstraße, an deren Beginn auch schon ein Wegweiser zur Wiener Hütte und nach Kaltenleutgeben steht. Immer der Schotterstraße folgend – alternativ dazu gibt es auch über weite Strecken einen links davon in Sichtweite parallel verlaufenden Waldweg – wandern wir bergauf und erreichen nach einer knappen Stunde ab dem Beginn der Schotterstraße deren höchsten Punkt. Dann geht es wieder leicht bergab und wir kommen kurz darauf zu einer **Kreuzung (3)**, bei der ein Wegweiser geradeaus weiter zur Wiener Hütte weist,

während rechts die andere breite Schotterstraße Richtung Kalksburg verläuft. Diese Straße werden wir am Rückweg nehmen.
Wir gehen geradeaus weiter und folgen der blauen und der rot-grünen Markierung sowie den Wegweisern des Stadtwanderweges 6 noch kurz durch den Wald und dann am Rand einer Wiese zum Ausflugsgasthaus **Wiener Hütte (4)**. Für die Variante geht man auf der asphaltierten Zufahrtsstraße der Hütte bergab; wer der Haupttour folgt, nimmt aber den gleichen Weg zurück zur **Kreuzung (3)**.
An dieser halten wir uns nun links bergab und gegen Richtung Kalksburg, wobei uns auch Wegweiser von Mountainbikestrecken begleiten. Auf einer breiten, sich am Hang entlangwindenden Schotterstraße mit gleichmäßigem Gefälle kommen wir zu einem Schranken, gehen geradeaus durch die Jakob-Sommerbauer-Straße und biegen dann rechts auf den durch den Schubertpark führenden, asphaltierten Lodererweg ab. Hier gibt es einen Kinderspielplatz und eine Jausenbank.
Wir treffen auf eine Schotterstraße, die am Ufer der Reichen Liesing entlangführt und diese nach etwa 150 Metern überquert. Wir halten uns rechts, am Ufer entlang auf der Otto-Edelmann-Promenade. An der Kreuzung mit der Mackgasse könnte man durch diese nach links gehen, um zum Kalksburger Kirchenplatz (mehrere Einkehrmöglichkeiten, Bushaltestelle der Linien 253 und 254) zu kommen. Wir bleiben aber geradeaus weiter am Promenadenweg, kreuzen die **Haselbrunnergasse (2)** und queren bei der Nepomuk-Kapelle wie schon am Hinweg die Liesing. Nun geht es durch die Ketzergasse nach links zurück zur Willergasse oder zur Endstation **Rodaun (1)** der Straßenbahn.

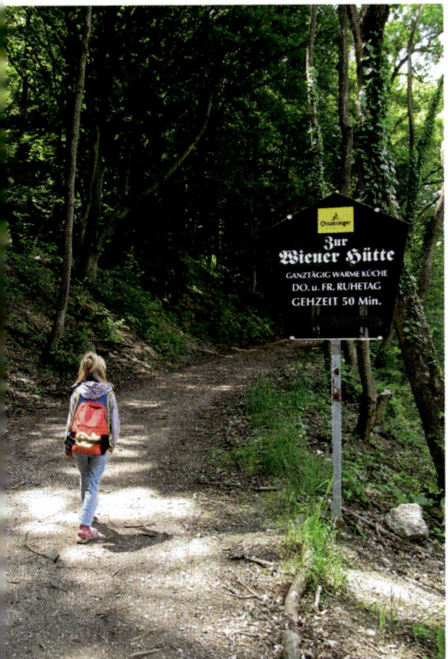

Am Beginn des Anstiegs durch den Wald.

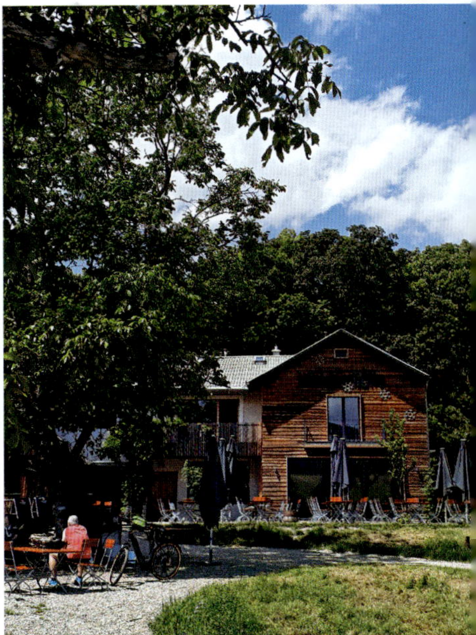

Die Wiener Hütte am Ziel der Wanderung.

12 Über die Perchtoldsdorfer Heide

Durch den Naturpark Föhrenberge auf den Parapluieberg ★★

Der Parapluieberg (frz. parapluie = Regenschirm) verdankt seinen Namen den hier wachsenden Schirmföhren und ist schon seit Generationen eines der beliebtesten Wanderziele im Süden von Wien. Der Weg dorthin führt über die Perchtoldsdorfer Heide, die nicht nur wegen ihrer steppenartigen Vegetation, sondern auch wegen ihrer tierischen Bewohner bekannt ist: Neben den Steinschafen, die ein Zuwachsen der offenen Flächen verhindern und damit zum Erhalt der Artenvielfalt beitragen, sind es vor allem die putzigen Ziesel, für die hier ein eigenes Schutzgebiet eingerichtet wurde.

Anstieg durch die Perchtoldsdorfer Heide.

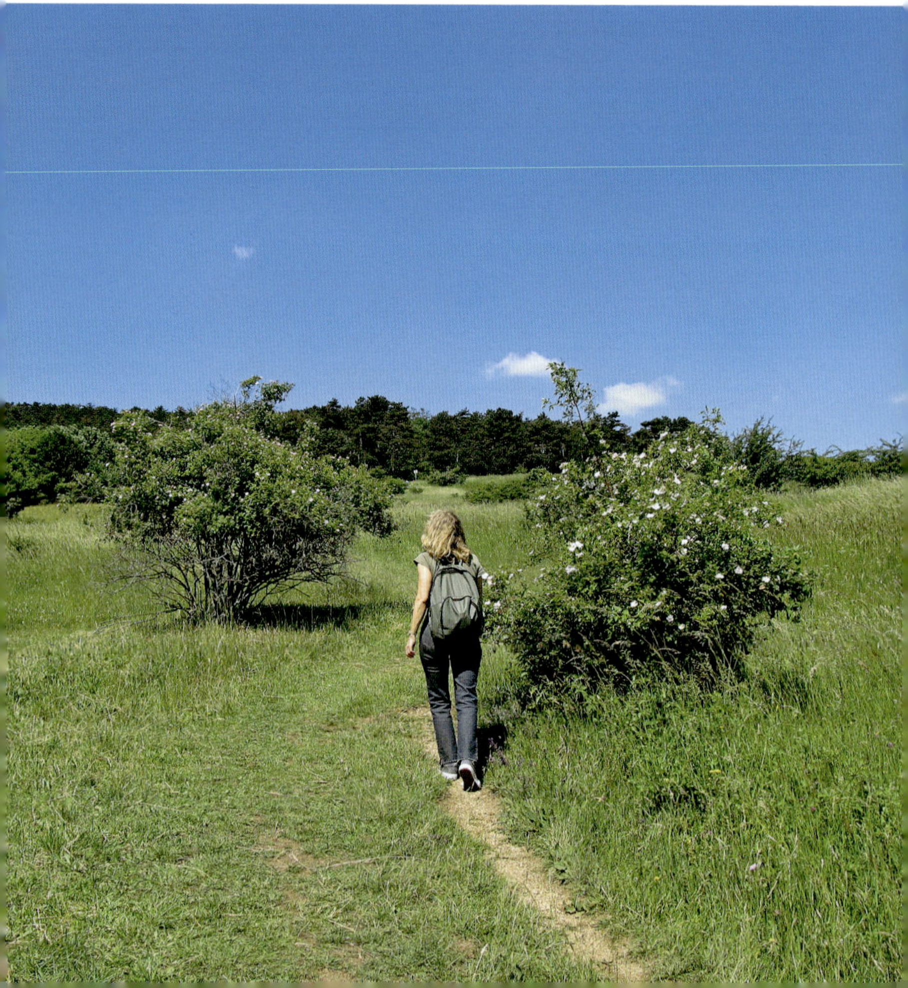

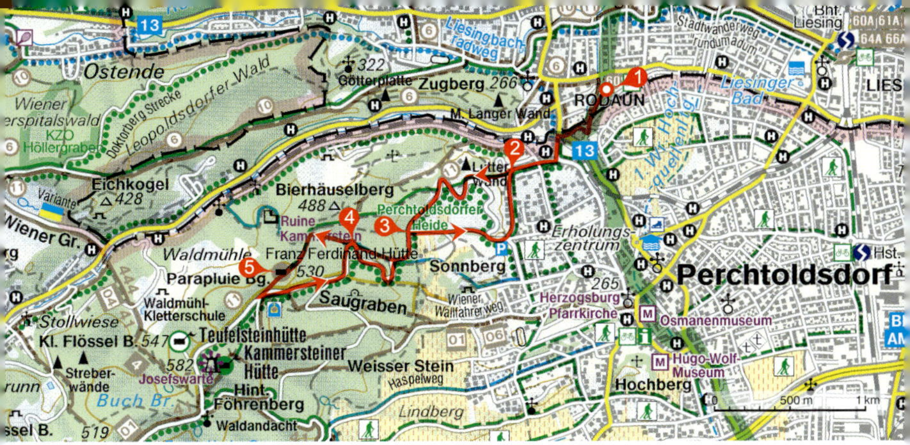

KURZINFO

Ausgangspunkt: Wien Rodaun, 243 m. Endstation der Straßenbahnlinie 60, Parkmöglichkeit. Autofahrer können auch den Parkplatz am oberen Ende der Berggasse benützen und die Runde dort beginnen (siehe Variante).

Anfahrt: Mit dem Auto siehe Tour 11. Zum Parkplatz in der Berggasse (siehe Variante) von Wien Liesing auf der Ketzergasse bis zur Ampel bei der Hochstraße, dort links und nach dem Bahnübergang rechts in die Scholaugasse abbiegen. Geradeaus durch die Dr.-Gorlitzer-Gasse und die Lohsteinstraße bis zum Parkplatz. Öffentlich mit der Straßenbahnlinie 60 ab Wien Hietzing oder Speising bis zur Endstation oder mit dem Bus 60A ab Wien Liesing bis zur Station Rodaun.

Gehzeit: 2.45 Std.

Weglänge: 7,3 km.

Höhenunterschied: 300 m.

Anforderungen: Die Tour verläuft im Ortsgebiet von Perchtoldsdorf auf Asphalt, danach großteils auf Asphalt- und Schotterwegen, nur auf kurzen Stücken auf schmäleren Waldwegen.

Rast: Zahlreiche Rastbänke auf der Perchtoldsdorfer Heide.

Einkehr: Franz-Ferdinand-Schutzhaus auf dem Parapluieberg (täglich außer Do und Fr geöffnet), Tel. +43 1 889 85 88, www.franz-ferdinand-huette.at; Weinbau und Heuriger Neumayer (saisonal

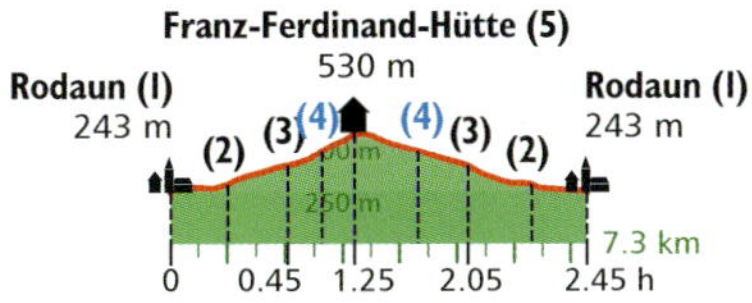

geöffnet, siehe Homepage), Tel. +43 664 2110825, www.weinbauneumayer.at; Rodauner Jausenstation (kleine Imbisse); zahlreiche weitere Heurige in Perchtoldsdorf.

Kinder: Spielplätze gibt es am oberen Ende der Heide sowie beim Franz-Ferdinand-Schutzhaus. Mit etwas Glück sehen die Kinder auch einen der hier heimischen Ziesel. Im Herbst eignet sich die Perchtoldsdorfer Heide vorzüglich zum Drachensteigen, im Winter zum Rodeln.

Winter: Die Tour ist – außer bei sehr hoher Schneelage – auch im Winter begehbar.

Variante: Autofahrer, die am Parkplatz bei der Berggasse parken, gehen von diesem bergauf und folgen den Radwegweisern der Parapluie-Strecke auf der gleich hinter dem oberen Parkplatz-Ende abzweigenden Höhenstraße, die nach etwa 500 m auf den von der Dr.-Gorlitzer-Gasse heraufführenden Fußweg trifft. Gesamtlänge der Tour ab dem Parkplatz 5,5 km bzw. 2 Std.

Touristeninformation: Freunde der Perchtoldsdorfer Heide, Tel. +43 664 815 63 11, www.perchtoldsdorfer-heide.at; Naturpark Föhrenberge, Tel. +43 2236 902 53 43 20.

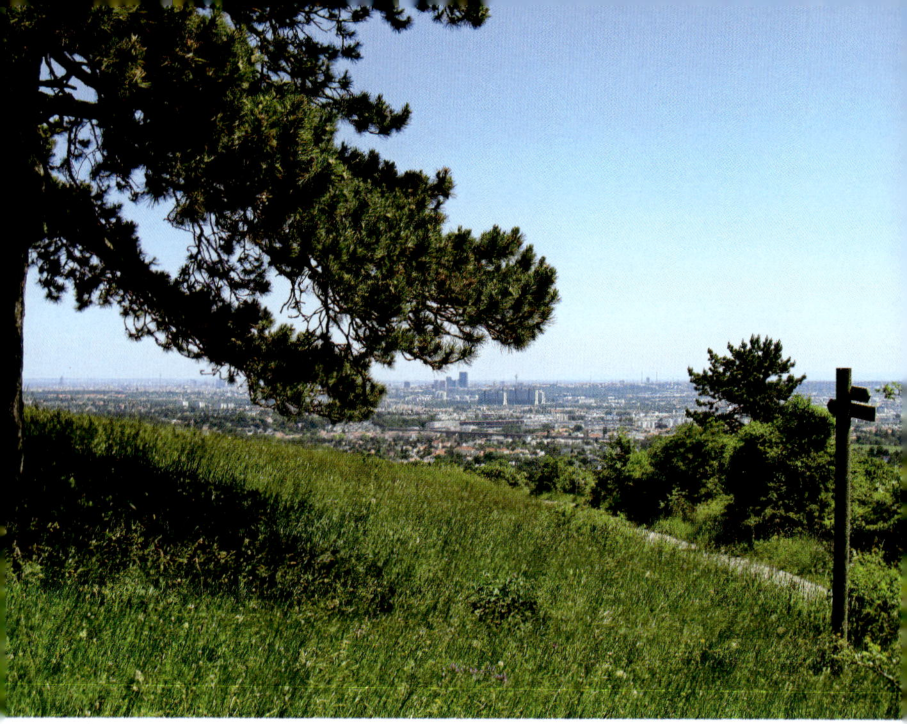

Ausblick von oberen Ende der Heide.

Von der Straßenbahnhaltestelle **Rodaun (1)** der Linie 60 spazieren wir auf der Schillerpromenade entlang der Dürren Liesing bis zur Donauwörther Straße und auf dieser rechts zur T-Kreuzung mit der Hochstraße. Über den Bahnübergang gehen wir nach links und nach 100 m rechts durch die Scholaugasse bergauf. An der Kreuzung mit der Sonnbergstraße gehen wir leicht nach rechts versetzt durch die Dr.-Gorlitzer-Gasse weiter bergauf. Wo sich diese beim **Waldsanatorium (2)** nach links biegt und in die Lohnsteinstraße übergeht, steigen wir halb rechts erst über Stufen und dann auf einem Fußweg entlang eines Entwässerungsgrabens bergauf zum Beginn der Perchtoldsdorfer Heide.
An einer Infotafel und einer Rastbank vorbei kommen wir auf eine Asphaltstraße, der wir in Serpentinen bergauf folgen, das Ziesel-Schutzgebiet zu unserer Rechten. An mehreren Stellen kann man links von der Straße abzweigen und auch auf Fußwegen quer über die Heide abkürzen; man trifft an deren oberem Ende in jedem Fall wieder auf die Straße. Wir passieren ein Kreuz, einen überdachten Rastplatz und einen Spielplatz, dann führt die Straße am oberen Ende der Haide in den Wald und ist ab hier geschottert.
100 m weiter gibt es eine **Abzweigung (3)**, die wir uns für den Rückweg merken sollten. Vorerst folgen wir aber noch dem Hauptweg und den Wegweisern Richtung Parapluieberg und Kammersteiner Hütte. 250 m weiter kreuzt ein blau markierter Fußweg, auf den wir nun rechts einbiegen. Es handelt sich um

eine Abkürzung auf einem Waldweg; man könnte auch auf der Schotterstraße bleiben, auf die man nach rund 300 m wieder trifft. Kurz darauf folgt eine Abzweigung, bei der die Schotterstraße in einem Bogen nach links verläuft. Wir gehen geradeaus weiter, links von einem etwas versteckt im Wald liegenden **Teich (4)**, weiterhin blau markiert in einem Tal bergauf. Bei einem Rastplatz treffen wir auf einen grün markierten Weg, in den wir nun links abbiegen und so nach weiteren 300 m das **Franz-Ferdinand-Schutzhaus (5)** auf dem Parapluieberg erreichen.

Vom Schutzhaus folgen wir auf der entgegengesetzten Seite dem Wegweiser des Wiener Wallfahrerweges. Wir kommen an einem Spielplatz mit einer Rastbank vorbei und treffen kurz darauf wieder auf eine gelb markierte, breite Schotterstraße, auf der wir scharf links bergab Richtung Perchtoldsdorf und Rodaun gehen. Die gelbe Markierung zweigt nach etwas mehr als 500 m rechts ab. Man könnte ihr folgen, kann aber auch bequem auf der Schotterstraße weiter bergab gehen und trifft dann 5 Min. später auf die Abzweigung beim **Teich (4)**.

Hier rechts, weiter auf der Straße bergab. In einer scharfen Linkskurve berührt die gelbe Markierung unsere Straße. Ab hier folgen wir auf jeden Fall wieder der Schotterstraße und gelangen zu der Stelle, wo wir am Aufstieg auf die blaue Markierung abgebogen sind. Wir bleiben noch für 250 m auf der Schotterstraße und gehen an der nächsten **Kreuzung (3)** rechts.

Das erste Stück führt eher steil bergab, und wir kommen schon nach wenigen Metern aus dem Wald heraus; rechts befinden sich Weingärten, links die Heide. Der Weg wird flacher und ist schon bald asphaltiert. Auf ihm gelangen wir direkt hinunter zu einem Parkplatz (dem Ausgangspunkt der Variante für Autofahrer). An dessen unterem Ende biegen wir auf die Lohnsteinstraße nach links ein und kommen so zurück zum **Waldsanatorium (2)**. Von hier auf dem bekannten Weg über Dr.-Gorlitzer-Gasse, Scholaugasse, Hochstraße, Donauwörther Straße und Schillerpromenade zurück zur Straßenbahnstation **Rodaun (1)**.

Das Franz-Ferdinand-Schutzhaus am Ziel der Tour.

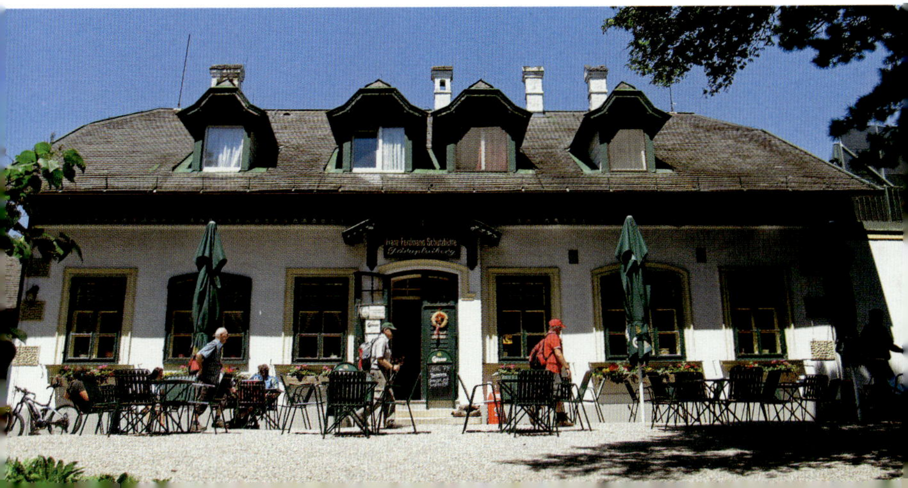

13 Im Naturpark Sparbach

Durch den ältesten Naturpark Österreichs ★★★

Eine besonders abwechslungsreiche und familienfreundliche Tour erwartet uns in dem wunderschönen Naturpark bei Sparbach. Zahlreiche frei herumlaufende Tiere, ein Teich, ein Kleintierzoo, eine Ruine, eine alte Mühle, ein romantischer Tempel und ein großer Spielplatz lassen keine Langeweile aufkommen. Beim Naturparkhaus gibt es neben einem Restaurant auch ein Informationszentrum und mehrere interaktive Stationen.

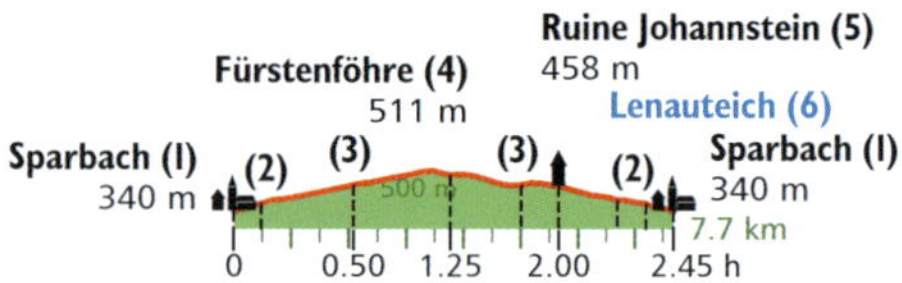

KURZINFO

Ausgangspunkt: Parkplatz beim Naturpark-Eingang oder Bushaltestelle Sparbach Ortsmitte, 340 m.
Anfahrt: Mit dem Auto auf der A 21 bis zur Ausfahrt Hinterbrühl, dort Richtung Sittendorf und gleich wieder rechts Richtung Sparbach abbiegen. Im Ort folgt man der Beschilderung zum Naturpark. Öffentlich mit dem Postbus der Linie 364 vom Bahnhof Mödling bis zur Haltestelle Sparbach Ortsmitte.

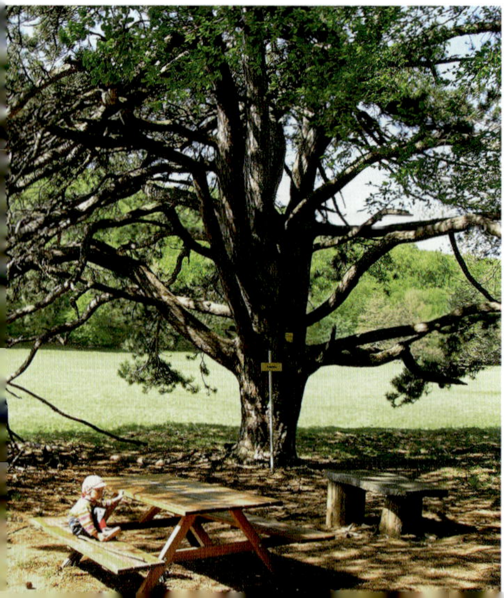

Gehzeit: 2.45 Std.
Weglänge: 7,7 km.
Höhenunterschied: Rund 200 m.
Anforderungen: Die Tour verläuft durchwegs auf breiten Schotterstraßen, die aber stellenweise stärkere Steigungen aufweisen.
Rast: Zahlreiche Rastbänke im gesamten Naturparkareal.
Einkehr: Restaurant im Besucherzentrum (Öffnungszeiten und Telefon wie Naturpark).
Kinder: Freilaufende Wildschweine, zahlreiche Tiergehege und ein großer Spielplatz sind die Hauptattraktionen für Kinder. Für Kinderwagen mit großen Rädern geeignet.
Hinweise: Eintrittsgebühr 7 € Erwachsene / 4 € Kinder von 5 bis 15 Jahren, 5 € Schüler und Studenten bis 26 Jahre.
Der Tierpark ist von April bis Anfang November geöffnet. Die Mitnahme von Hunden in den Tierpark und das Fahren mit Fahrrädern (auch Kinderfahrräder) ist nicht gestattet!
Touristeninformation: Naturpark Sparbach, Tel. +43 2237 20729, www.naturpark-sparbach.at; Tourismusregion Wienerwald, Tel. +43 2231 621 76, www.wienerwald.info.

Rastplatz bei der Fürstenföhre.

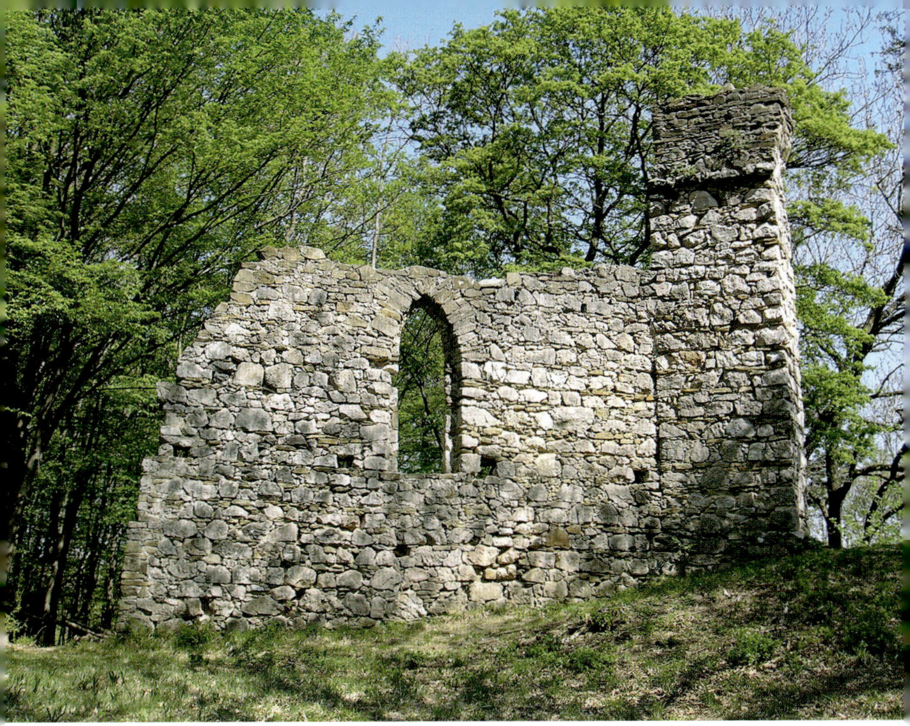

Die Ruine Johannstein.

Direkt bei der Bushaltestelle Ortsmitte in **Sparbach (1)** gehen wir eine Gasse nach Norden, deren Verlauf folgend nach links zum Beginn des Parkplatzes und über diesen nach rechts, am Schloss Sparbach vorbei, zum Eingang in den Naturpark. Gleich nachdem wir diesen betreten, befindet sich links ein schöner Spielplatz, während man geradeaus über eine Rampe das Besucherzentrum mit einem Restaurant erreicht. Wir gehen nun weiter in den Naturpark hinein zu einer Gabelung im Wald, bei der wir dem Wegweiser Richtung Naturparkhaus und Streichelzoo folgen.

Wir wandern auf einer Schotterstraße am Talgrund weiter und kommen zu einer Abzweigung am Beginn des **Streichelzoos (2)**, an der es rechts Richtung Schacherplatz, Dianawiese und Dianatempel geht. Hier biegen wir ab und queren den Sparbach auf einer Brücke. Am anderen Ufer gehen wir an diesem entlang aufwärts bis zu einer Abzweigung, an der wir scharf rechts bergauf gehen. Nach einem längeren Anstieg gelangen wir zum sogenannten Scha-

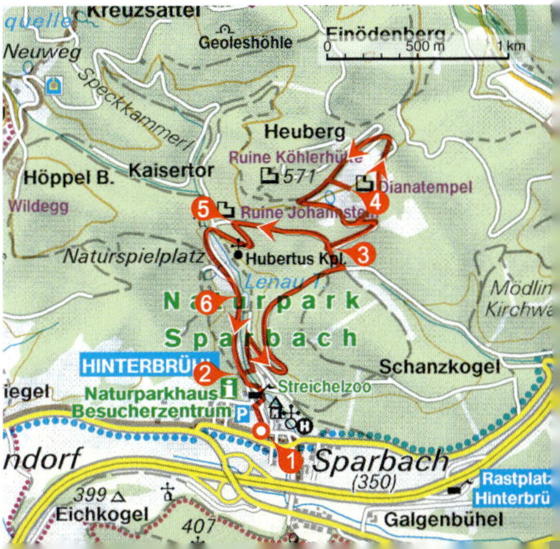

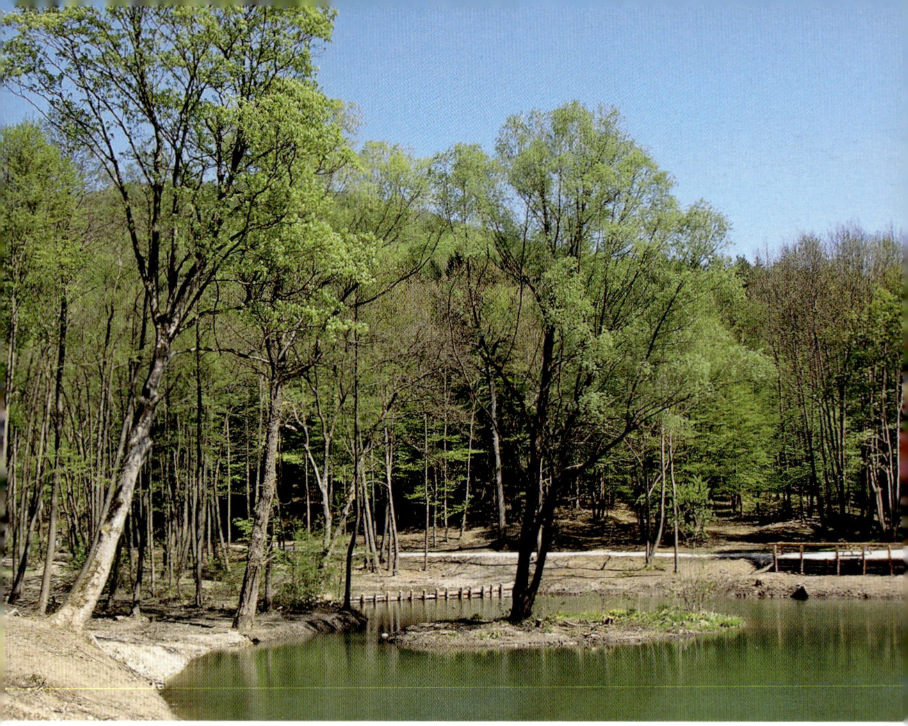

Am Lenauteich.

cherplatz, wo sich mehrere Rastbänke und zwei überdachte Rastplätze befinden. Wir gehen links und kommen nach 100 m zu einer **Abzweigung (3)**, an der wir den Schildern nach rechts zur Dianawiese folgen.
Weiterhin ansteigend erreichen wir eine weitere Abzweigung, bei der wir uns rechts Richtung Dianawiese und Dianatempel wenden. Wir verlassen den Wald hinaus auf die Wiese, gehen immer noch bergauf und kommen an einem überdachten Rastplatz vorbei. Dann biegt sich der Weg nach links, wir passieren zunächst eine Einmündung eines anderen Weges von rechts hinten und gelangen dann zu einer Abzweigung nach links, wo Wegweiser zur Dianaquelle, zum Dianatempel und zur Fürstenföhre weisen. Die Quelle erreichen wir nach kurzem steilem Abstieg, dann gehen wir eben über die Wiese zum Dianatempel und zu der riesigen **Fürstenföhre (4)**.
Da es sich bei dem Weg um eine Sackgasse handelt, kehren wir – vorbei an der Quelle – wieder zur letzten Abzweigung zurück und halten uns an dieser links. Wir gehen nun wieder bergab und kommen kurz nacheinander zu zwei Wegen, die nach rechts abzweigen (auf dem zweiten Weg könnte man, allerdings recht steil, zur Ruine Johannstein abkürzen). Auf dem Hauptweg wandern wir in einem Bogen nach links und gelangen so wieder zurück zu der Weggabelung, bei der wir zuvor den Wegweisern Richtung Dianawiese und Dianatempel gefolgt sind. Am bekannten Weg gehen wir bergab zur **Abzweigung (3)**, bei der

es links zurück zum Schacherplatz ginge, während wir uns rechts Richtung **Ruine Johannstein (5)** bergab halten. Direkt vor der Ruine mündet von rechts hinten die erwähnte steile Abkürzung ein. Wir folgen jetzt dem Wegweiser bergab, kommen an den Baumriesen und der Raimund-Föhre vorbei zu einer Kreuzung bei einem weiteren überdachten Rastplatz. Hier überqueren wir den Sparbach und gehen auf dem Hauptweg im Tal links bergab. Wir kommen an der Hubertusquelle vorbei zu einem großen Naturspielplatz, der zwischen Weg und Bach liegt und auf dem es auch mehrere Jausenbänke gibt.

Weiter am Hauptweg gelangen wir zum **Lenauteich (6)**, an dessen unterem Ende man nach links einen kurzen Abstecher zur Leopoldmühle machen kann. Folgt man dem Hauptweg nun weiter bergab, erreicht man zunächst den Wildschweinfutterplatz, das Naturparkhaus und den **Kleintierzoo (2)**, an dessen unterem Ende wir am Hinweg über den Bach abgebogen sind. Nun sind es nur mehr wenige Minuten am bekannten Weg zurück zum Besucherzentrum, bei dem wir den Park verlassen und entweder zum Parkplatz oder an diesem vorbei zur Bushaltestelle in **Sparbach (1)** gehen.

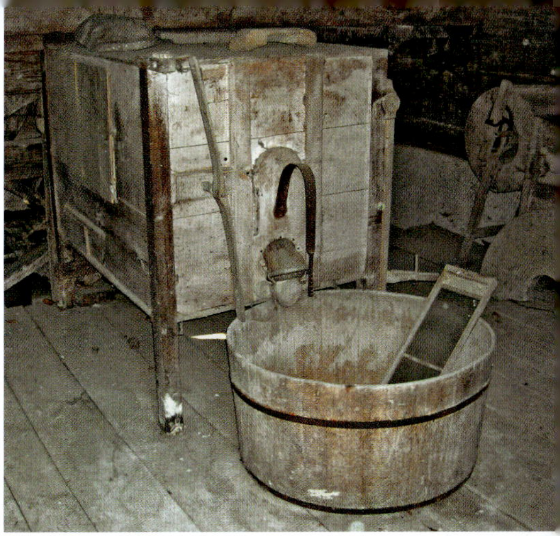

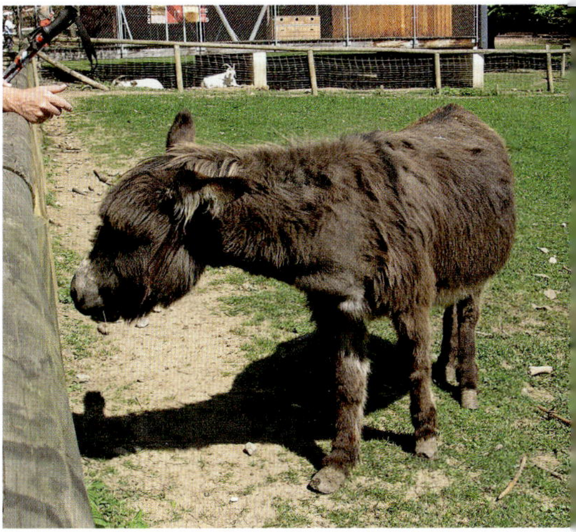

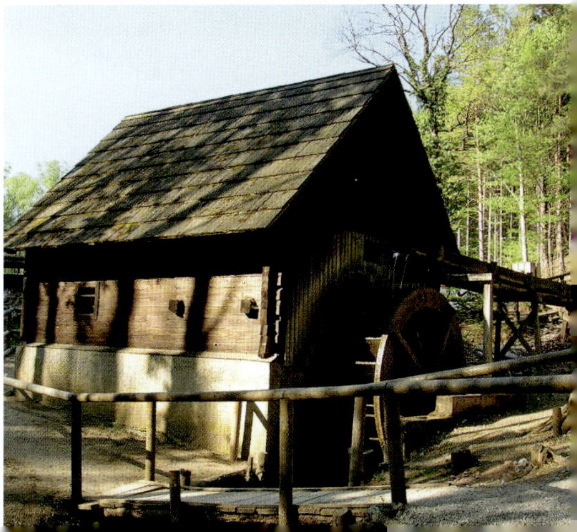

Fotos rechts oben und unten: Die Leopoldmühle. – Foto in der Mitte: Esel im Kleintierzoo.

14 Kalenderberg

Künstliche Ruinen und eine echte Burg bei Mödling ★★

Wenn ein Adelsgeschlecht im Zeitalter der Romantik etwas auf sich hielt, so waren künstliche Ruinen im eigenen Schlosspark geradezu unverzichtbar. Deshalb findet man auch am Kalenderberg bei Mödling, nicht nur die »echte«, aus dem 12. Jahrhundert stammende Burg Liechtenstein – Stammsitz des gleichnamigen Fürstengeschlechtes –, sondern auch ein »römisches« Amphitheater. Ein schöner Ausblick auf die Stadt Mödling belohnt einen für den mühsamen Aufstieg über den »Mödlinger Kobenzl«.

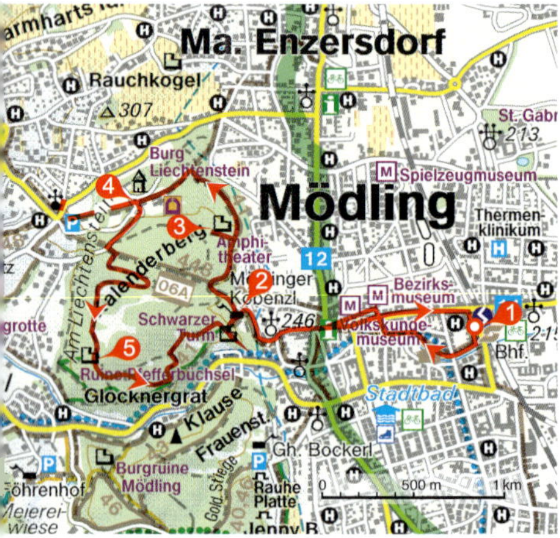

KURZINFO

Ausgangspunkt: Bahnhof Mödling, 214 m. Da die Parkplätze im Stadtgebiet von Mödling Mo–Fr 8–12 und 14–18 Uhr sowie Sa 8–12 Uhr kostenpflichtig sind (maximale Parkdauer 1.30 Std.), wählen Aufofahrer an Werktagen besser die Variante ab dem Parkplatz bei der Burg Liechtenstein.

Anfahrt: Mit dem Auto auf der Südautobahn A 2 bis zur Abfahrt Mödling/SCS und dann auf der B 11 ins Zentrum von Mödling. Anfahrt zum Parkplatz der Variante auf der Außenringautobahn A 21 bis Gießhübl und dann der Beschilderung zur Burg Liechtenstein folgen. Öffentlich mit der S-Bahn direkt zum Bahnhof Mödling, bzw. zum Ausgangspunkt der Variante mit dem Bus der Linie 262 ab Bahnhof Mödling bis zur Haltestelle Maria Enzersdorf Siedlungsstraße.
Gehzeit: 2.45 Std.
Weglänge: 7,9 km.
Höhenunterschied: 170 m.
Anforderungen: Im Stadtgebiet von Mödling Asphalt, am Aufstieg zum Mödlinger Kobenzl Stufen. Sonst großteils Schotter- und Erdwege, mit zum Teil stärkeren Steigungen.
Rast: Mehrere Jausenbänke entlang des Weges.
Einkehr: Waldmeierei Liechtenstein (ganzjährig Do–So geöffnet), Tel. +43 2236 38 99 60, www.waldmeierei.at; Restaurant Hotwagner (ganzjährig Do–So geöffnet), Tel. +43 2236 224 03, www.hotwagner.at; zahlreiche Lokale im Ortsgebiet von Mödling.
Kinder: Große Spielwiese und Spiel-

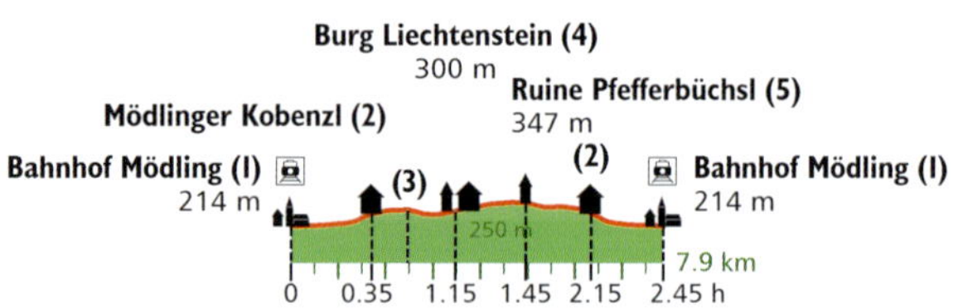

platz bei der Burg Liechtenstein. Auch die künstlichen Ruinen des Landschaftsgartens regen die Fantasie der Kinder an und eignen sich zum Spielen. Wenn man den Abstecher zum Schwarzen Turm weglässt und die Wanderung am Parkplatz bei der Burg Liechtenstein beginnt, ist die Runde auch mit dem Kinderwagen befahrbar.

Variante: Beginn der Wanderung in Maria Enzersdorf: Von der Bushaltestelle Siedlungsstraße der Linie 262 etwa 100 m die Straße bergauf, dann scharf links auf einem asphaltierten Fußweg, der am Parkplatz – dem Ausgangspunkt der Variante für Autofahrer – vorbeiführt. So gelangt man zur Wegkreuzung bei der Burg Liechtenstein (4) und folgt ab hier der Tour Richtung Kalenderweg und Schwarzer Turm. Ca. 30 Min. kürzer; man spart sich vor allem den An- und Abstieg über Stufen zwischen St. Othmar und Kobenzl.

Touristeninformation: Tourismus-Infomation Mödling, Tel. +43 2236 267 27, www.tiscover.at/moedling.

Die mächtige Burg Liechtenstein.

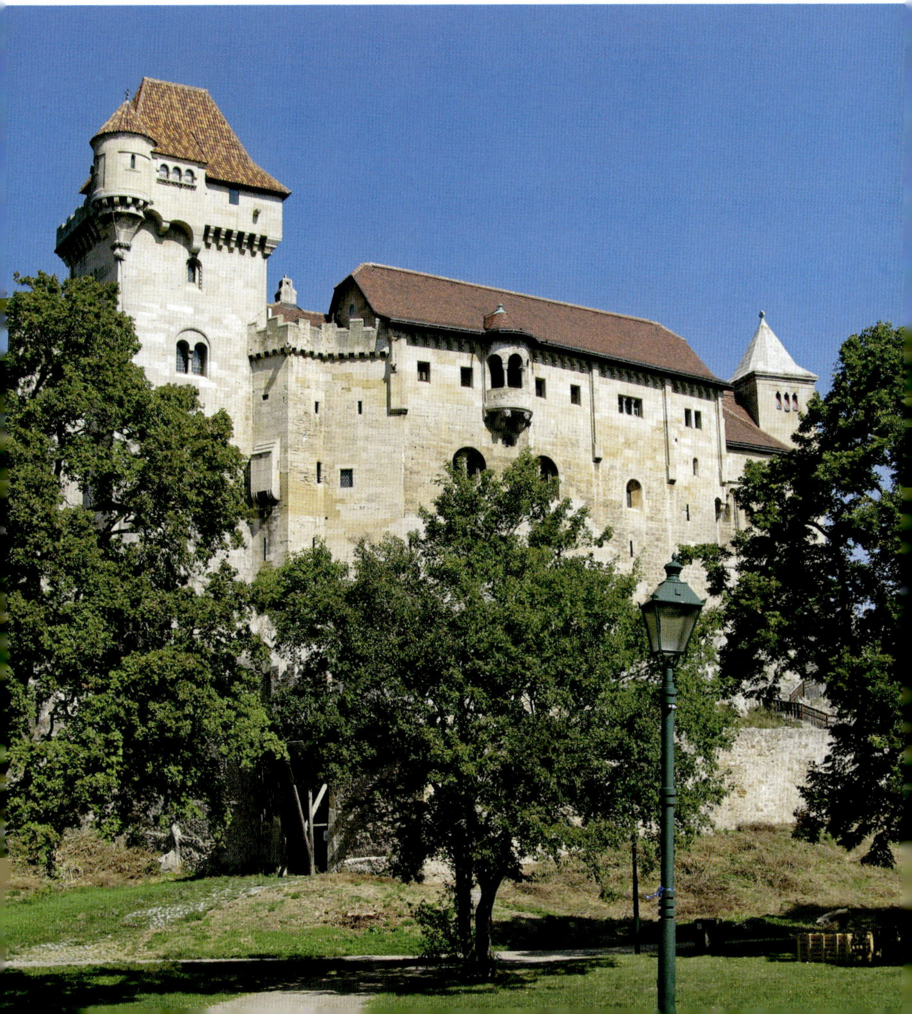

Am Platz vor dem **Bahnhof Mödling (1)** halten wir uns halb links und gehen durch den kleinen Park gegenüber dem Busbahnhof zur Bachgasse, der wir entlang des Mödlingbaches folgen. Sie geht in einen Promenadenweg und anschließend in die Achsenaugasse und diese in die Wehrgasse über. Auf einem Fußweg zwischen Häusern kommen wir zur Hauptstraße, die wir queren, um über den Josef-Deutsch-Platz halb links zur Klostergasse zu gehen. Auf dieser erreichen wir den Freiheitsplatz mit der Pestsäule, gehen gegenüber in die Fußgeherzone und durch das historische Stadtzentrum geradeaus zur Pfarrkirche St. Othmar. Wir gehen links an dieser vorbei und nehmen einen Fußweg, der mehrmals durch Stufen unterbrochen hinauf auf den **Mödlinger Kobenzl (2)** führt. Hier befindet sich ein Gasthaus mit kleinem Spielplatz und einem Hasenstall.

Hinter diesem treffen wir auf eine Asphaltstraße, die links auf einem Parkplatz endet. Wir folgen ihr nach rechts und nehmen in der ersten Rechtskurve einen rot-weiß-roten Erdweg nach links, kurz darauf dann rechts bergauf (Wegweiser »Sternwanderweg«), hier auch blau-weiß markiert. Der Weg wird flacher und trifft nach 150 m auf eine querende Asphaltstraße, auf der wir uns nach rechts Richtung Amphitheater, Burg und Schloss Liechtenstein wenden. Der Weg führt nun leicht bergauf, bergab und besteht aus Schotter und Asphaltresten; er bringt uns zu einer Abzweigung, bei der wir nach links einen Abstecher von knapp 100 m zur künstlichen Ruine des »römischen« **Amphitheaters (3)** machen.

Danach kehren wir zur Abzweigung zurück und folgen den Wegweisern »Rundwanderweg 2« Richtung Burg und Schloss Liechtenstein. Wir treffen auf die asphaltierte Burgpromenade, auf der wir, immer noch am Rundwanderweg 2, nach links Richtung Seegrotte und Hinterbrühl gehen. Wir kommen an einem großen Spielplatz mit Lagerwiese und Rastbänken vorbei zum Schloss Liechtenstein mit dem Restaurant Waldmeierei. Weiter auf der Burgpromenade treffen wir auf eine Wegkreuzung unterhalb der **Burg Liechtenstein (4)**. Scharf rechts kommt man zum Eingang der Burg, wenn man diese besichtigen möchte.

Rechts führt ein Fußweg zur Johannesstraße in Maria Enzersdorf (dort weitere Einkehrmöglichkeit, Restaurant Hotwagner, 250 m entfernt). Geradeaus geht es zum Parkplatz, zur Urlauberkreuzkapelle und zur Bushaltestelle Siedlungsstraße – von dort kommt man, wenn man die Runde wie in der Variante beschrieben in Maria Enzersdorf beginnt. Wir halten uns links und folgen den Wegweisern Richtung Kalenderweg, Schwarzer Turm, Seegrotte und Hinterbrühl auf Asphalt bergauf. An der Kreuzung mit einer anderen Asphaltstraße gehen wir geradeaus in

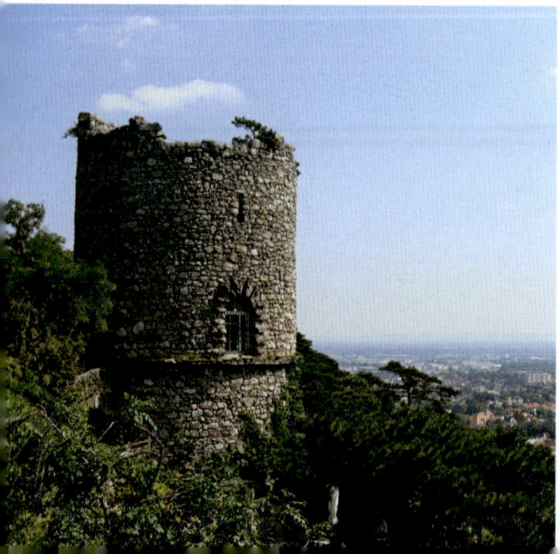

Der Schwarze Turm.

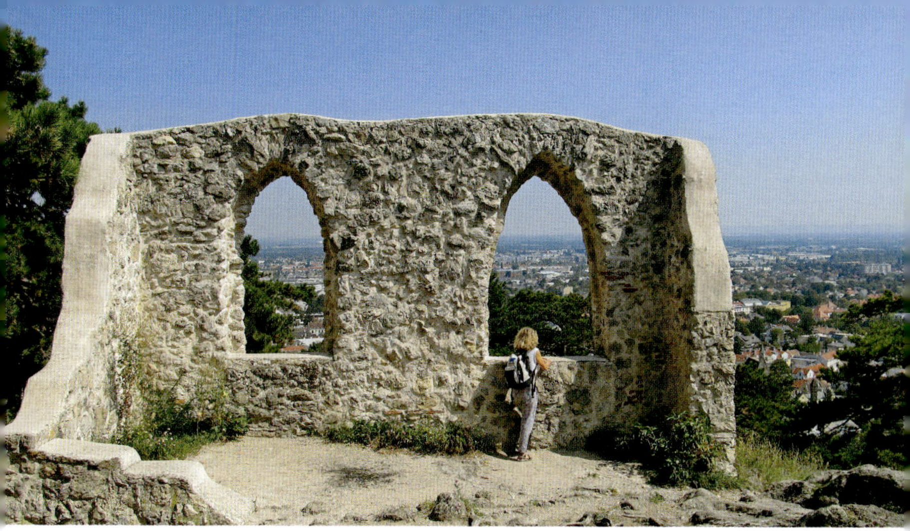

Die künstliche Ruine »Augengläser«.

den Wald. Etwa 200 m weiter folgen kurz hintereinander mehrere Abzweigungen. Bei der ersten gehen wir geradeaus, u.a. Richtung Kalenderweg und Mödling, dann auf Asphalt links wieder Richtung Mödling und Schwarzer Turm, und wenige Meter weiter rechts Richtung Pfefferbüchsel und Turnerwiese.

Wir wandern nun immer am Hauptweg in zwei lang gestreckten Serpentinen bergauf zur Turnerwiese, hinter der der Weg schmäler wird. An der Kirchbergwiese vorbei kommen wir zur **Ruine Pfefferbüchsel (5)**. Von hier folgen wir den Wegweisern Richtung Schwarzer Turm, Kobenzl und Mödling auf einem Waldweg erst leicht bergab und dann wieder bergauf. Nach etwa einer Viertelstunde ab der Ruine biegen wir in einer Linkskurve auf einen Weg nach rechts Richtung Schwarzer Turm, Augengläser, Kobenzl und St. Othmar ab. Es geht wieder bergab, und nach etwa 150 m mündet ein Weg von links ein. Wir gehen geradeaus weiter auf den bereits kurz darauf sichtbaren Schwarzen Turm zu. Wenige Meter davor gibt es eine Kreuzung mit Wegweisern. Von dieser können wir halb links einen Abstecher zu einem schönen Aussichtspunkt, den »Augengläsern« (einer künstlichen Ruine mit zwei Spitzbogenfenstern) machen, bevor wir den Weg nach links bergab Richtung Kobenzl, St. Othmar und Mödling nehmen. Nach wenigen Metern geht es gleich wieder nach links, nun rot-weiß-rot markiert, und schließlich über eine Stiege hinunter zum Parkplatz beim **Mödlinger Kobenzl (2)**.

Zurück zum Bahnhof nehmen wir zunächst den bekannten Weg hinunter zur Kirche St. Othmar und durch die Fußgeherzone bis zum Freiheitsplatz. Hier kann man nun den gleichen Weg durch die Klostergasse und entlang des Mödlingbaches zurück zum Bahnhof gehen, oder man hält sich halb rechts auf der Hauptstraße und geht auf dieser, vorbei an zahlreichen Lokalen und Cafés, immer geradeaus bis zum Bahnhhofsplatz. Auf diesem dann rechts zum **Bahnhof Mödling (1)**.

15 Burgruine Mödling

Über den Kleinen Anninger zum Märchenteich ★★

Die Ausläufer des Anninger südwestlich von Mödling sind ein beliebtes Ausflugsgebiet und von einem dichten Netz von Wander- und Spazierwegen überzogen. Auf dieser besonders familienfreundlichen Runde kommen wir an der schön gelegenen Burgruine Mödling, einem idyllischen Teich, eindrucksvollen Kletterfelsen, mehreren Spielplätzen und einem urigen Waldgasthaus vorbei. Im Anschluss an die Tour lohnt es sich, auch die hübsche Altstadt von Mödling zu erkunden.

KURZINFO

Ausgangspunkt: Mödling, Bushaltestelle Spitalmühlgasse, 226 m. Autofahrer parken am Parkplatz unterhalb des Aquäduktes etwa 150 m weiter oder am Parkplatz an der Brühler Straße wenige Meter nördlich der Bushaltestelle (Hinweis unten beachten), oder man beginnt die Runde als Autofahrer am Parkplatz beim Waldgasthaus Bockerl oder am Jägerhausweg.

Anfahrt: Mit dem Auto auf der Südautobahn bis zur Ausfahrt Mödling/SCS. Von dort der Beschilderung Richtung Mödling und dem Verlauf der B 11 durchs Stadtgebiet folgen (Hauptstraße, dann links durch die Badgasse und rechts durch die Friedrich-Schiller-Straße). Mit den Bussen der Linien 364 oder 365 (mindestens 1x pro Stunde) ab Bahnhof Mödling zur Haltestelle Spitalmühlgasse.

Gehzeit: 1.45 Std.

Weglänge: 4,6 km.

Auf der »Goldenen Stiege«.

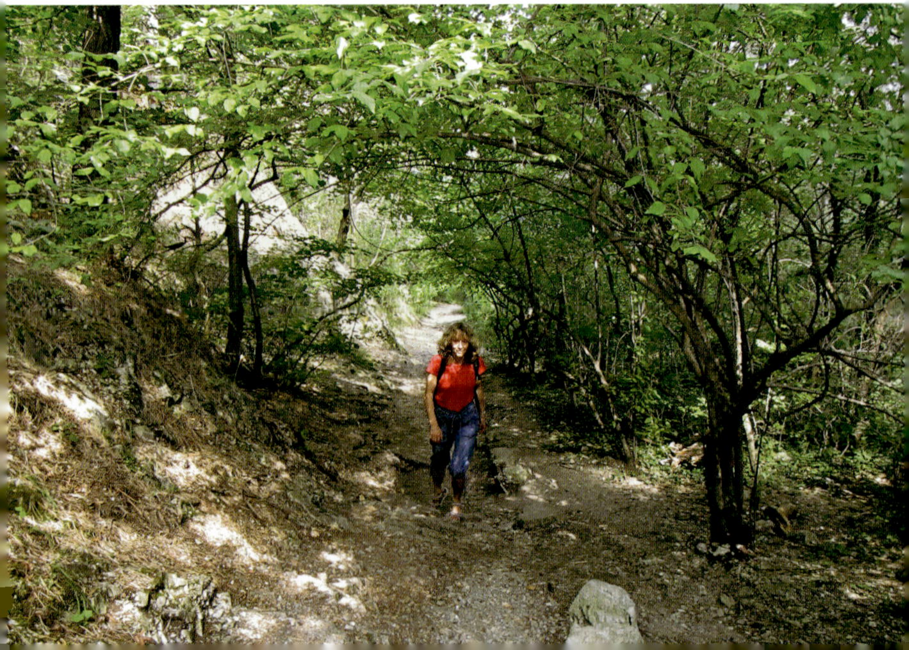

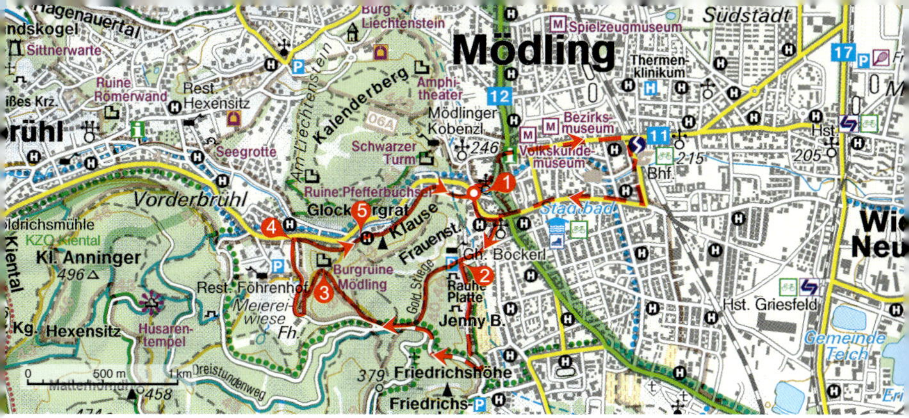

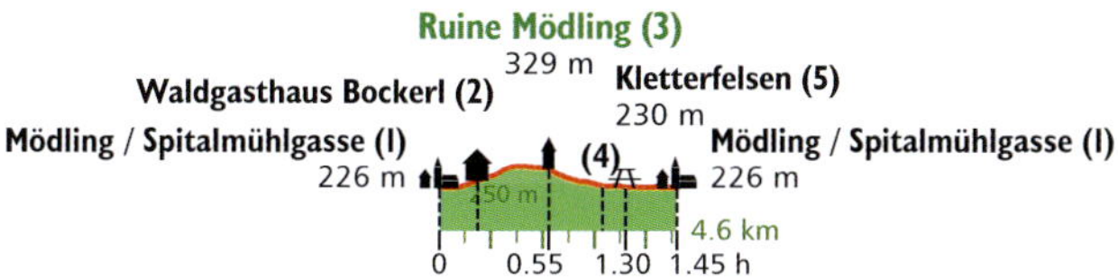

Höhenunterschied: Rund 120 m.
Anforderungen: Hauptsächlich Asphalt, Schotter- und gute Waldwege, nur auf einem kurzen Stück steil und holprig (Wurzeln und Steine).
Rast: Zahlreiche Rast- und Jausenbänke entlang des gesamten Weges.
Einkehr: Waldgasthaus Bockerl (ganzjährig täglich geöffnet), Tel. +43 2236 468 68, www.bockerl.at; Imbiss Royal Pizza (ganzjährig täglich geöffnet), Tel. +43 2236 86 68 04, www.royal-pizza-moedlingen.at.
Kinder: Spielplätze gibt es in der Jägerhausgasse, bei der Kletterwand am Neuweg sowie im Kurpark. Wer mit Kinderwagen unterwegs ist, kann die unten angeführte Variante gehen.
Winter: Bei Schneelage sind nur die Wege im Stadtgebiet von Mödling geräumt.
Hinweis: Parkplätze im Zentrum von Mödling sind werktags von 8 bis 12 und 14 bis 18 Uhr, samstags von 8 bis 12 Uhr kostenpflichtig und es gilt eine maximale Parkdauer von 1.30 Std. Der Parkplatz an der Brühler Straße direkt bei der Bushaltestelle kann deshalb nur an Sonn- und Feiertagen und Samstag nachmittags benutzt werden.
Varianten: Wanderung ab Bahnhof Mödling: Vor dem Bahnhof wendet man sich nach links und geht am Busbahnhof vorbei auf dem Fuß- und Radweg bis zur Friedrich-Schiller-Straße, dann auf dieser rechts. Nach etwa 20 Min. ab dem Bahnhof kommt man zu der Kreuzung, an der halb links die Gasse »An der Goldenen Stiege« bergauf führt; durch diese gelangt man zum Waldgasthaus Bockerl (2). Am Ende der Tour geht man von der Bushaltestelle Spitalmühlgasse nach Norden zur Brühler Straße, durch die Fußgeherzone rechts zur Spitalskirche und dort links durch die Kaiserin-Elisabeth-Straße, Herzoggasse und Hauptstraße zum Bahnhof.
Kinderwagentaugliche Variante: Um die holprige »Goldene Stiege« zu umgehen, folgt man vom Waldgasthaus Bockerl (2) dem Steinbruchweg nach Süden bis zu einem Schranken, hinter dem scharf rechts die mit einem weiteren Schranken gesperrte Anningerstraße abzweigt. Auf dieser geschottert und mit mäßiger Steigung hinauf zu einem weiteren Wegweiser in einer Kehre der Anningerstraße, dort geradeaus weiter zur Kreuzung am oberen Ende des holprigen Abschnittes.
Touristeninformation: Tourismus-Infomation Mödling, Tel. +43 2236 267 27, www.tiscover.at/moedling.

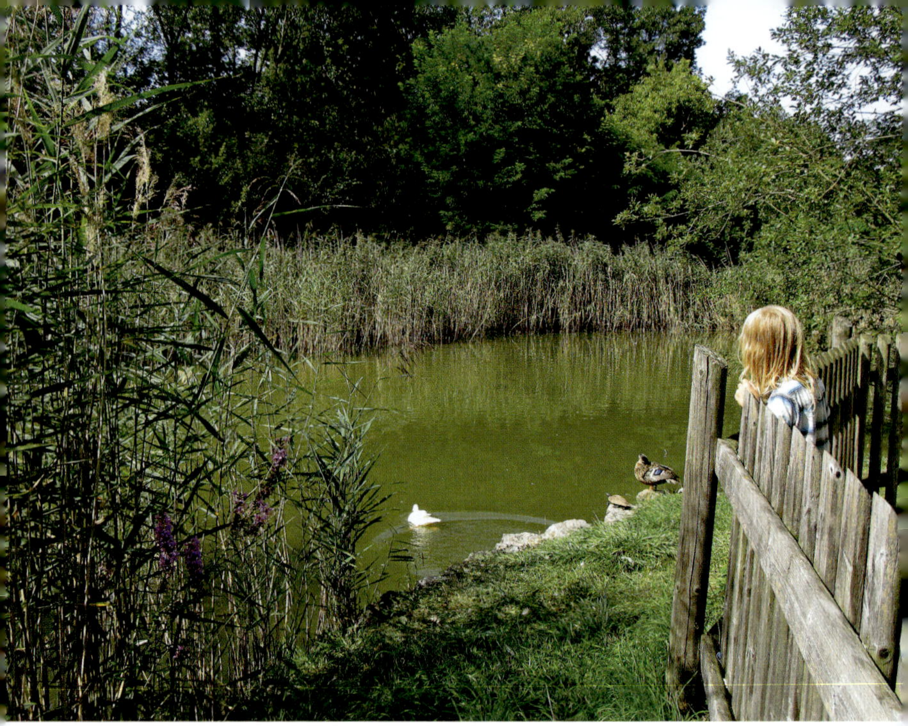

Am Märchenteich.

Wir gehen von der Bushaltestelle **Spitalmühlgasse (1)** auf der namensgebenden Straße nach Süden bis zur Kreuzung mit der Neusiedler Straße, an der wir uns scharf nach rechts wenden und durch die Gasse »An der Goldenen Stiege« bergauf gehen, den rot-weiß-roten Markierungen Nr. 40, 42, 46, 404 und 444 folgend. Kurz vor einem Parkplatz münden noch eine blau-weiße und eine gelb-grün-blaue Markierung ein. So erreichen wir das **Waldgasthaus Bockerl (2)**, bei dem es zahlreiche Wegweiser und eine Orientierungstafel gibt.

Wir gehen rechts am Parkplatz entlang auf einem breiten Schotterweg, gelb-grün-blau, blau-weiß und rot-weiß-rot markiert, dann auf einem holprigen Waldweg mit vielen Steinen und Wurzeln bergauf Richtung Breite Föhre. An einer Kreuzung mit mehreren Wegweisern halten wir uns schräg rechts Richtung Burg Mödling und Husarentempel. Nun wieder auf einer breiten Schotterstraße zu einer Abzweigung, an der wir der gelben Markierung schräg rechts Richtung Burg Mödling folgen. Bei den nächsten beiden Wegkreuzungen folgen wir erst rechts, dann geradeaus stets den Wegweisern Richtung Mödling über Burg Mödling (zunächst als Weg 43 und 46, dann nur mehr als Nr. 46 rot-weiß-rot markiert). Wir gehen direkt auf die **Burgruine Mödling (3)** zu, zu der rechts kurz steil bergauf ein Stichweg führt.

Nach der Besichtigung kehren wir auf den Hauptweg zurück und folgen dem Wegweiser Richtung Meie-

reiwiese und Vorderbrühl bergab, weiterhin am Weg Nr. 46. Wir kommen zu einer T-Kreuzung mit einer breiten Schotterstraße, auf der wir rechts Richtung Vorderbrühl und Mödling gehen. 100 m weiter nehmen wir den Weg links Richtung Mödling und Föhrenhof und gelangen so zum idyllischen, schilfbestandenen »Pepis Märchenteich«, an dem man Enten und Schildkröten beobachten kann und bei dem es auch einen Trinkbrunnen gibt.
Weiter am Weg gelangen wir zu einer Kreuzung, an der wir geradeaus gehen und so einen großen Spielplatz an der Kreuzung der **Jägerhausgasse (4)** mit der Brühler Straße erreichen. Wir folgen der Brühler Straße wenige Meter nach rechts zu einem Imbiss; gegenüber folgen wir dem asphaltierten Rad- und Fußweg nach rechts. Dieser verläuft neben dem Mödlingbach und führt an **Kletterfelsen (5)** vorbei (hier ein weiterer kleiner Spielplatz, eine Jausenbank und ein öffentliches WC). Weiter auf dem Rad- und Fußweg gehen wir durch den Kurpark mit steinernen Skulpturen, Rastbänken und einem Spielplatz. Kurz darauf verläuft unser Weg unter dem Aquädukt der Wiener Hochquellenleitung hindurch. Hier führt ein Steg nach links zum Parkplatz; wer öffentlich angereist ist, geht auf der Gasse Neuweg gereadeaus bis zur **Spitalmühlgasse (1)** und auf dieser wenige Meter nach links zur Bushaltestelle.

Die Burgruine Mödling.

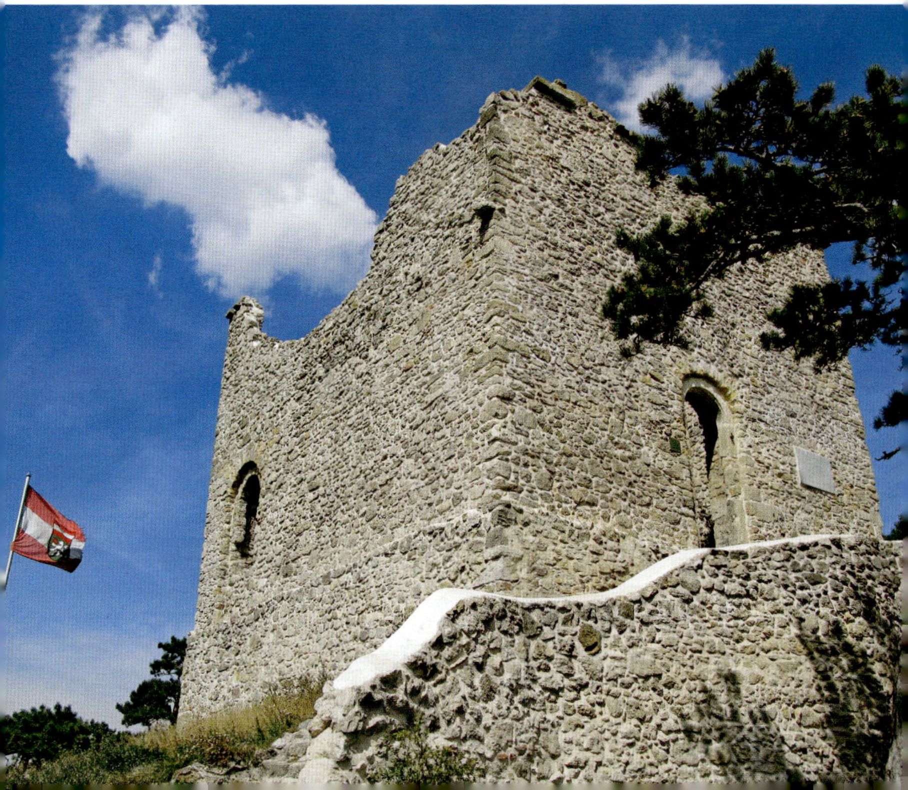

16 Auf den Anninger

Abwechslungsreiche Runde bei Gumpoldskirchen ★★

Der Anninger gehört schon seit Generationen zu den beliebtesten Wanderzielen im südlichen Wienerwald. Wie viele Berge in diesem Gebiet weist er nicht eine ausgeprägte Spitze auf, sondern insgesamt drei Gipfelkuppen, zwischen denen sich ein kleines Plateau erstreckt. Gleich auf zwei der bewaldeten Gipfel befinden sich Aussichtswarten, die jede für sich einen schönen Rundblick bietet, während auf der dritten Erhebung ein weithin sichtbarer Sendeturm steht. Man kann den Berg von Mödling, Baden, Pfaffstätten oder Gaaden aus besteigen; wir wählen für diese Tour aber den Anstieg vom nächstgelegenen Dorf aus, dem bekannten Weinort Gumpoldskirchen.

Die Wilhelmswarte auf dem Anninger.

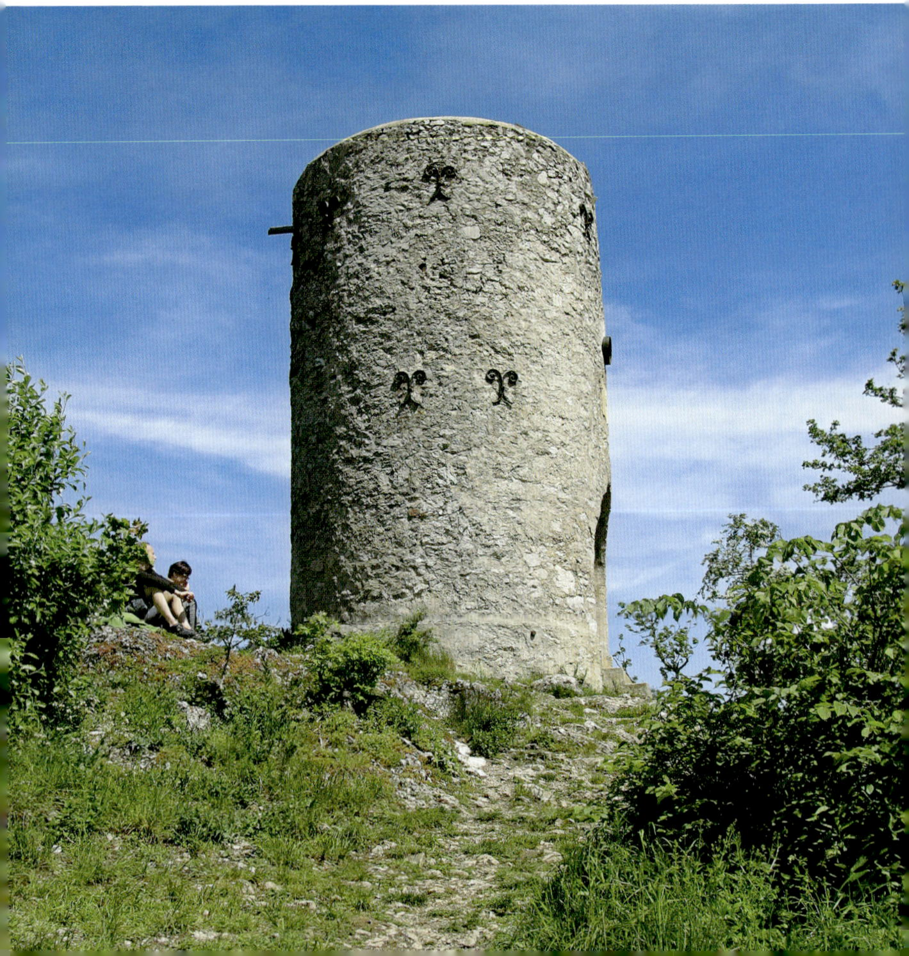

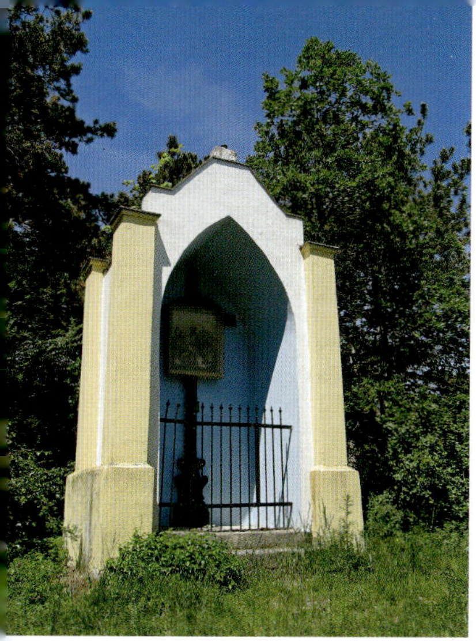

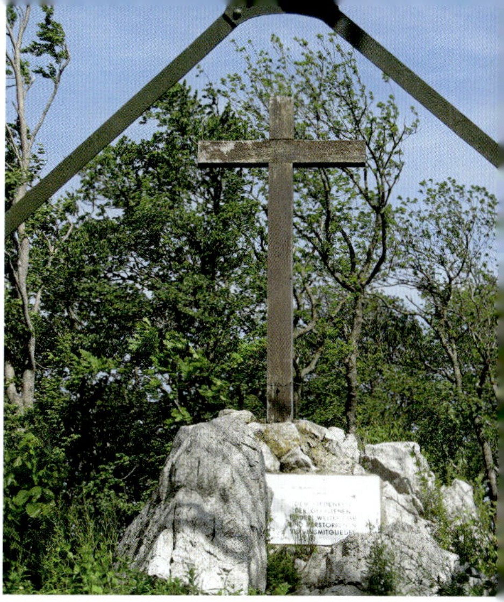

Links: Kapelle am Kalvarienberg. – Rechts: Gedenkstein unterhalb der Jubiläumswarte.

KURZINFO

Ausgangspunkt: Ortszentrum von Gumpoldskirchen, Parkplatz Melkerhof, 260 m. Von der Bahnhaltestelle Gumpoldskirchen 15 Min. bzw. von der Bushaltestelle Gumpoldskirchen Schulgasse 5 Min. zusätzliche Gehzeit.

Anfahrt: Mit dem Auto auf der Südautobahn bis zur Abfahrt Wiener Neudorf, dann auf der B 17 nach Guntramsdorf und dort rechts nach Gumpoldskirchen abzweigen. Im Zentrum beim Rathaus rechts Richtung Mödling und gleich die erste Gasse links, den Wenzelweg, zum großen Parkplatz Melkerhof. Öffentlich stündliche S-Bahn-Verbindung ab Wien direkt nach Gumpoldskirchen bzw. vom Bahnhof fallweise Busse bis zur Haltestelle Schulgasse.

Gehzeit: 3.45 Std.

Weglänge: 9,9 km.

Höhenunterschied: Rund 500 m.

Anforderungen: Durchwegs breite, jedoch stellenweise steilere Wald- und Forstwege, am Abstieg vom Richardhof nach Gumpoldskirchen Asphalt.

Rast: Mehrere Rast- und Jausenbänke am Auf- und Abstiegsweg sowie gegenüber vom Anningerhaus.

Einkehr: Anningerhaus (August bis Juni Mi–So geöffnet), Tel. +43 2236 232 96, www.annigerhaus.at; sowie mehrere Heurige und Gasthäuser im Ortsgebiet von Gumpoldskirchen.

Kinder: Es gibt Spielplätze beim Anningerhaus sowie beim Richardhof.

Touristeninformation: Tourismusbüro Gumpoldskirchen, Tel. +43 2252 635 36, http://tourismus.gumpoldskirchen.at.

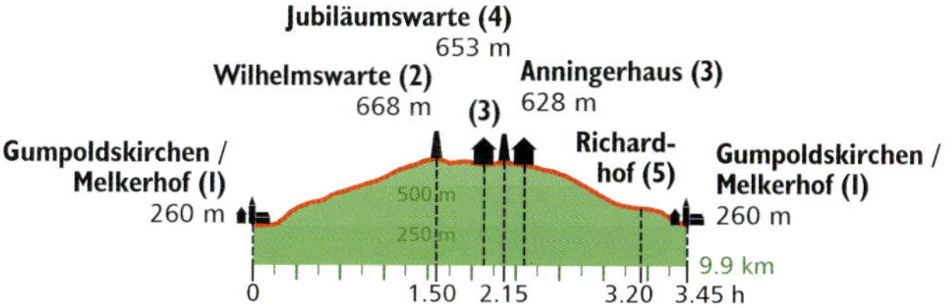

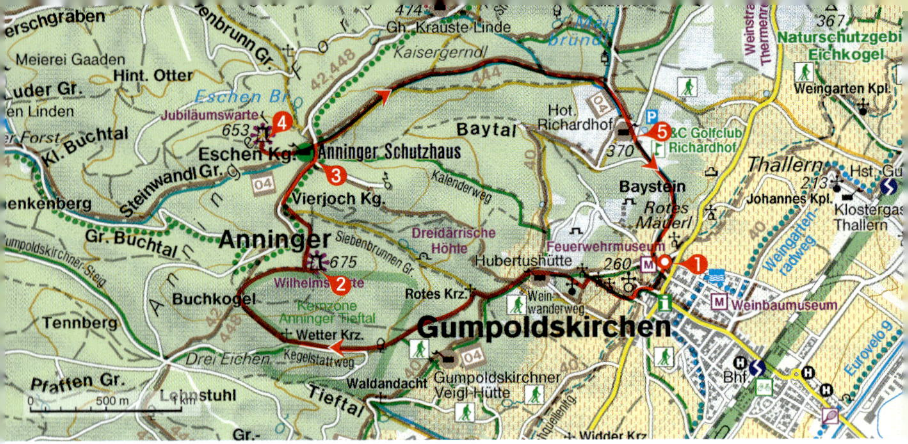

Vom **Parkplatz Melkerhof (1)** in **Gumpoldskirchen** gehen wir auf einem Fußweg ins Ortszentrum zum Kirchenplatz, wo wir dem Schild des Beethoven-Wanderweges links unterhalb der Kirche vorbei folgen. Am Rand von Weingärten kommen wir zu einer Abzweigung, bei der wir dem rot, blau und gelb markierten Kreuzweg bergauf folgen. Durch lichten Wald gehen wir an Rastbänken und Kreuzwegstationen vorbei und treffen auf eine Asphaltstraße. Der markierte Weg, nun grün, zweigt sofort wieder links ab, mündet aber nach kurzer Zeit wieder in die Straße, die nun nicht mehr asphaltiert, sondern geschottert weiter bergauf führt.

Wir kommen zu einem Rastplatz kurz vor einer T-Kreuzung, an der wir uns nun nach links wenden und auf einem fast ebenen Weg entlang eines Weingartens gehen. Wieder durch den Wald erreichen wir eine Abzweigung, bei der ein kürzerer, steilerer und direkterer Weg rechts bergauf Richtung Anningerhaus abzweigt. Wir halten uns hier links Richtung Wetterkreuz und wandern kurz etwas steiler und dann wieder flacher bergauf. Immer wieder zweigen unmarkierte Wege ab, wir bleiben aber auf der roten Markierung, die uns seit der T-Kreuzung begleitet.

Beim Wetterkreuz halten wir uns rechts und treffen 10 Min. später auf eine rot-weiß-rote Weitwandermarkierung, der wir halb rechts auf einer breiten Forststraße folgen. Gleich nach 100 m verlassen wir sie jedoch wieder, um rechts der roten Markierung zur **Wilhelmswarte (2)** am Gipfel des **Anninger** zu folgen.

Wir gehen einige Meter zurück zu einer Abzweigung, bei der die etwas kryptischen auf die Bäume gemalten Buchstaben geradeaus Richtung »BDN« (Baden) und rechts Richtung »MDLG« (Mödling) und »A.H.« (Anningerhaus) weisen. Wir folgen der roten Markierung nach rechts erst bergab, dann wieder leicht bergauf und treffen wieder auf den Weitwanderweg, dem wir wenige Minuten nach rechts zum **Anningerhaus (3)** folgen. Hier kann man einkehren; es gibt einen schönen Gastgarten sowie schräg gegenüber einen Spielplatz, bei dem sich auch Jausenbänke für Selbstversorger befinden.

Bevor wir nun Richtung Gumpoldskirchen zurückgehen, machen wir der gelben Markierung folgend leicht bergauf einen Abstecher zur stählernen, filigran wirkenden **Jubi-**

läumswarte (4) (siehe Foto auf der Titelseite), wobei der Weg zuerst auf einer Forststraße verläuft und dann halb rechts von dieser abzweigt. Danach auf gleichem Weg zurück zum **Anningerhaus (3)** und geradeaus weiter, links vom Spielplatz vorbei, einer blauen Markierung Richtung Gumpoldskirchen und Guntramsdorf folgend. Mit moderatem Gefälle erreichen wir – zuletzt entlang eines Golfplatzes – den **Richardhof (5)** mit einem Kinderspielplatz. Unterhalb des Parkplatzes folgen wir weiter der blauen Markierung, die auf einer mit einem Schranken gesperrten schmalen Asphaltstraße nun steil bergab verläuft. Wir erreichen die Weingärten oberhalb von Gumpoldskirchen, dessen Kirche wir in der Ferne bereits deutlich sehen können. Die Markierung führt uns direkt zurück zum **Parkplatz Melkerhof (1)**.

Rundblick von der Jubiläumswarte.

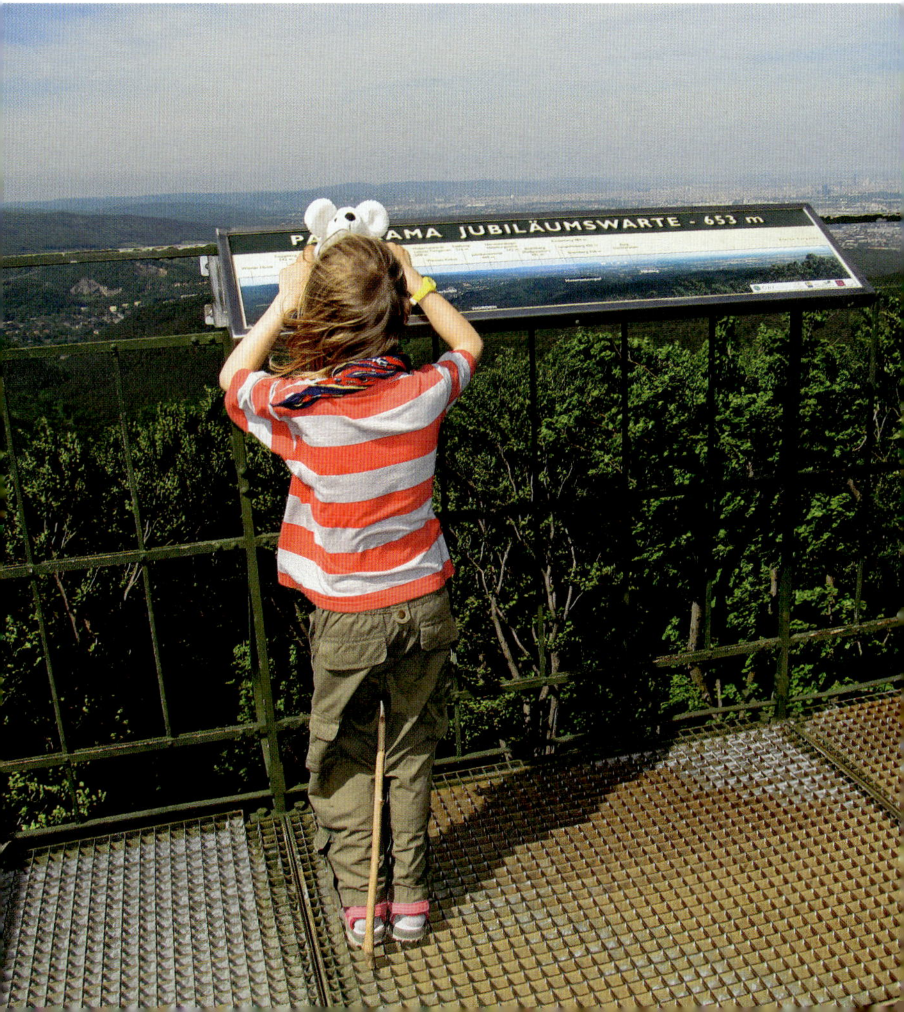

17 Am Wegerl im Helenental

Von der Ruine Rauhenstein zur Cholerakapelle ★★★

Das Tal der Schwechat zwischen Mayerling und Baden gehört sicherlich zu den bekanntesten Ausflugszielen südlich von Wien und ist nicht zuletzt vielen aufgrund des Liedes »Ich kenn ein kleines Wegerl im Helenental ...« ein Begriff. Auf dieser Rundwanderung besuchen wir auch die schön gelegene Burgruine Rauhenstein bei Baden, machen einen Abstecher zur Cholerakapelle und kommen am Rückweg auf dem besungenen »Wegerl« direkt an der eindrucksvollen Felswand des Urtelsteins vorbei.

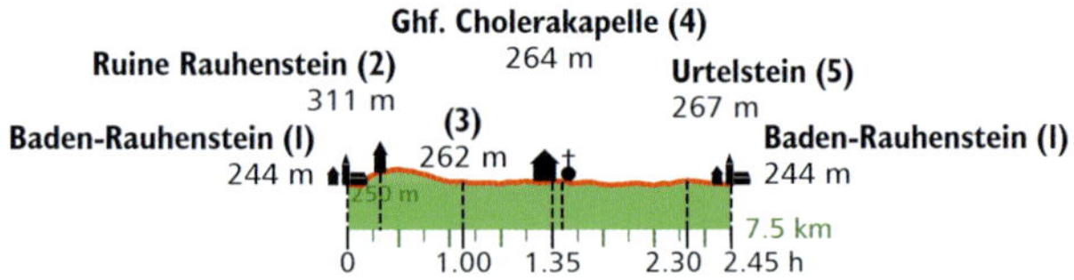

KURZINFO

Ausgangspunkt: Bushaltestelle Baden-Rauhenstein, 244 m. Parkmöglichkeit.
Anfahrt: Mit dem Auto auf der Südautobahn bis zur Ausfahrt Baden, dann auf der B 11, der Umfahrungsstraße von Baden, Richtung Alland fahren und ca. 500 m nach der Brücke über die Schwechat links in den Promenadenweg einbiegen. Öffentlich mit dem Badener Stadtbus ab Bahnhof direkt zur Endstation Baden-Rauhenstein.
Gehzeit: 2.45 Std.
Weglänge: 7,5 km.
Höhenunterschied: 100 m.
Anforderungen: Im ersten Teil der Tour schmale, eher steile Waldwege, danach breite, einfache Spazierwege. Der erste Teil der Tour kann auf der Variante (siehe unten) umgangen werden.
Rast: Rastbänke am Hinweg in der Burgruine Rauhenstein und bei der Furt; zahlreiche Bänke entlang des Wegerls im Helenental und beim Spielplatz am Ende der Tour.
Einkehr: Landgasthof zur Cholerakapelle (im Sommer täglich außer Mo geöffnet, im Winter nur Fr bis So und feiertags geöffnet), Tel. +43 664 511 95 59, www.satran.at; Waldgasthaus Hauswiese (April bis Oktober Fr–So und feiertags geöffnet), Tel. +43 676 6091358, www.gasthaus-hauswiese.at.
Kinder: Am Ausgangs- und Endpunkt der Wanderung gibt es einen großen Kinderspielplatz. Der erste Teil der Runde bis zur Siegenfelder Abzweigung ist nicht kinderwagentauglich, man kann stattdessen die unten angeführte Variante gehen.
Winter: Bei Eis und Schneelage ist der erste Teil der Tour bis zur Siegenfelder Abzweigung nicht begehbar. In diesem Fall kann man die Variante benutzen.
Variante: Eine einfache, auch winter- und kinderwagentaugliche Variante ergibt sich, indem man am Anfang der Tour die Schwechat überquert und den beschriebenen Rückweg am Gasthof Hauswiese und am Urtelstein vorbei auch als Hinweg benützt. Wo der Radweg dann an das in Flussrichtung gesehen linke Ufer wechselt, folgt man diesem zur Siegenfelder Abzweigung und ab hier der Runde wie beschrieben. Gehzeit etwa 15 Min. kürzer.
Touristeninformation: Tourist Information Baden, Tel. +43 2252 868 00 600, www.tourismus.baden.at.

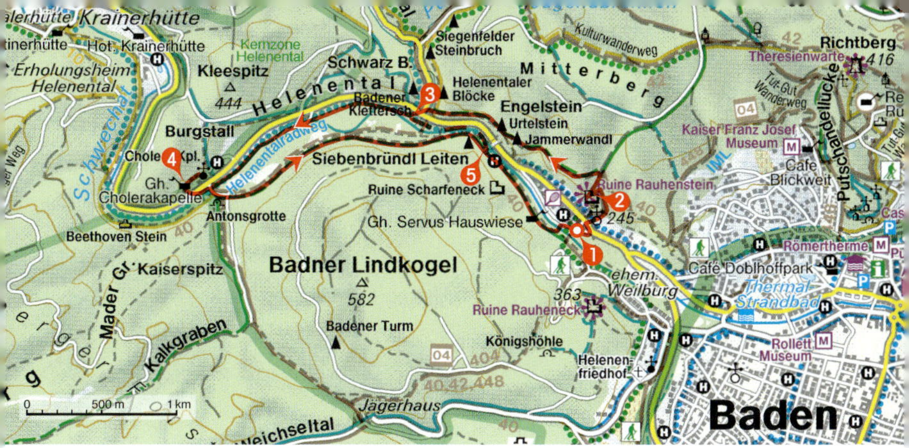

Von der Bushaltestelle **Baden-Rauhenstein (1)** gehen wir entlang der Helenentalstraße ein kleines Stück nach Westen bis zur Kapelle St. Helena und neben dieser eine Gasse zunächst noch auf Asphalt bergauf. Nach einer Linkskurve geht die schmale Straße in einen Hohlweg über, der nun durch den Wald relativ steil bergauf führt und der mit Markierungen in mehreren Farben gekennzeichnet ist. Nach etwa 15 Min. folgen wir einem Weg scharf nach links, der zum Tor der **Burgruine Rauhenstein (2)** führt. Der ehemalige Bergfried dient heute als Aussichtsturm, dessen Besteigung man sich wegen des schönen Blicks zurück auf die Kurstadt und weit hinaus ins Wiener Becken nicht entgehen lassen sollte.

Nach dem Besuch der Ruine zunächst auf gleichem Weg zurück, dann noch ein Stück weiter im Graben bergauf zu einer Abzweigung, bei der wir der grünen Markierung scharf nach links Richtung »Helenental, Abzw. Siegenfeld« folgen. Der Weg steigt noch kurz an, führt an einem Aussichtsfelsen vorbei und senkt sich ab diesem, teilweise entlang eines Zaunes verlaufend, nun kontinuierlich bergab. Wir passieren einen weiteren Aussichtsfelsen und eine Abzweigung, bei der es links Richtung Jammerpepi geht, während wir rechts Richtung Siegenfelder **Abzweigung (3)** gehen.

Bei dieser Straßenkreuzung treffen wir auf die Helenentalstraße, die wir überqueren, um nun dem asphaltierten Rad- und Fußweg entlang der Schwechat zu folgen. Nach wenigen Metern passieren wir eine Schotterbank im Fluss, wo man an heißen Sommertagen im Wasser plantschen und sich abkühlen kann. Weiter auf

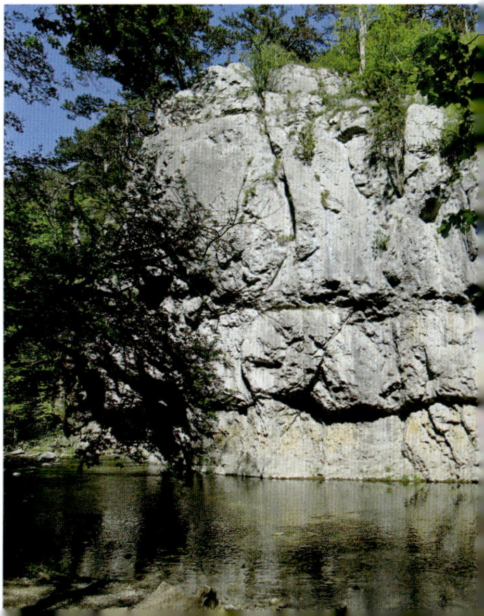

Der Urtelstein an der Schwechat.

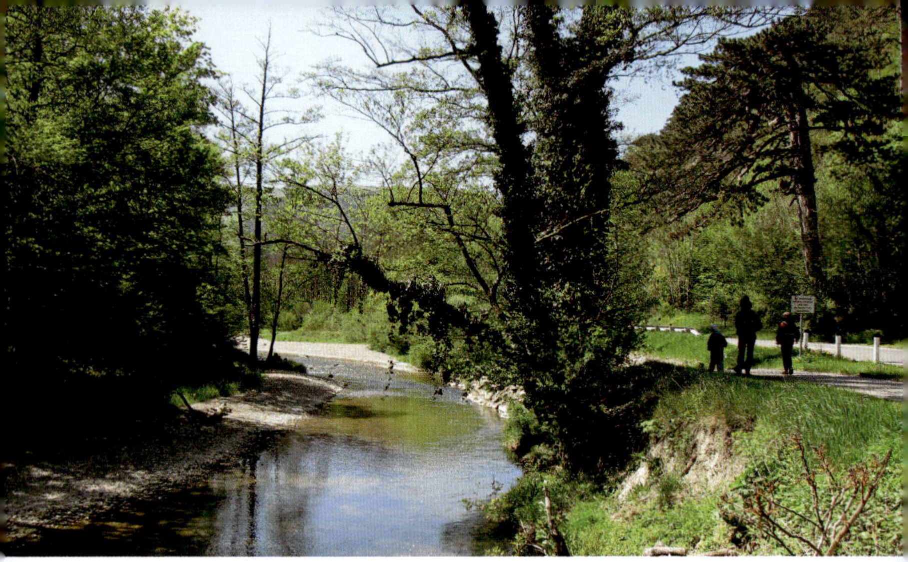

Entlang der Schwechat.

dem Radweg kommen wir zu einem Parkplatz an der Straße, bei dem ein Fahrweg nach links durch eine Furt im Fluss führt; kurz dahinter gibt es zwei Rastbänke. Etwa 1 km weiter erreichen wir einen großen Parkplatz beim **Gasthof zur Cholerakapelle (4)**. Hinter diesem kann man auf einem grün markierten Weg einen Abstecher von etwa 100 m zur etwas oberhalb des Talgrunds gelegenen Kapelle machen.

Am unteren Ende des Parkplatzes queren wir die Schwechat nun auf einer Holzbrücke und treffen am anderen Ufer auf das grün und rot markierte »Wegerl im Helenental«, dem wir nach links folgen. Nach wenigen Metern gelangen wir zu einer Abzweigung nach rechts Richtung Eisernes Tor, gleich danach nehmen wir nicht den Fahrweg, der links auf eine Wiese hinausgeht (er führt zu der Furt, die wir am Hinweg gesehen haben), sondern bleiben auf dem Fußweg im Wald, etwas weiter vom Fluss entfernt. Nach etwa 10 Min. verläuft der Weg wieder direkt am Ufer entlang, um sich dann wieder etwas vom Wasser zu entfernen. Wir kommen zu einer Abzweigung bei einem Steg über die Schwechat, über den man hinüber zur Siegenfelder Abzweigung käme. 200 m weiter folgt eine Brücke, über die der Radweg an unser Ufer herüberwechselt. Das Tal wird immer enger und wir gelangen zum **Urtelstein (5)**, einem senkrecht direkt ins Wasser abfallenden Felsen auf der anderen Flussseite, hinter dem der Radweg wieder ans andere Ufer wechselt.

Wir bleiben auf unserer Seite und erreichen nach weiteren 10 Min. den Gasthof Hauswiese, wo man abermals einkehren kann. 100 m danach kommen wir wieder zu einer Brücke, über die wir die Schwechat nun nochmals überqueren und drüben bereits wieder die Bushaltestelle **Baden-Rauhenstein (1)** vor uns sehen.

Der Bergfried der Ruine Rauhenstein.

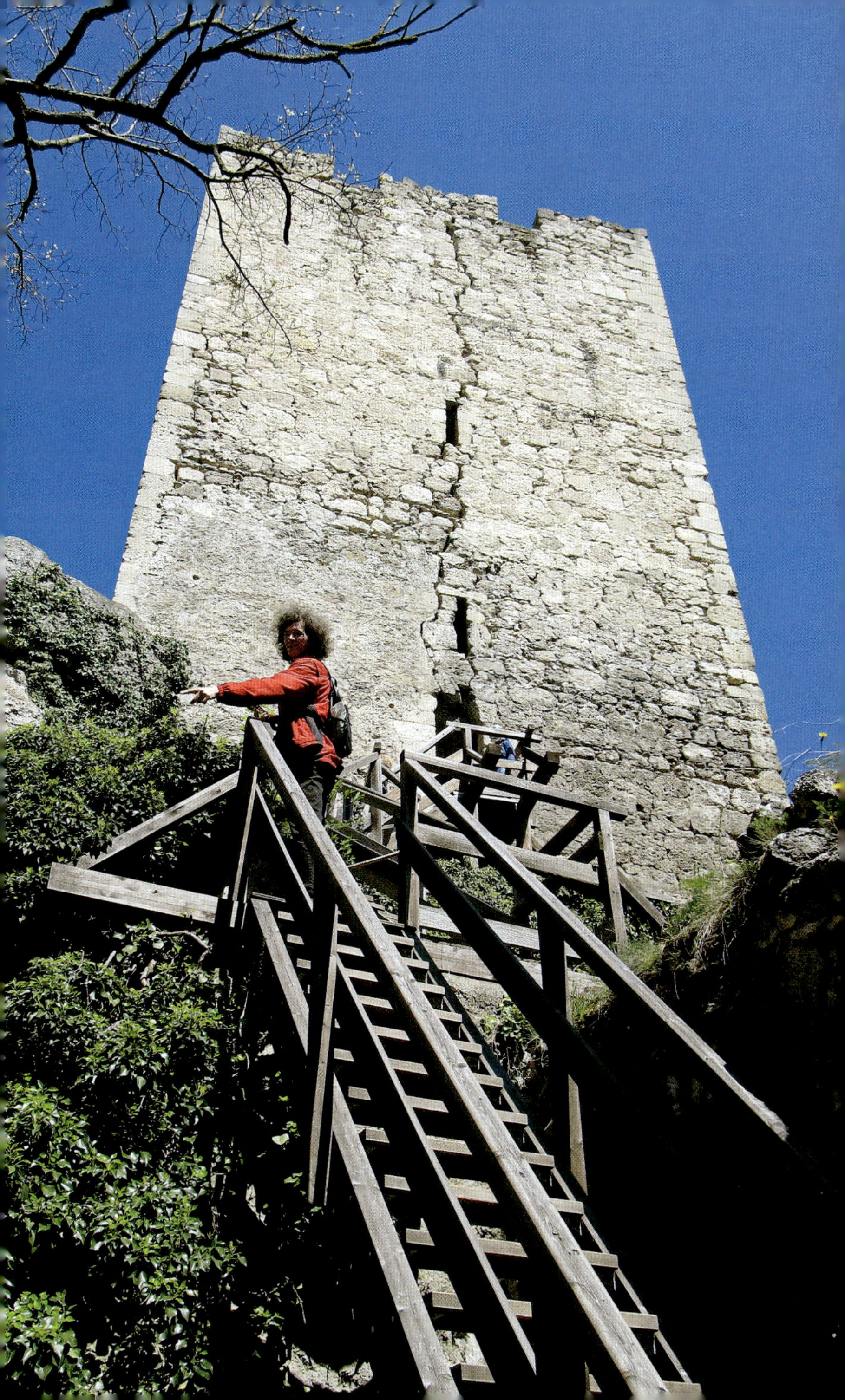

18 Von Baden nach Gumpoldskirchen

Wanderung entlang der Hochquellwasserleitung ★★

Die Erste Wiener Hochquellenleitung, die Trinkwasser aus dem Rax-Schneeberg-Gebiet über fast 100 Kilometer in die Bundeshauptstadt leitet, wurde so angelegt, dass sie ohne ein einziges Pumpwerk auskommt und alleine das natürliche Gefälle nützt. Aus diesem Grund schlängelt und windet sie sich zwischen Baden und Gumpoldskirchen immer auf annähernd gleicher Höhe durch die Weingärten, und der auf der Trasse der Leitung verlaufende ausgeschilderte Wasserleitungswanderweg bietet sich für einen bequemen Spaziergang mit schönen Ausblicken und mehreren Rast- und Einkehrmöglichkeiten an.

KURZINFO

Ausgangspunkt: Bahnhof Baden bei Wien, 256 m, an der S-Bahn-Strecke Wien–Wiener Neustadt.
Endpunkt: Bahnhaltestelle Gumpoldskirchen, 221 m, an der gleichen S-Bahn-Linie.
Anfahrt: Mit dem Auto auf der Südautobahn bis zur Abfahrt Baden, dann Richtung Zentrum und der Beschilderung zum Bahnhof bzw. zum P+R-Parkhaus folgen. Öffentlich mit S-Bahn oder Regionalzügen direkt nach Baden.
Gehzeit: 3.00 Std.

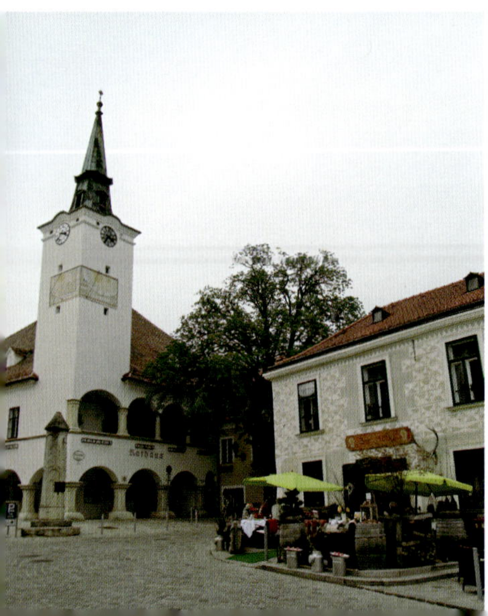

Weglänge: 8,5 km.
Höhenunterschied: Unter 100 m.
Anforderungen: Nach kurzem, steilem Anstieg durch den Kurpark von Baden im ersten Drittel der Tour handelt es sich bei der restlichen Wanderung um einen ebenen, einfachen Spaziergang auf guten Wegen.
Rast: Zahlreiche Rastbänke im Kurpark von Baden und entlang des Wasserleitungsweges.
Einkehr: Zahlreiche Lokale und Heurige sowohl in Baden als auch in Gumpoldskirchen. Heurigenschank entlang des Weges nur saisonal geöffnet.
Kinder: Die Stiege im Kurpark von Baden kann umgangen werden, sodass die Tour auch mit Kinderwagen befahrbar ist. Spielplätze befinden sich in Guntramsdorf in der Heidestraße und am Neuburgerweg, 400 bzw. 600 m vom Bahnhof entfernt (Wienerstraße weiter über den Bahnübergang bis zum Kreisverkehr, dann links).
Winter: Der Weg ist auch im Winter problemlos begehbar, wenn nicht zu viel Schnee liegt.
Touristeninformation: Tourist Information Baden, Tel. +43 2252 868 00 600, www.tourismus.baden.at; Tourismusbüro Gumpoldskirchen, Tel. +43 2252 635 36, http://tourismus.gumpoldskirchen.at.

Im Ortszentrum von Gumpoldskirchen.

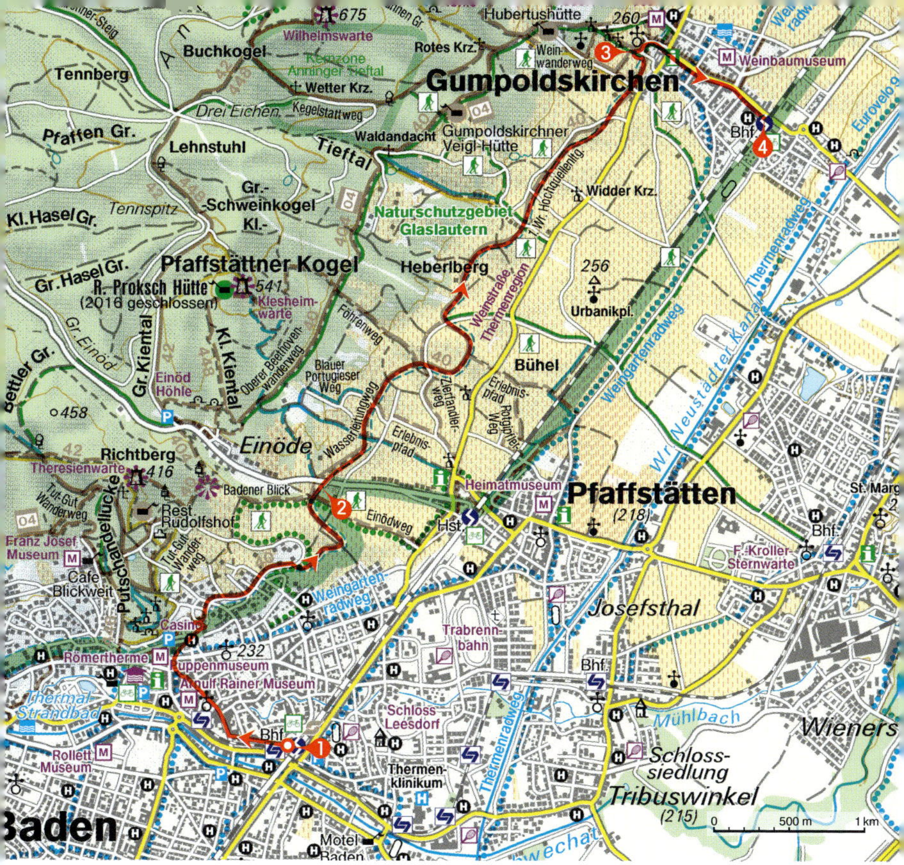

Wir gehen vom **Bahnhof Baden (1)** durch den Park rechts an einem Springbrunnen vorbei, dann durch die Bahngasse ins Zentrum und durch die Fußgeherzone zum Eingang des Kurparks. Wir betreten diesen, gehen geradeaus auf eine Stiege zu, die wir hinaufsteigen, um am oberen Ende halb rechts dem Beethovenweg im Zickzack weiter hinauf zu folgen. Unterhalb eines Pavillons halten wir uns rechts noch kurz bergauf, zweigen dann in einer Linkskurve geradaus bergab vom Hauptweg ab und queren eine Straße. Auf der Mautner-Markhof-Gasse passieren wir das Einstiegstürmchen Nr. 38 der Hochquellwasserleitung, folgen nun eben der Gschiestlstraße sowie Wegweisern eines Fitnessparcours. Nach den letzten Häusern auf der rechten Straßenseite zweigen wir halb rechts auf einen Fußweg ab, der nun direkt auf der Wasserleitungstrasse verläuft. Wir kreuzen einige andere Wege und gelangen

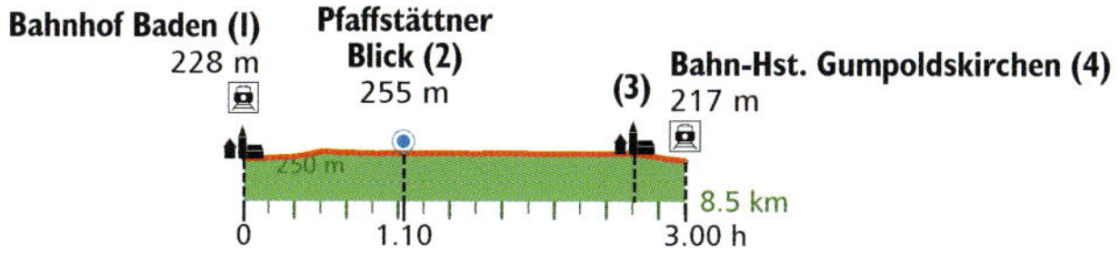

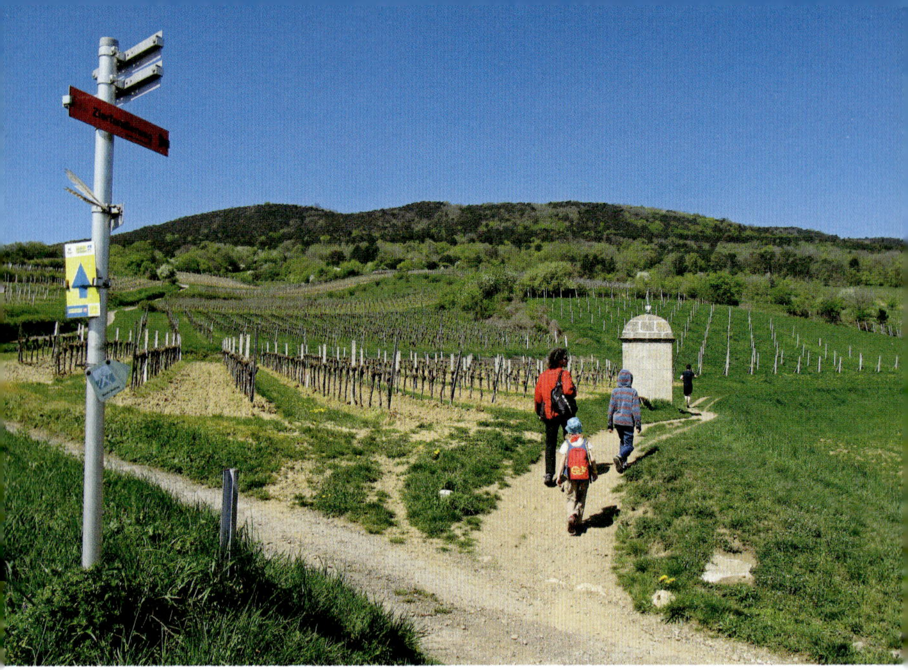

Am Wasserleitungsweg bei Pfaffstätten.

aus dem bewaldeten Gelände hinaus in die Weingärten. Mehrere Rastbänke säumen den Weg, der sich immer exakt auf gleicher Höhe entlang des Hanges windet.

Wir erreichen das Gemeindegebiet von Pfaffstätten, wo es beim **Pfaffstättner Blick (2)** einen Rastplatz mit mehreren Jausenbänken, einem Trinkbrunnen und Infotafeln gibt. Unmittelbar darauf queren wir auf einem Aquädukt einen Taleinschnitt und eine Straße. Der Wasserleitungswanderweg verläuft weiterhin eben immer an der Höhenschichtlinie entlang, umrundet einen weiteren Hügelrücken und passiert weitere Rastbänke. Wir kommen an einer saisonal geöffneten Heurigenschank direkt neben dem Weg sowie an einem Trinkbrunnen vorbei und sehen in der Ferne vor uns bereits den Turm der Kirche von Gumpoldskirchen.

Am Ortsbeginn folgen wir den Schildern des Wasserleitungsweges nach links bergauf, dann scharf rechts in den Ort hinein. Über den **Kirchenplatz (3)** gehen wir am Heurigen »Altes Zechhaus« vorbei und folgen der Kirchengasse bergab zum Rathaus, wo sie in die Wiener Straße mündet. Auf dieser gelangen wir, immer geradeaus bergab gehend, zur **Bahnhaltestelle Gumpoldskirchen (4)**.

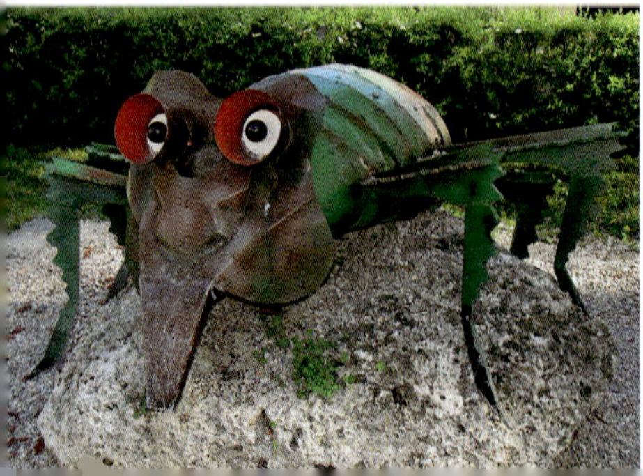

Reblaus-Skulptur in Gumpoldskirchen.

Harzberg

Aufstieg auf den Aussichtsgipfel bei Bad Vöslau ★★

Der Harzberg oberhalb von Bad Vöslau hat seinen Namen von den Schwarzkiefern, die hier jahrhundertelang zur Gewinnung von Baumharz (Pech) genutzt wurden. Der abwechslungsreiche Weg führt uns über einen Waldlehrpfad und die ehemalige Waldandacht zur Vöslauer Hütte. Zurück nach Bad Vöslau geht es dann über den Harzberg, wobei am Gipfel eine Aussichtswarte und ein Einkehrgasthaus auf uns warten, in dem es seit einiger Zeit als besondere Attraktion auch eine Känguruzucht gibt.

KURZINFO

Ausgangspunkt: Bushaltestelle oder Parkplatz beim Thermalbad von Bad Vöslau, 257 m.
Anfahrt: Mit dem Auto auf der Südautobahn bis zur Ausfahrt Kottingbrunn, dann den Wegweisern nach Bad Vöslau folgen und am Parkplatz gegenüber vom Thermalbad parken. Öffentlich mit dem Bus 360 oder 556 ab Bahnhof Baden bei Wien direkt zur Haltestelle Bad Vöslau Thermalbad.
Gehzeit: 3.30 Std.
Weglänge: 10,3 km ab Thermalbad; ab dem Bahnhof 1,1 km zusätzlich.
Höhenunterschied: 350 m.
Anforderungen: Großteils breite Spazierwege, stellenweise aber auch kurze, etwas steilere Abschnitte. Am Abstieg vom Harzberg zahlreiche Stufen.
Rast: Zahlreiche Rastbänke im Kurpark von Bad Vöslau und am Waldlehrpfad, überdachte Rastmöglichkeit in der Pecherhütte.
Einkehr: Vöslauer Hütte (ganzjährig täglich außer Mo und Do geöffnet), Tel. +43 2252 713 22, www.voeslauerhuette.naturfreunde.at; Gasthaus am Harzberg (ganzjährig täglich außer Mo und Di geöffnet), Tel. +43 2252 707 57, www.harzberg.at; mehrere Einkehrmöglichkeiten und Heurige im Stadtgebiet von Bad Vöslau.
Kinder: Neben einem Spielplatz beim Gasthaus am Harzberg ist das Gehege mit den Rotnackenkängurus eine besondere Attraktion für Kinder. Einen weiteren Spielplatz gibt es im Kurpark von Bad Vöslau.
Winter: Die Runde ist auch im Winter problemlos begehbar.
Touristeninformation: Tourist-Info Bad Vöslau, Tel. +43 2252 761 61 45, www.badvoeslau-tourismus.at.

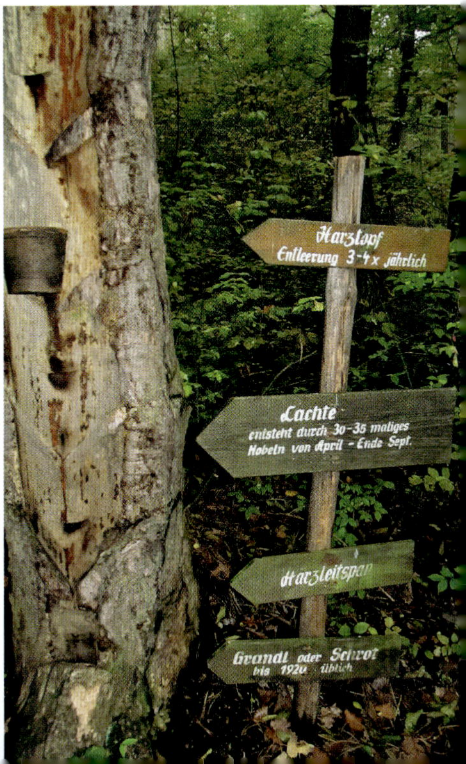

Die Harzgewinnung spielte hier früher eine große Rolle.

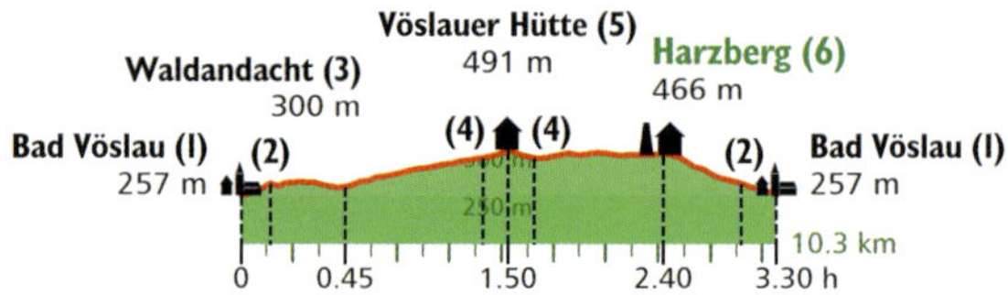

Von der Bushaltestelle beim **Thermalbad** von **Bad Vöslau (1)** gehen wir durch die Gasse Maital links vom Thermalbad leicht bergauf. Am Ende der Straße geht diese in einen gepflasterten Stufenweg über, auf dem wir halb rechts hinaufsteigen. Wir kommen zu einem Kreisverkehr am **Josefsplatz (2)**, an dem sich eine weitere Bushaltestelle befindet, und gehen geradeaus in den Kurpark hinein. An dessen Beginn gibt es mehrere Wegweiser; wir halten uns rechts und folgen den gelben Schildern des Esoterikweges E1 an einem Trinkwasserbrunnen und einem Kinderspielplatz vorbei.

Den Schildern folgend verlassen wir den Kurpark, queren eine Straße und erreichen den Beginn eines Waldlehrpfades (Orientierungstafel). Wir folgen einem ebenen, breiten Spazierweg mit weiß-rot-weißer Markierung Richtung Waldandacht. Zwischen Waldrand und Weingärten kommen wir zu einer breiten Schotterstraße, die links bergauf direkt auf den Harzberg führt. Wir gehen der roten Markierung und den E1-Schildern folgend weiter auf dem Waldlehrpfad und gelangen leicht bergab zum Parkplatz beim ehemaligen Gasthof **Waldandacht (3)**.

Hier verlassen wir den Esoterikweg und folgen der blauen Markierung auf einer breiten Forststraße am Talgrund leicht bergauf. Wir passieren mehrere riesige, als Naturdenkmal gekennzeichnete Föhren und gelangen zum Unterstand Pecherhütte, bei der wir der blauen Markierung nun auf einem etwas schmäleren Weg halb links Richtung Vöslauer Hütte folgen. Wir treffen auf eine breite **Forststraße (4)** und orientieren uns nun an einer grünen Markierung nach rechts in den Wald hinauf. Auf einem schönen, aber recht holprigen Waldweg erreichen wir so

Im Kurpark von Bad Vöslau.

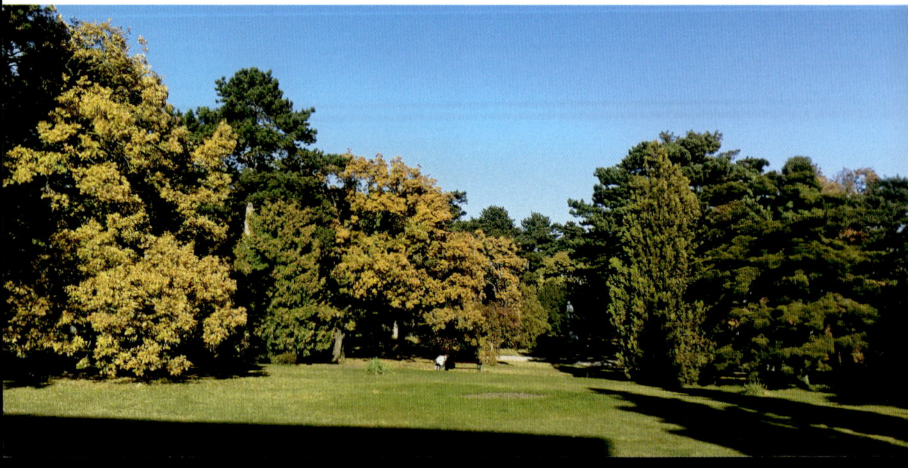

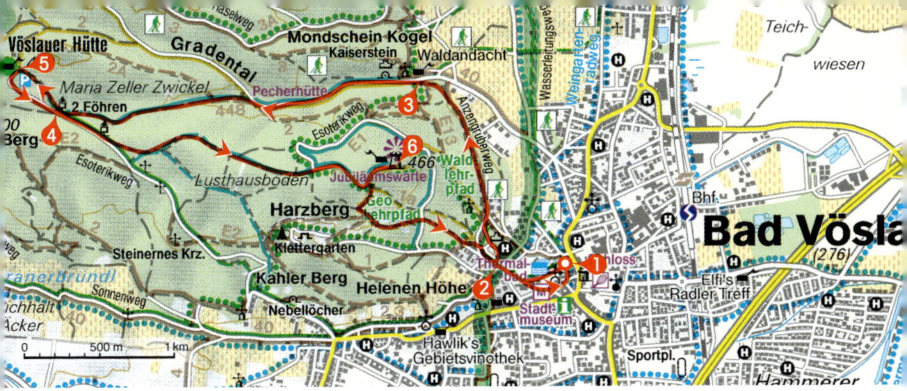

die **Vöslauer Hütte (5)** mit schöner Aussichtsterrasse.

Wir können entweder auf dem gleichen Weg bis zur **Forststraßenkreuzung (4)** zurückgehen oder aber den breiten, zwischen dem Hinweg und dem Weg Nr. 2 gelegenen Fahrweg nehmen. Dieser führt hinunter zu einem Parkplatz und zu einer breiten Schotterstraße, auf der wir nach links ebenfalls zum Punkt **(4)** zurückkommen. Hier folgen wir nun dem Wegweiser nach Bad Vöslau über Harzberg zunächst noch für etwa 300 m auf der Schotterstraße, dann von dieser links abzweigend. Der Weg ist blau markiert und immer gut Richtung Harzberg ausgeschildert. Kurz geht es etwas steiler bergauf, dann wieder fast eben. Wir treffen abermals auf eine Schotterstraße, auf der es rechts an einem Parkplatz vorbei zum Gasthaus am **Harzberg (6)** geht. Beim Gasthaus gibt es eine Aussichtsterrasse, einen kleinen Spielplatz, einen Kaiserin-Elisabeth-Gedenkstein und die 21 Meter hohe, steinerne Jubiläumswarte, deren Besteigung man sich wegen des herrlichen Rundumblickes nicht entgehen lassen sollte.

Am gleichen Weg gehen wir 100 m zurück bis zum Parkplatz und folgen dann der gelben Markierung nach links Richtung Roverhütte und Bad Vöslau, Kurpark. Wir wandern zunächst ein Stück auf einem breiten Waldweg, dann links davon abzweigend über einen steileren Weg mit Stufen bergab. An zwei Stationen eines geologischen Lehrpfades vorbei kommen wir zum Pfadfinderhaus Roverhütte und über weitere Stufen hinunter zu einer breiten Forststraße, der wir kurz folgen und dann wieder halb links von dieser abzweigen. Der Weg ist als Weg 1 ausgeschildert, weiterhin deutlich gelb markiert und führt hinunter zu einem Tennisplatz, bei dem sich auch eine Einkehrmöglichkeit mit kleinem Spielplatz befindet. Auf einem Waldweg parallel zu einer Privatstraße gehen wir weiter bergab und erreichen einen schmiedeeisernen Torbogen, durch den wir wieder den Kurpark betreten und durch diesen hinunter zum **Josefsplatz (2)** spazieren.

Wir nehmen wieder den gepflasterten Stufenweg hinunter ins Maital. Dort können wir entweder den gleichen Weg zurückgehen, oder aber wir folgen einem Fußweg, der halb rechts leicht ansteigt und zur schönen Pfarrkirche St. Jakob am Kirchenplatz hinaufführt. Wir gehen an deren Ostseite die Kernstockgasse hinunter und dann am Heurigen Grafl vorbei durch die Kreuzgasse nach links zurück zum **Thermalbad** von **Bad Vöslau (1)**.

20 Von St. Corona auf den Schöpfl

Vom Wallfahrtsort zur Matras-Warte ★

Obwohl der Schöpfl der höchste Berg des Wienerwaldes ist, gehört er wegen seiner etwas abgeschiedenen Lage zu den eher selten besuchten Gipfeln der Region. Bekannt ist der Berg vor allem für das (nicht öffentlich zugängliche) Leopold-Figl-Observatorium auf einem Nebengipfel, das das größte Spiegelteleskop Österreichs beherbergt. Wer die längere Anfahrt über schmale Kurvenstraßen in den Wallfahrtsort St. Corona in Kauf nimmt, wird nach kurzem, wenig anstrengendem Anstieg mit einem schönen Ausblick von der Matras-Warte belohnt und kann auch in einem gleich unterhalb des Gipfels gelegenen Schutzhaus einkehren.

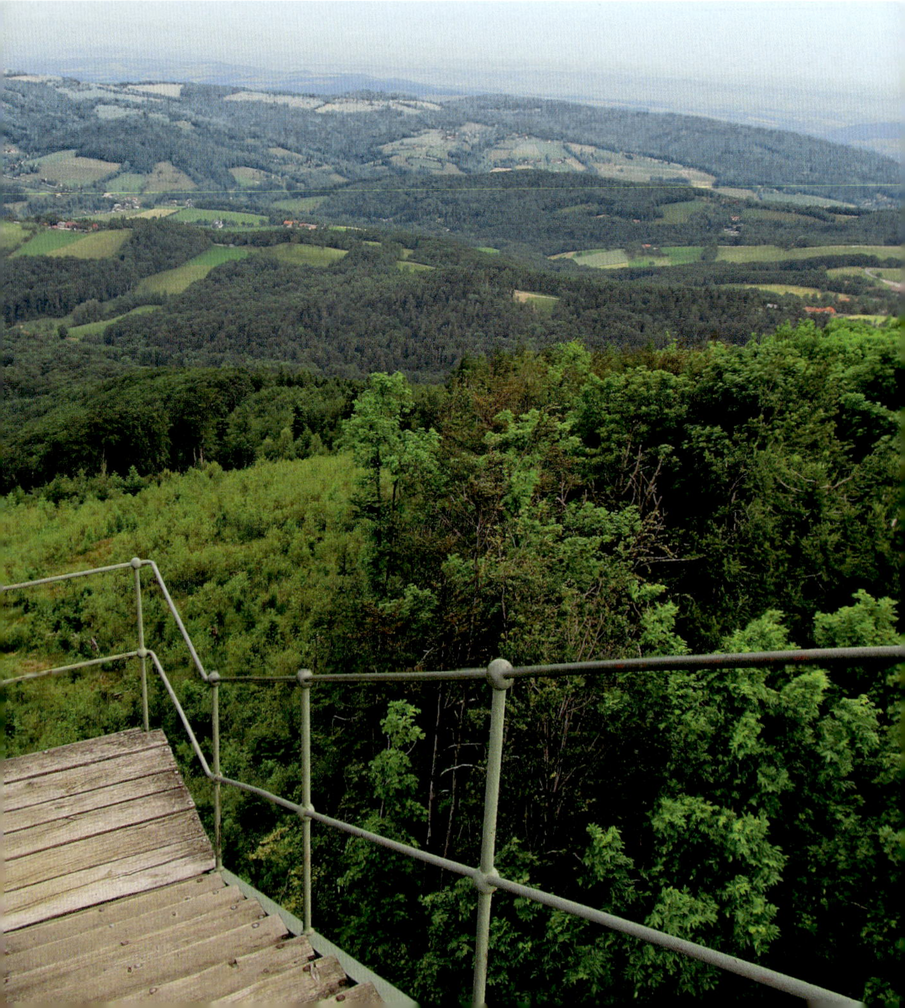

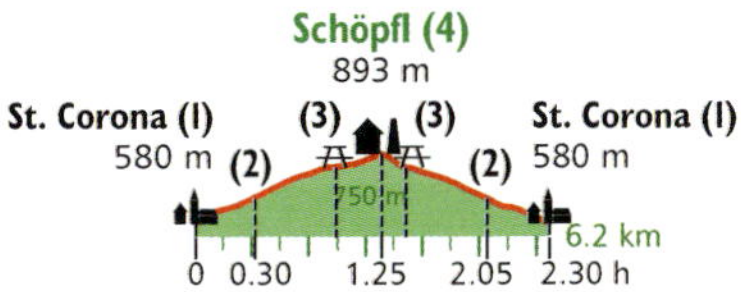

KURZINFO

Ausgangspunkt: Ortsmitte von St. Corona am Schöpfl, 580 m. Parkmöglichkeit und Bushaltestelle.
Anfahrt: Mit dem Auto auf der Wiener Außenringautobahn A 21 bis zur Ausfahrt Alland, dann auf der Landstraße Richtung Klausen-Leopoldsdorf und dort links Richtung Laaben fahren bis zum Ort Schöpflgitter. Hier abermals links abbiegen Richtung Altenmarkt an der Triesting bis nach St. Corona am Schöpfl; im Ort rechts ins Zentrum abbiegen. Öffentlich nur wenige Verbindungen und nur Montag bis Freitag mit Buslinie 317 ab Altenmarkt an der Triesting, dorthin je nach Tageszeit unterschiedliche Verbindungen, siehe www.vor.at.
Gehzeit: 2.30 Std.
Weglänge: 6,2 km.
Höhenunterschied: 350 m.
Anforderungen: Leichte Tour auf durchwegs breiten, nur mäßig steilen Wanderwegen bzw. zum größten Teil auf Forststraßen.
Rast: Rastbänke auf der Wiese beim Friedenskreuz und an der fünfstrahligen Kreuzung.
Einkehr: Schöpfl-Schutzhaus (März bis Dezember täglich außer Montag geöffnet; ist der Montag ein Feiertag, dann ist stattdessen Dienstag geschlossen), Tel. +43 2673 8305; Zur Schmankerlwirtin St. Corona am Schöpfl (Do–So und Feiertag geöffnet), Tel. +43 2673 245 44.
Touristeninformation: Tourismusregion Wienerwald, Tel. +43 2231 621 76, www.wienerwald.info.

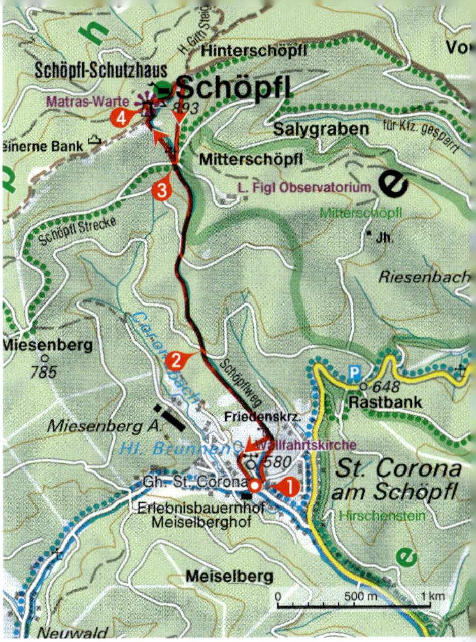

Links und rechts: Ziel der Wanderung ist die Matras-Warte auf dem Gipfel des Schöpfl.

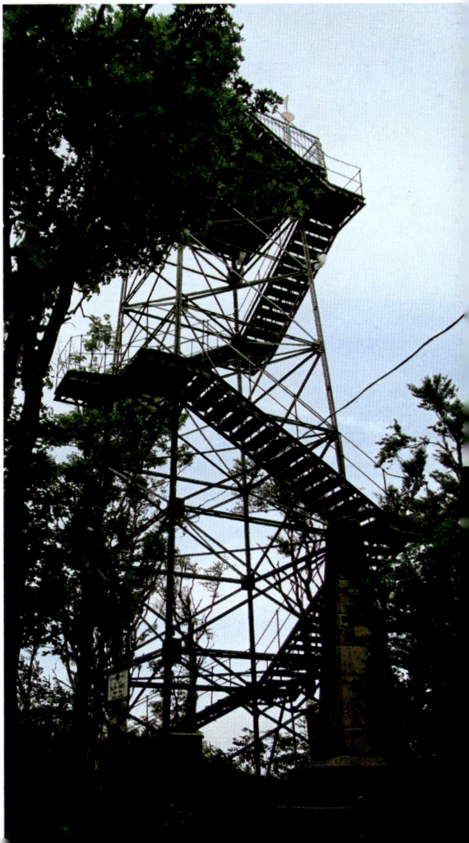

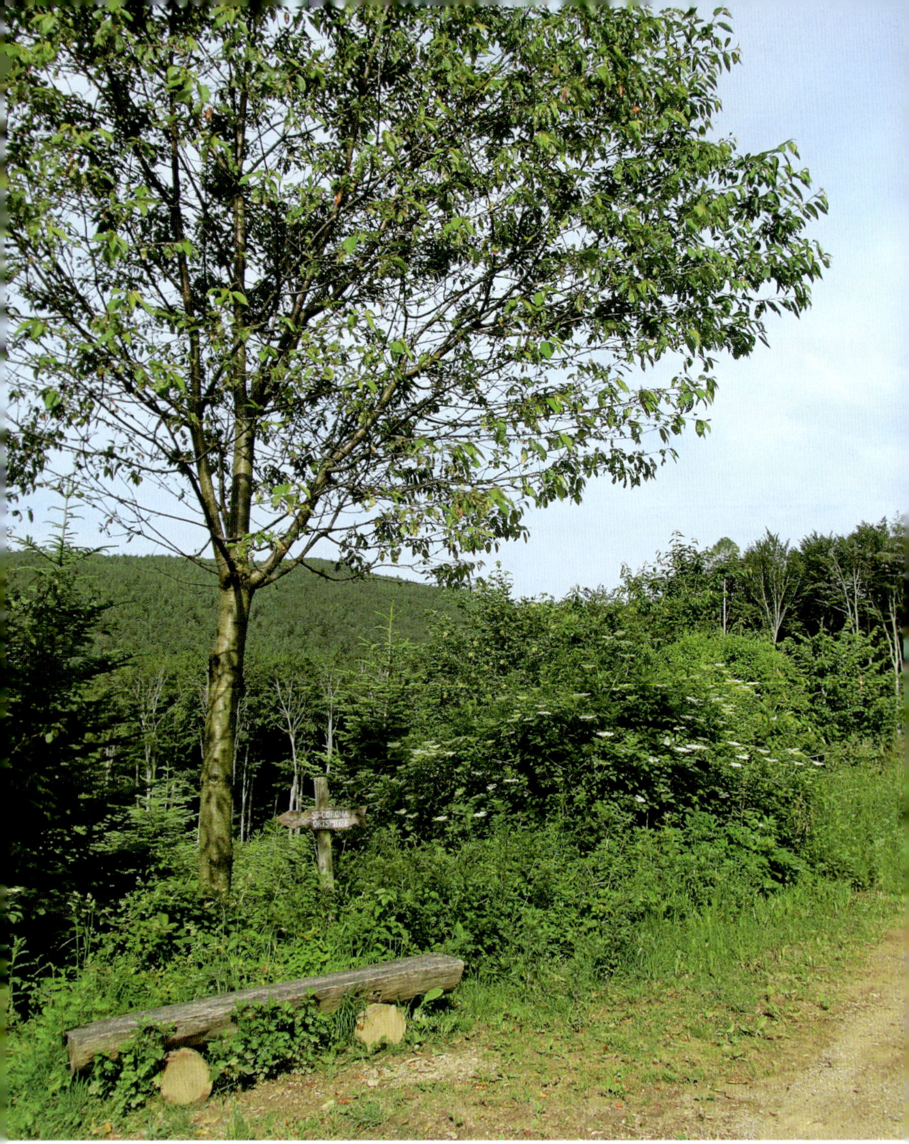

Rastbank am Aufstiegsweg.

Im Ortszentrum von **St. Corona am Schöpfl (1)** gehen wir von der Bushaltestelle aus auf der Hauptstraße wenige Meter nach Westen und folgen dann einem Wegweiser und einer blauen Markierung in eine Gasse nach rechts bergauf. Wir passieren den schönen Heiligen Brunnen und gelangen zu einem Haus mit einem Stein mit der Nummer 45 darauf, bei dem wir einem (schlecht sichtbaren) Holzwegweiser nach links Richtung Schöpfl folgen. Noch auf Asphalt geht es eine steile Gasse bergauf, dann kommen wir an den Rand einer Wiese, an deren oberem Rand das hohe, hölzerne Friedenskreuz zu sehen ist. An Rastbänken und weiteren Kreuzen vorbei folgen wir zunächst noch dem rechten Rand der Lichtung und gelangen dann in den Wald, in dem wir mal steiler, mal wieder flacher bergauf gehen. Wir kommen zu einer **Forststraße (2)**, die wir kreuzen – ein Wegweiser zeigt in die Richtung, aus der wir kommen, Richtung St. Corona, Ortsmitte.

Nach wenigen Metern gabelt sich der Weg wieder. Hier halten wir uns halb links, auf dem weniger steilen Weg, auf dem wir erst nach einiger Zeit wieder eine Markierung finden. Etwa 15 Min. später treffen wir abermals auf eine Forststraße, in die wir links einbiegen, um sie schon nach wenigen Metern wieder auf einem gut markierten Waldweg halb rechts zu verlassen. Nach kurzem Anstieg wird der Weg eben und stößt auf eine große, fünfstrahlige **Kreuzung (3)** mit Marterl und Rastbank, an der nicht nur unser Wanderweg, sondern auch drei Mountainbike-Routen ausgeschildert sind. Wir folgen weiter der blauen Markierung auf einem Waldweg Richtung Schöpflgipfel. Kurz vor dem Bergkamm gelangen wir hinaus auf eine schöne Blumenwiese, auf der wir eine rote Markierung treffen und ihr kurz nach rechts folgen, um dann nach links hinauf zur Matras-Aussichtswarte am **Schöpfl (4)** zu gehen.

Wir nehmen einen Fußpfad an einem Gedenkstein vorbei, treffen wieder auf die rote Markierung und folgen dieser hinunter zur Schöpflhütte, wo wir einkehren können. Danach lassen wir uns kurz von der roten Markierung in nordöstlicher Richtung auf einer Forststraße bergab leiten. Nach 100 m führt die Markierung geradeaus weiter, während wir scharf rechts der Forststraße folgen und auf ihr zur bekannten fünfstrahligen **Kreuzung (3)** zurückgelangen. Hier wandern wir nun auf dem bekannten Weg bergab. Wir kreuzen wieder die beiden Forststraßen und gelangen schließlich kurz vor St. Corona auf die Wiese mit dem Friedenskreuz. An deren unterem Ende folgen wir jetzt nicht der blauen Markierung, sondern dem Wegweiser zur »Grotte« am Rand der Lichtung entlang. So kommen wir an der Mariengrotte links von uns sowie an der Wallfahrtskirche vorbei, steigen über Stufen hinab und gelangen an einem Kinderspielplatz vorbei wieder zum Heiligen Brunnen und dort rechts die Gasse hinunter zu unserem Ausgangspunkt bei der Bushaltestelle von **St. Corona am Schöpfl (1)**.

Der Heilige Brunnen in St. Corona.

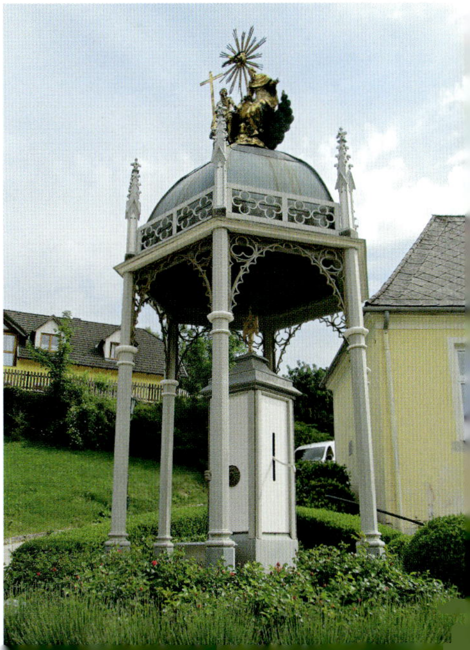

21 Rudolfshöhe

Über die Vierbrüderbuche zur Ochsenburger Hütte ★

Auf dieser schönen, abwechslungsreichen Runde wandern wir bei Wilhelmsburg an der Traisen auf dem Galgenweg vorbei an einer historischen Richtstätte hinauf zur schön gelegenen Ochsenburger Hütte. Wir kommen auch an einem Naturdenkmal, der mächtigen Vierbrüderbuche – zu der es eine lokale Sage gibt –, und am Schloss von Kreisbach vorbei. Schöne Ausblicke über das Traisental und eine abwechslungsreiche Kulturlandschaft mit Wiesen, Wäldern und einem Schlosspark begleiten uns dabei.

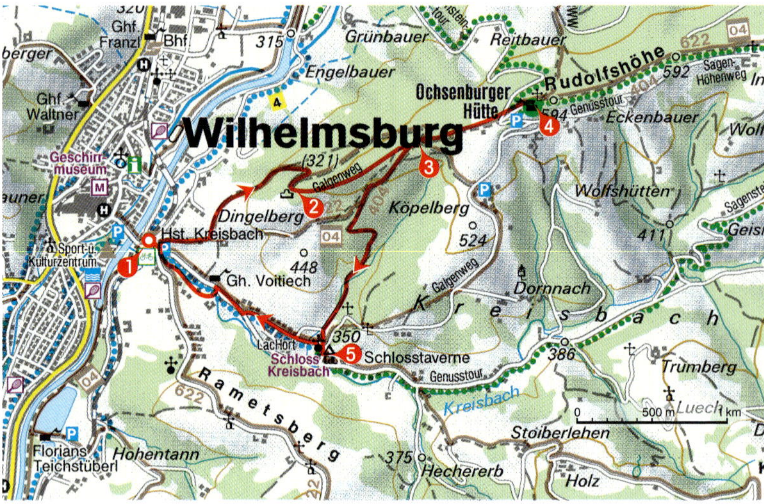

KURZINFO

Ausgangspunkt: Bahnhaltestelle Kreisbach an der Lokalbahnlinie St. Pölten–Traisen.

Anfahrt: Mit dem Auto auf der B 20 von St. Pölten Richtung Mariazell bis Wilhelmsburg, dort den Wegweisern Richtung Kreisbach folgen. Mit dem Zug von St. Pölten direkt bis zur Bahnhaltestelle.

Gehzeit: 2.45 Std.

Weglänge: 7,7 km.

Höhenunterschied: Rund 300 m.

Anforderungen: Großteils breite Wege und Forststraßen, abschnittsweise aber auch schmälere, steilere Pfade. Am Rückweg teilweise unmarkiert, aber leicht zu finden.

Rast: Rastbänke bei der Vierbrüderbuche und Jausenbank beim überdachten Unterstand. Weitere Rastmöglichkeit im Lachhort am Rückweg.

Einkehr: Ochsenburger Hütte (täglich außer Mo und Di), Tel. +43 2746 8328, www.ochsenburgerhuette.naturfreunde.at; Schlosstaverne Lampl (ganzjährig täglich außer Mo und Di geöffnet), Tel. +43 2746 2729.

Kinder: Kleiner Spielplatz bei der Ochsenburger Hütte; Alpaka-Gehege bei der Schlosstaverne.

Touristeninformation: Mostviertel Tourismus GmbH, Tel. +43 7416 52191, www.mostviertel.info.

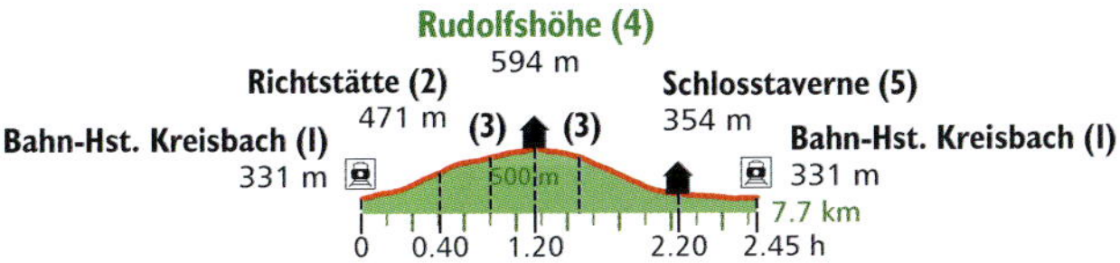

Unser Weg beginnt direkt bei der **Bahnhaltestelle Kreisbach (1)**. Wir gehen links über die Schienen und gleich bei der ersten Möglichkeit wieder links durch die Pestalozzigasse und die Dingelbergstraße bergauf, den Wegweisern zur Ochsenburger Hütte und den rot-weiß-roten Markierungen des Weitwanderweges 404 folgend. Bei einer Infotafel halten wir uns links und orientieren uns an den lila-weißen Schildern des Galgenweges und eines Waldlehrpfades. Wir verlassen den Ort und wandern auf einer Forststraße, die sich in zwei Kehren nach oben windet. In einer Linkskurve verlassen wir die Forststraße und folgen den Schildern nach rechts zur **Richtstätte (2)**.

Der Fußweg führt an drei Galgen vorbei und biegt sich dann links durch den Wald teils steiler, teils wieder flacher bergauf. Schließlich treffen wir wieder auf den rot-weiß-roten Weitwanderweg und kreuzen wenige Meter weiter eine **Forststraße (3)**. Wir folgen dem Wegweiser von Weg 1 geradeaus weiter auf einem Fußweg am Bergrücken entlang, der schließlich den Wald verlässt und in eine große Wiese mündet, auf der wir auf eine Forststraße treffen. Links von uns befinden sich zwei Rastbänke beim Naturdenkmal **Vierbrüderbuche** (Infotafel).

Die Forststraße verläuft leicht nach rechts, während wir geradeaus auf einem Wiesenweg zu einem einzeln stehenden Baum mit Jausenbank

Rastplatz am Aufstieg zur Rudolfshöhe.

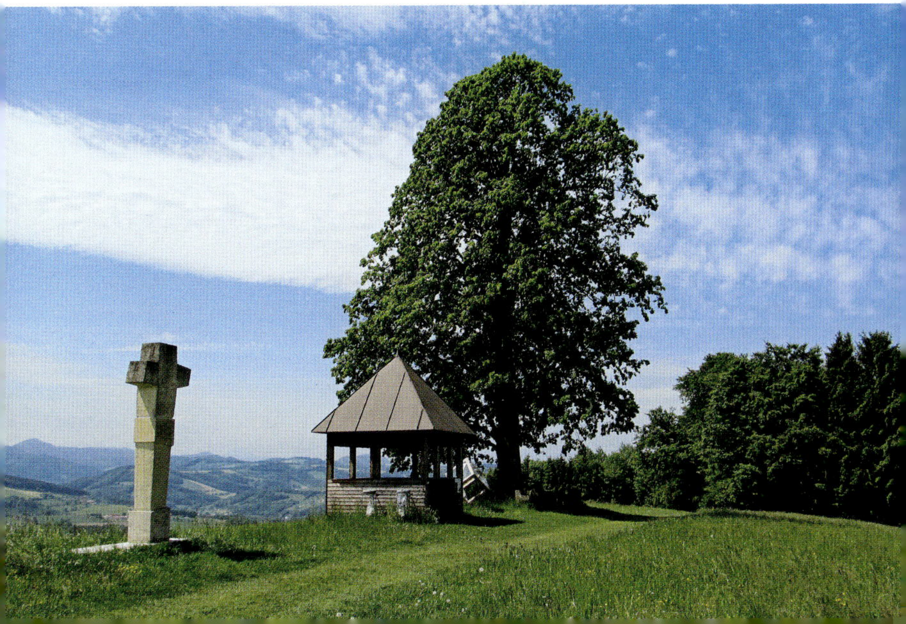

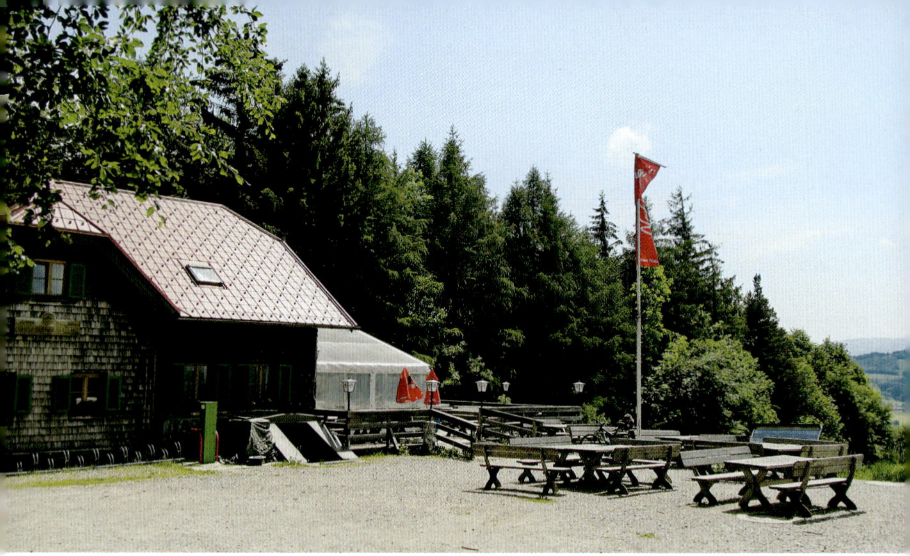

Rastplatz am Aufstieg zur Rudolfshöhe.

und einem überdachten Unterstand daneben gehen. Am rechten Rand eines Wäldchens entlang stoßen wir auf eine Schotterstraße, der wir nun geradeaus bergauf zur **Ochsenburger Hütte** auf der **Rudolfshöhe (4)** folgen.

Zurück geht es auf dem gleichen Weg bis zur **Forststraße (3)**, auf der wir uns nun halb links am Rand der Lichtung entlang bergab halten. Durch ein idyllisches Waldtal, in das mehrere kleine Bäche einmünden, wandern wir auf einer bequemen Forststraße bergab. Am Talgrund wechseln wir auf einer Brücke auf die andere Seite eines Bächleins und kommen aus dem Wald hinaus zum Zaun einer Viehweide, der sich mithilfe eines Überstiegs überqueren lässt. Am unteren Ende der Wiese verlassen wir die Weide durch ein unverschlossenes Tor und stehen direkt vor der Mauer des Schlosses Kreisbach. Wir gehen links und treffen auf eine Asphaltstraße; wenn man hier noch wenige Meter geradeaus die Straße hinuntergeht, gelangt man zur **Schlosstaverne (5)**, wo man nochmals einkehren kann.

Der Rückweg zur Bahnhaltestelle folgt der roten Markierung durch das Areal des Schlosses hindurch. Auf dessen anderer Seite liegt links der »Lachhort«, ein Park, dessen Hecken und Beete aus der Luft wie ein lachendes Gesicht aussehen und in dessen Mitte sich ein Verzerrspiegel befindet. Auch Sitz- und Rastbänke gibt es hier. Auf der Schlossallee gehen wir geradeaus weiter durch eine Wohnsiedlung und treffen nach 10 Min. auf eine Landstraße, der wir geradeaus weiter folgen. 200 m danach nehmen wir eine Brücke nach links über den Kreisbach und folgen auf deren anderer Seite dem nach rechts entlang des Baches verlaufenden Fußweg. Er mündet in die Rametzbergstraße, auf der wir nach rechts wieder den Bach queren und so schon in Sichtweite des Bahnüberganges wieder die Kreisbacher Straße erreichen. Auf dieser wenige Meter nach links zur **Bahnhaltestelle Kreisbach (1)**.

Guglzipf

Zum schönsten Aussichtspunkt im Triestingtal ★

Die Geschichte und Entwicklung der Stadt Berndorf an der Triesting ist untrennbar mit der Metallverarbeitung und mit der Industriellenfamilie Krupp verknüpft, die einen großen Teil der Bauwerke der Stadt – von Arbeiterhäusern über eine Kirche und zwei Schulen bis hin zu einem Theater – errichten ließ. Vorbei am Denkmal, das Arthur Krupp für seinen Vater Hermann aufstellen ließ, wandern wir auf einem schönen Waldlehrpfad auf den Hausberg von Berndorf, den Guglzipf, auf dem sich ein Ausflugsgasthaus und eine 34 Meter hohe Aussichtswarte befinden.

KURZINFO

Ausgangspunkt: Bahnhaltestelle Berndorf Stadt, 312 m. Parkmöglichkeit für Autofahrer in der Bahnhofstraße.
Anfahrt: Mit dem Auto auf der Südautobahn bis zur Abfahrt Leobersdorf und dann auf der B 18 nach Berndorf. Auf der Hernsteiner Straße über den Bahnübergang und direkt dahinter links in die Bahnhofstraße. Mit dem Zug aus Richtung Wien oder Wiener Neustadt kommend mit Umsteigen in Leobersdorf zur Bahnhaltestelle Berndorf Stadt.
Gehzeit: 1.30 Std.
Weglänge: 3,3 km.
Höhenunterschied: 170 m.
Anforderungen: Einfache, aber großteils schmale und stellenweise recht steile Fußwege.
Rast: Mehrere Rast- und Jausenbänke entlang des gesamten Weges.
Einkehr: Waldhütte Guglzipf (täglich außer Do und Fr geöffnet), Tel. +43 2672 834 40, www.guglzipf.com; zahlreiche Lokale im Ortsgebiet von Berndorf.
Kinder: Am Guglzipf gibt es einen Spielplatz, einen Bolzplatz und eine Naturkegelbahn. Ein weiterer Spielplatz befindet sich in Bahnhofsnähe im Park hinter der Marienkirche von Berndorf.
Variante: Abstieg zum Bahnhof Berndorf Fabrik: Wer einen leichten, bequemen und weniger steilen Abstieg bevorzugt, der wendet sich bei der Unterstandshütte (4) rechts und folgt der grünen Markierung zunächst Richtung St. Veit an der Triesting. Der Weg verläuft auf breiten Forststraßen, verlässt diese dann nach links und verzweigt sich etwa 10 Min. später wieder: Grün markiert geht es geradeaus weiter Richtung St. Veit, während wir der gelben Markierung in einem Graben bergab Richtung Berndorf Fabrik folgen. Wir treffen am unteren Ende des Grabens auf einen Asphaltweg, auf dem wir nach rechts gehen und wenig später den Bahnhof Berndorf Fabrik erreichen. Gehzeit etwa 15 Min. länger.
Touristeninformation: Stadtgemeinde Berndorf, Tel. +43 2672 822 53 52, www.berndorf.gv.at.

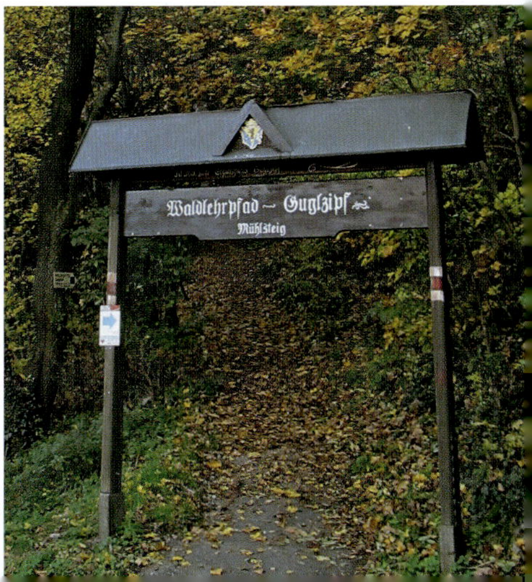

Am unteren Ende des Wanderweges.

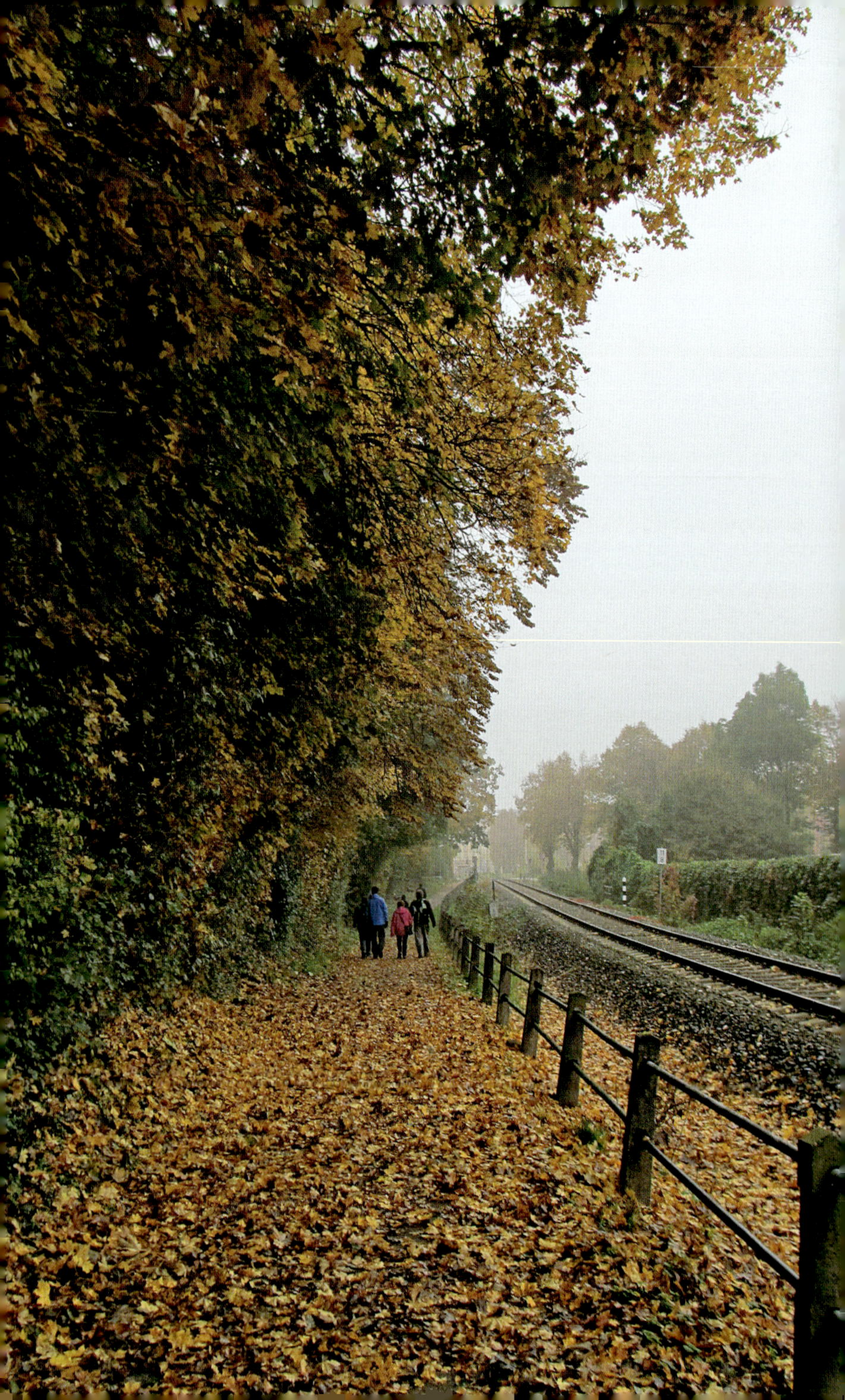

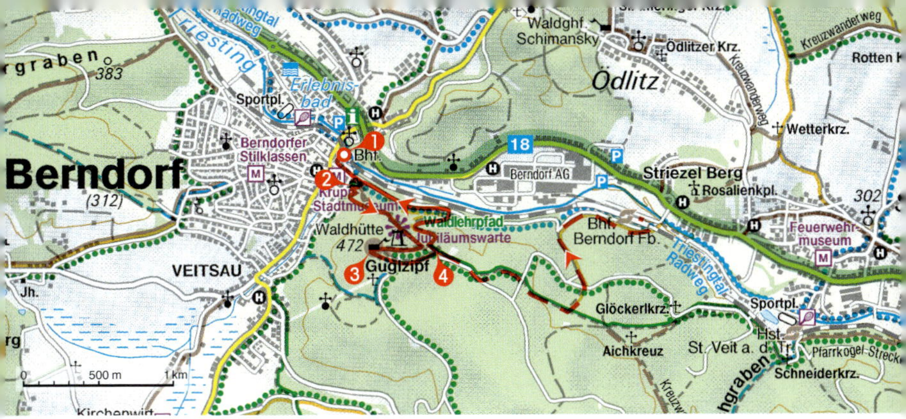

Ausgangspunkt unserer Wanderung ist die **Bahnhaltestelle Berndorf Stadt (1)**. Wir gehen vom Bahnsteig aus gesehen auf der Bahnhofstraße nach links, am Stadtmuseum vorbei und kommen zu einer Infotafel über den Waldlehrpfad Berndorf-Guglzipf. Von hier folgen wir dem asphaltierten Fuß- und Radweg entlang der Bahngleise, von dem schon nach wenigen Metern der rot markierte Mühlsteig nach rechts bergauf abzweigt. Wiederum nach wenigen Metern passieren wir das **Krupp-Denkmal (2)**, von dem aus sich bereits ein schöner Ausblick auf den Ort bietet.

Erst relativ steil, dann flacher geht es vorbei an mehreren Infotafeln des Waldlehrpfades nun durch den Wald weiter. Wir kreuzen eine breite Forststraße und treffen kurz darauf auf einen Waldweg, auf dem wir scharf nach rechts weiter bergauf gehen, nun rot, gelb und grün markiert. Ein weiteres Mal kreuzen wir eine Forststraße und erreichen dann den Gipfel des **Guglzipf (3)** mit Aussichtswarte, Einkehrgasthaus und großem Kinderspielplatz.

Wir gehen auf der geschotterten Zufahrtsstraße bergab und sehen nach wenigen Metern links von uns den

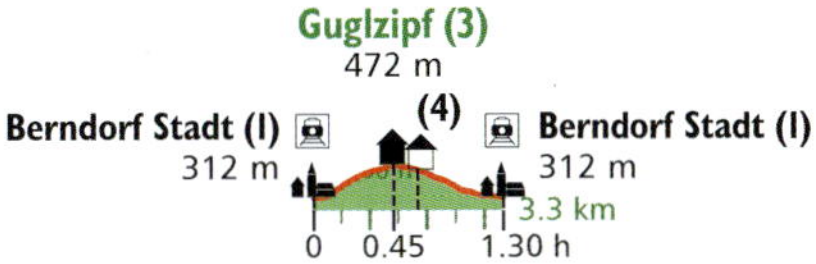

Bolzplatz (Fußballplatz), bei dem sich auch weitere Rastbänke befinden. Hier nehmen wir einen Waldweg links parallel zur Zufahrtsstraße und folgen der gelben Markierung bei einer Infotafel über die Vogelwelt nach links. Sie führt uns zu einer **Unterstandshütte (4**, Abzweigung Variante), bei der wir links gehen und nach wenigen Metern gleich wieder auf der gelben Markierung rechts bergab abbiegen.

Nach 5 Min. queren wir wieder eine Forststraße, dann geht es an mehreren Rastbänken vorbei relativ steil durch den Wald bergab. Schließlich treffen wir in Sichtweite der Bahnstrecke wieder auf den asphaltierten Fuß- und Radweg, den wir vom Anfang der Tour kennen. Auf ihm gehen wir nach links und gelangen so, vorbei an der Abzweigung des Mühlsteiges, zur Infotafel am Beginn des Waldlehrpfades zurück. Von hier auf der Bahnhofstraße zurück zur **Bahnhaltestelle Berndorf Stadt (1)**.

Herbststimmung am Rückweg entlang der Bahn.

23 Araburg

Zur höchstgelegenen Burgruine Niederösterreichs ★★

Eine schöne Wanderung durch die Wälder und über Wiesen an den Berghängen südlich des Triestingtales kann man vom hübschen Städtchen Kaumberg aus unternehmen. Ziel und Höhepunkt der Runde ist dabei die auf etwa 800 m Höhe gelegene Burgruine, deren älteste Teile aus dem 12. Jahrhundert stammen. Nach der Zerstörung durch die Türken 1683 wurde sie in den 1960er-Jahren renoviert, wobei der Bergfried zu einem Aussichtsturm umgebaut wurde.

Die Araburg ist ein beliebtes Ausflugsziel.

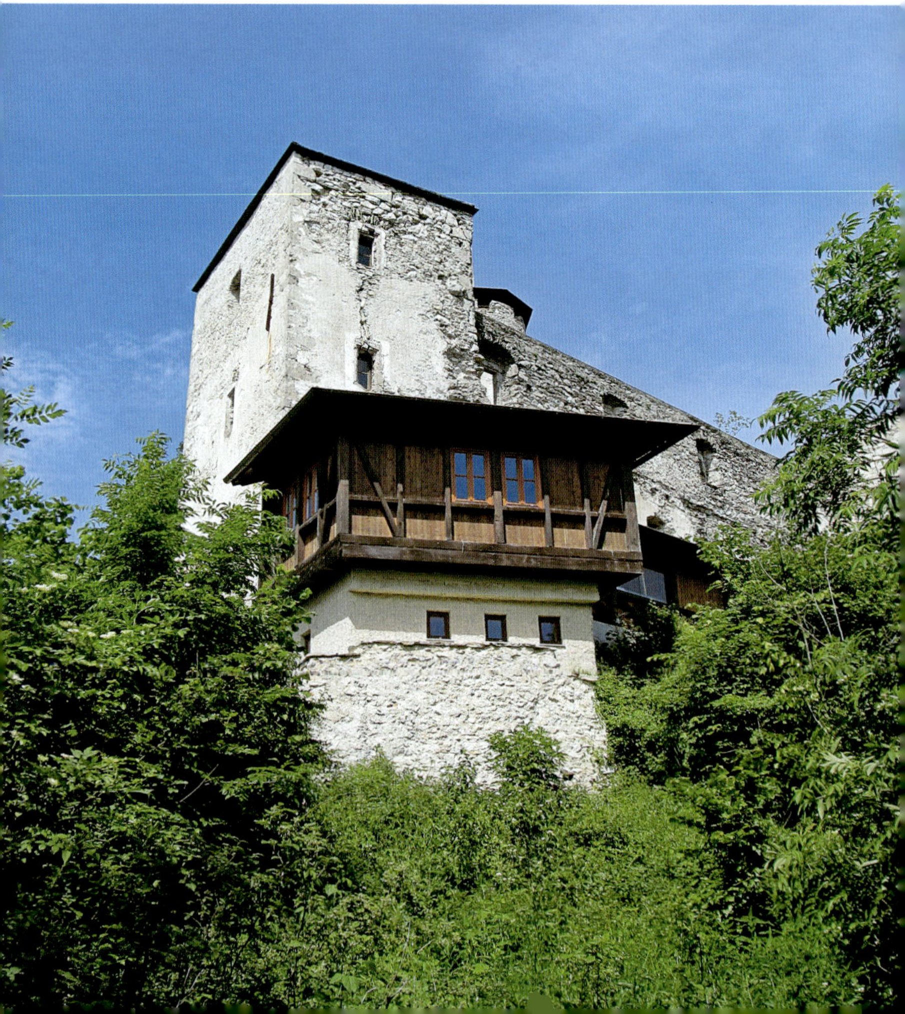

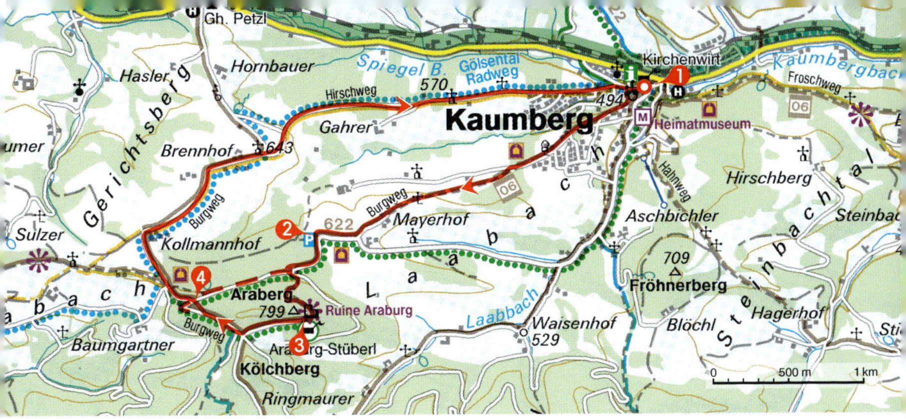

KURZINFO

Ausgangspunkt: Kaumberg an der Triesting, Marktplatz, 494 m. Bushaltestelle. Parken entlang der Bundesstraße etwas außerhalb des Zentrums möglich.
Anfahrt: Mit dem Auto auf der Südautobahn bis zur Abfahrt Leobersdorf und dann auf der B 18 nach Kaumberg. Öffentlich mit der Bahn nach Weißenbach-Neuhaus oder Hainfeld und von dort mit der Postbuslinie 316 bis Kaumberg, Marktplatz.
Gehzeit: 3.00 Std.
Weglänge: 8,6 km.
Höhenunterschied: Gut 300 m.
Anforderungen: Durchwegs breite, einfache Wander- und Spazierwege sowie Wirtschaftswege, am Anfang und am Ende der Tour teilweise Asphalt. Ein etwas steilerer Wegabschnitt vom Parkplatz zur Burgruine, der aber auf der unten beschriebenen Variante umgangen werden kann.
Rast: Mehrere Rastbänke entlang des Weges; Jausenbänke beim Parkplatz und am Rückweg bei der Abkürzung der Asphaltstraße.
Einkehr: Burgstüberl Araburg (April bis Oktober täglich außer Dienstag geöffnet), Tel. +43 2765 362, www.araburgstueberl.at; mehrere Einkehrmöglichkeiten im Ortsgebiet von Kaumberg.
Kinder: Ein Kinderspielplatz befindet sich in Kaumberg etwa 200 m südlich der Kirche.
Winter: Die Wanderung ist im Prinzip auch im Winter problemlos begehbar und die asphaltierten Abschnitte werden auch geräumt, allerdings ist die Burg von November bis März geschlossen.
Hinweis: Eintrittsgebühr 1 € Erwachsene / 0,50 € Kinder.
Variante: Man kann die Wanderung auf einen kleinen Spaziergang (1.15 Std.) abkürzen, indem man mit dem Auto der Beschilderung zum Parkplatz (2) folgt und die Wanderung hier beginnt. Am Abstiegsweg an der Stelle, wo die rote Markierung die Forststraße kreuzt (4), auf diese rechts einbiegen und auf dem »leichten Weg« wieder zum Parkplatz zurückkehren. – Wer sich das letzte steile Stück vor der Burg ersparen möchte, kann diesen ausgeschilderten »leichten Weg« auch für den Anstieg zur Burg verwenden (30 Min. zusätzlich gegenüber dem kurzen, steilen Weg).
Touristeninformation: Mostviertel Tourismus GmbH, Tel. +43 7416 52191, www.mostviertel.info.

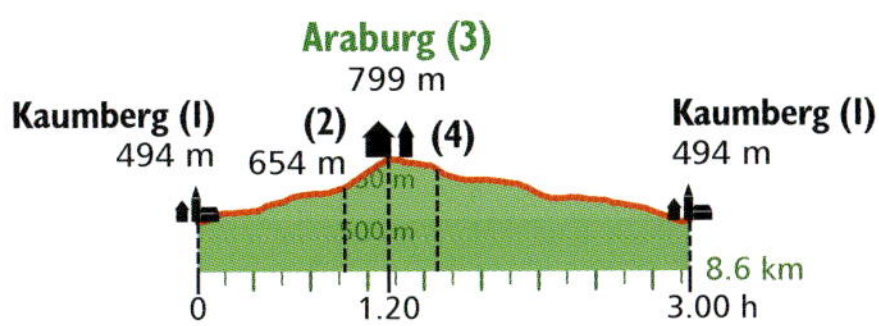

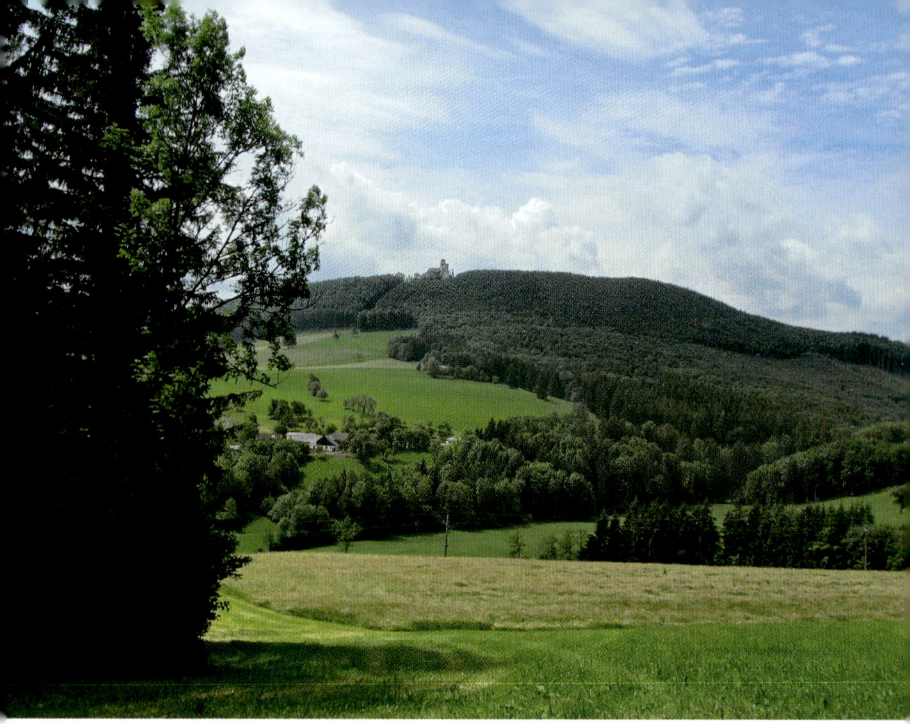

Blick zur Burg vom Rückweg.

Unsere Wanderung beginnt im Ortszentrum von **Kaumberg (1)**. Wir gehen über den Markplatz am Gasthof zum Schwarzen Bären vorbei zum Café Maria-Theresia und nehmen direkt davor links bergauf einen Stufenweg, der zur Pfarrkirche auf einer Anhöhe hinaufführt. An deren Westseite folgen wir einem grün markierten Weg am Friedhof vorbei und kommen zu einer kleinen Kapelle, bei der wir dem Wegweiser Richtung Araburg erst leicht bergab, dann eben und dann wieder leicht ansteigend folgen. Bei einer Gabelung wählen wir den rechten Weg (Wegweiser »Burgweg«) zwischen Siedlungshäusern hindurch. Wir durchqueren ein kurzes Waldstück, an dessen Ende wir den Asphalt verlassen und erst auf Schotter, dann auf einem Wiesenweg links bergauf gehen, weiterhin als Burgweg grün markiert. Bei einem Bauernhof treffen wir wieder auf Asphalt und wandern geradeaus weiter zu einer Infotafel, bei der wir rechts abbiegen. Auf dem Berg direkt vor uns ist die Burgruine bereits deutlich zu erkennen. Wir folgen der Asphaltstraße, die sich nach links biegt und in einen großen **Parkplatz (2)** mündet, an dessen oberem Ende sich auch Rastbänke befinden (bis hierher auch Zufahrt per Auto möglich, siehe Variante).

Wir folgen dem Wegweiser »Araburg 30 Min.« und der grünen Markierung bergauf, kommen an einem schönen Marterl vorbei an den Rand einer Lichtung und dann gleich wieder in einen schönen Buchenwald hinein. Wo unsere Forststraße flacher wird, zweigt links ein Fußweg ab (Wegweiser der Via Sacra und Schild »Araburg kurzer Weg, steil«). Diesen nehmen wir und gehen im Zickzack durch den Wald bergauf. Mehrer Bänke laden zu Rasten ein, und schließlich erreicht man den höchsten Punkt des Arabergs, auf dem sich die Ruine der **Araburg (3)** erhebt. Der Weg führt an der südlichen Burgmauer entlang, dann gelangt man über Stufen rechts hinauf zum Burgtor. Gegen Eintrittsgebühr kann man die Ruine besichtigen und auf den Bergfried hinaufsteigen, der einen fantastischen Rundblick bietet. Das Araburgstüberl lädt zur Einkehr ein.

Der Rückweg folgt der geschotterten Zufahrtsstraße zur Burg und ist anfangs sowohl grün als auch rot markiert. Wo wir vom Rand einer Lichtung wieder in den Wald hinein kommen, befindet sich eine Wegkreuzung mit einer Vielzahl sowohl alter als auch neuer gelber Wegweiser. Hier wenden wir uns rot markiert rechts bergab Richtung Gerichtsberg, Hainfeld und Ramsau. Nach 5 Min. zweigt der markierte Weg halb rechts ab und schneidet eine Serpentine der Forststraße ab. Wo man diese nochmals kreuzt **(4)**, könnte man rechts zum Parkplatz zurückgehen (Variante); wir folgen aber den Wegweisern Richtung Kaumberg und Gerichtsberg rot markiert geradeaus durch den Wald bergab.

Der Weg mündet in eine andere Forststraße, auf der wir links bergab gehen und an einem Schranken vorbeikommen. Kurz darauf führt die ausgeschilderte »Via Sacra« geradeaus weiter, während wir der gelben Markierung auf einem Asphaltweg nach rechts Richtung Kaumberg folgen. Entlang eines Höhenrückens gehen wir durch Kulturlandschaft mit Viehweiden und Futterwiesen an mehreren Bauernhöfen vorbei. Bei einer Kapelle in einer Linkskurve können wir auf einem Schotterweg geradeaus gehen und so eine Serpentine der Asphaltstraße abschneiden. Wo wir wieder auf diese treffen, befinden sich links ein Rastplatz und eine Infotafel über die Gemeinde Kaumberg. Wir folgen der Straße bergab, gelangen wieder zu einem Waldrand und gehen dann ein Stück durch einen Wald, den wir bei einem Marterl und einer Rastbank wieder verlassen. An dieser Stelle genießt man nochmals einen schönen Blick zurück zur Araburg, dann gehen wir auf der Straße »Sonnenhang« an immer mehr Häusern vorbei zurück ins Ortsgebiet von **Kaumberg (1)**, wo wir beim Café Maria-Theresia wieder auf den Hinweg treffen.

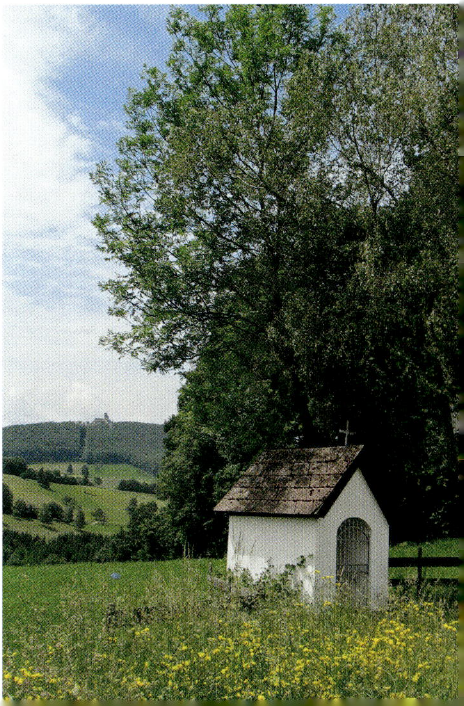

Kapelle am Sonnenhang.

24 Auf den Muckenkogel

Genusstour über den Hausberg von Lilienfeld ★★

Die Stadt Lilienfeld im Tal der Traisen ist vor allem für die größte erhaltene Zisterzienserabtei Mitteleuropas bekannt, die man im Anschluss an die Wanderung auch besichtigen kann. Unweit des Stiftes bringt uns ein Sessellift bequem hinauf auf den Hausberg von Lilienfeld. Auf den Spuren des Skipioniers Mathias Zdarsky wandern wir dann auf dieser bequemen Runde von der Bergstation auf zwei Gipfel – die des Muckenkogels und der Hinteralpe – und kommen dabei gleich an drei Einkehrmöglichkeiten – der Traisener Hütte, der Klosteralpe und der Lilienfelder Hütte – vorbei.

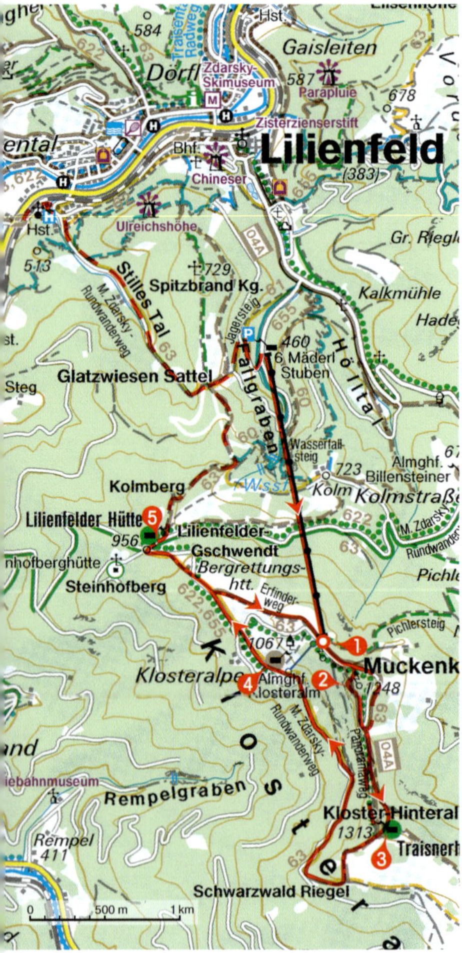

KURZINFO

Ausgangspunkt: Bergstation des Muckenkogel-Sesselliftes bei Lilienfeld, 1116 m.

Anfahrt: Mit dem Auto auf der B 20 von St. Pölten Richtung Mariazell bis Lilienfeld, dort bei der Ampel links den Wegweisern zum Muckenkogel folgen. Am Parkplatz bei der Sessellift-Talstation parken. Öffentlich erreicht man Lilienfeld mit Regionalzügen ab St. Pölten. Vom Bahnhof zur Talstation sind es 2 km zu Fuß (pro Richtung ca. 40 Min. zusätzlich).

Gehzeit: 2.30 Std.

Weglänge: 7,1 km.

Höhenunterschied: 450 m.

Anforderungen: Bis auf den direkten Gipfelanstieg zum Muckenkogel durchwegs breite Wander- und Forstwege. Dieses steile, schmale Wegstück kann aber mit etwa 10 Min. Umweg umgangen werden.

Rast: Jausenbank am Gipfel des Muckenkogels, weitere Rastbänke am Weg zwischen Muckenkogel und Hinteralm.

Einkehr: Traisner Hutte auf der Hinteralm (ganzjährig Di-So und Feiertag geöffnet), Tel. +43 2762 535 71, www.traisnerhuette.at; Almgasthaus Klosteralm (ganzjährig täglich außer Mo geöffnet), Tel. +43 2762 535 75); Lilienfelder Hütte (Öffnungszeiten siehe Homepage), Tel. +43 2762 535 67, www.lilienfelder-huette.at.

Kinder: Großer Spielplatz bei der Berg-

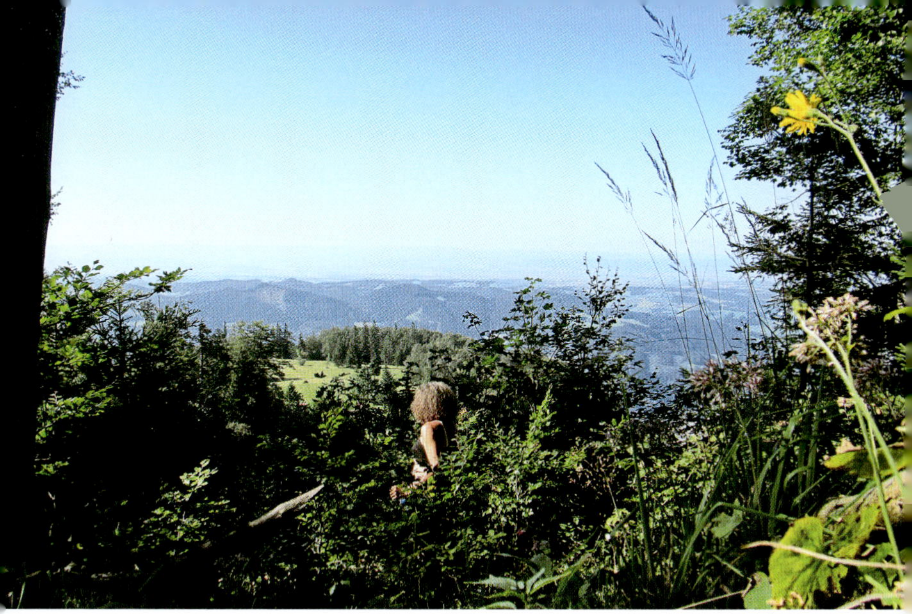

Etwas verwachsene Wege am Gipfel des Muckenkogels.

station des Sesselliftes. Wer mit dem Kinderwagen unterwegs ist, geht von der Traisner Hütte auf der Schotterstraße wieder zurück bzw. kann auch für den Weg zur Lilienfelder Hütte hin und zurück die Schotterstraße benützen.

Hinweise: Berg- und Talfahrt mit dem Sessellift 14 € Erwachsene / 9 € Kinder, nur Bergfahrt 11 € Erwachsene, 7 € Kinder. Betriebszeiten siehe Homepage; bei Sturm und Gewitter wird der Betrieb des Sesselliftes eingestellt!

Variante: Abstieg von der Lilienfelder Hütte ins Tal: Statt von der Hütte wieder zur Bergstation hinaufzusteigen (170 Hm), kann man der Beschilderung nach Lilienfeld folgen. Wenige Meter unterhalb der Hütte von der Forststraße links abzweigen und auf der roten Markierung bergab. An der Abzweigung des anspruchsvollen Wasserfallsteiges halten wir uns links und folgen einer Forststraße. 500 m weiter teilt sich der Weg wieder. Wer beim Sessellift parkt, wählt den rechten Weg hinunter zur Talstation. Wer zum Zug möchte, hält sich links und gelangt so auf einer Forststraße durch den Wald hinunter zum Krankenhaus Lilienfeld, bei dem sich eine weitere Bahnhaltestelle befindet. Gehzeit ab Lilienfelder Hütte etwa 45 Min. bzw. 1 Std.

Touristeninformation: Sessellift Lilienfeld (Informationen über Betriebszeiten), Tel. +43 2762 522 29, www.sessellift-lilienfeld.at; Mostviertel Tourismus GmbH, Tel. +43 7416 521 91, www.mostviertel.info.

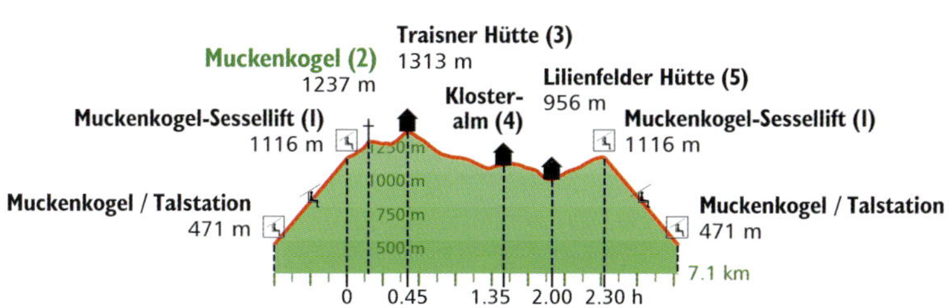

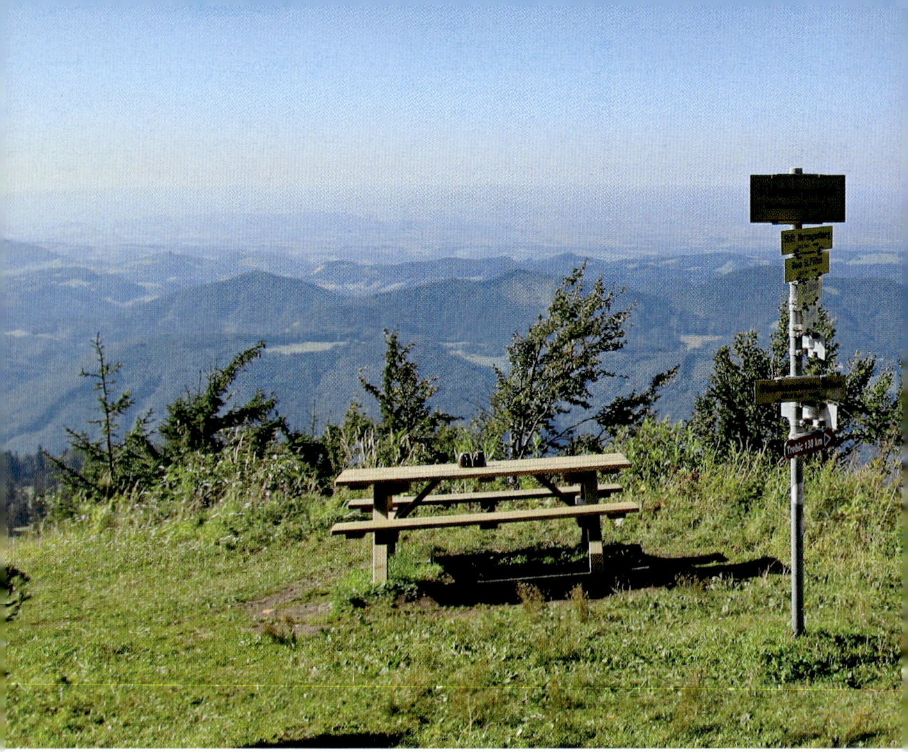

Der Muckenkogel bietet einen herrlichen Panoramablick über das Alpenvorland.

Direkt bei der Bergstation des **Muckenkogel-Sesselliftes (1)** befinden sich ein Spielplatz und mehrere »Enzis« (aus dem Museumsquartier in Wien bekannte Designer-Sitz- und Liegemöbel). Von hier gehen wir auf einer breiten Schotterstraße nach links bergauf. Schon nach 300 Metern führt der markierte Wanderweg steil rechts bergauf – man kann diese Passage umgehen, indem man auf der Straße bleibt. Der Weg erreicht nach kurzem Anstieg den Gipfel des **Muckenkogels (2)** mit Rastbank und Infotafel über das erste alpine Skirennen der Geschichte.

Am Zaun einer Sendeanlage vorbei kommen wir zu einer Zufahrtsstraße, auf der wir bergab gehen und wieder auf die Straße von vorhin treffen (wer auf dieser geblieben ist, kann den Gipfel bequem von dieser Seite her auf der Straße erreichen). Wir wandern weiter, immer am Bergrücken entlang. Rechts befindet sich ein Aussichtspunkt mit Rastbänken; 5 Min. später führt der markierte Weg steil links bergauf, um dem Gipfelgrat zu folgen. Auch hier kann man auf der Straße bleiben, wenn man einen moderaten, breiten Anstiegsweg bevorzugt. In beiden Fällen erreicht man das Schutzhaus **Traisner Hütte (3)** am Gipfel der Hinteralm.

Von hier auf der Schotterstraße bergab (wer auf dieser gekommen ist, geht also am gleichen Weg 200 m zurück), dann in der scharfen Rechtskurve geradeaus weiter am Rand einer Bergwiese entlang

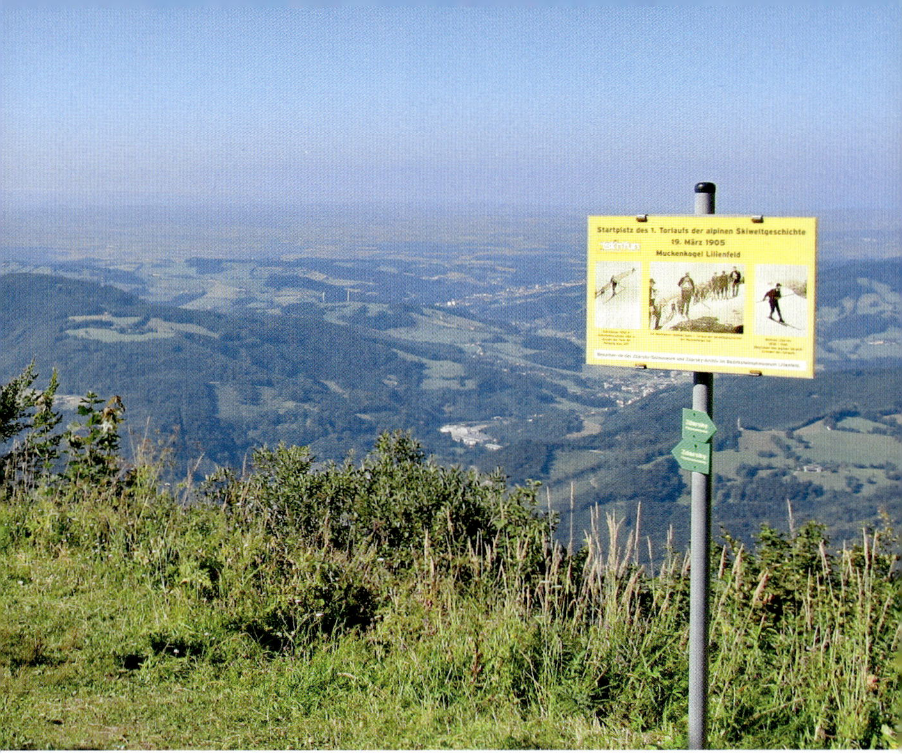

bergab. An einem weiteren Aussichtspunkt vorbei kommen wir in den Wald und treffen in diesem hinter einem Schranken auf einen von scharf links kommenden Fahrweg, auf dem wir fast eben halb rechts weitergehen. Immer dem Hauptweg folgend kommen wir eine halbe Stunde nach dem Schranken zur **Klosteralm (4)**, einer weiteren Einkehrmöglichkeit am unteren Rand der Wiese, an deren oberem Ende sich die Bergstation befindet.
Wir gehen auf gleicher Höhe geradeaus weiter, den Wegweisern Richtung Lilienfelder Hütte folgend, und treffen nach 300 m auf eine Schotterstraße, auf der man rechts zur Bergstation und zum Muckenkogel-Sender käme. Auf dieser Straße geradeaus bergab, über eine Viehweide und durch ein Weidegatter hindurch. Die Straße biegt sich nach rechts, während wir auf dem markierten Weg halb links abkürzen können. Kurz nachdem wir wieder auf die Straße treffen, wandern wir bei einer weiteren Abzweigung nach rechts bergab zur bereits sichtbaren **Lilienfelder Hütte (5)**.
Von der Hütte gehen wir am gleichen Weg (oder, weniger anstrengend, statt der Abkürzung die Schotterstraße nehmend) zurück bis zum Viehgatter. Dahinter können wir nun ebenfalls wählen, ob wir (flacher) auf der Straße bleiben und auf dieser zum Sessellift zurückgehen, oder ob wir die Abkürzung nehmen und dem Wanderweg halb links quer über die Wiese, geradewegs auf die deutlich sichtbare Sendestation zu, folgen. In beiden Fällen gelangen wir wieder zurück zur Bergstation des **Muckenkogel-Sesselliftes (1)**.

25 Durch die Steinwandklamm

Abenteuerlicher Aufstieg durchs Türkenloch ★★★

Die »Wanderwelt Steinwandklamm« bei Furth an der Triesting gilt als eine der schönsten und wildesten Klammen in Niederösterreich und ist bereits seit dem Jahr 1884 für Besucher erschlossen. Trotz ihrer Kürze ist diese Rundtour sehr abwechslungsreich, führt sie doch nicht nur durch die gut mit Holzstegen ausgebaute Schlucht selbst, sondern auch an zahlreichen Schautafeln, einem Bienen-Schaukasten und einem Kneippbecken vorbei. Höhepunkt der Runde ist aber eine stockdunkle Höhle, das Türkenloch, durch die man sich entlang einer Führungskette nach oben tastet.

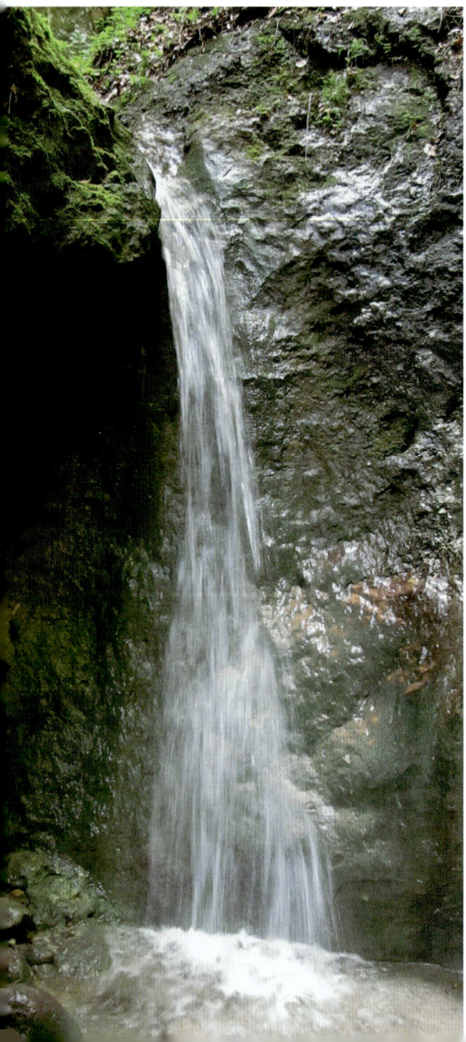

KURZINFO

Ausgangspunkt: Parkplatz der Steinwandklamm am Ende der Straße in den Steinwandgraben bei Furth an der Triesting, 548 m.
Anfahrt: Mit dem Auto auf der Südautobahn bis zur Abfahrt Leobersdorf und dann auf der B 18 nach Weißenbach an der Triesting, dort der Beschilderung über Furth an der Triesting zur Steinwandklamm folgen. Kein öffentliches Verkehrsmittel.
Gehzeit: 2.00 Std.
Weglänge: 3,0 km.
Höhenunterschied: 200 m.
Anforderungen: Der Weg durch die Klamm selbst verläuft großteils auf Holzstegen und Stiegen und ist leicht begehbar. Der Anstieg durch das Türkenloch erfolgt auf einem schmalen, steinigen Weg und erfordert etwas mehr Aufmerksamkeit. Durch die Höhle selbst muss man ca. 10 m in völliger Dunkelheit gehen, wobei man sich an einer Kette an der Wand festhalten und entlangtasten kann. Der Abstieg vom Jagasitz zum Ausgangspunkt erfolgt auf einer breiten, aber recht steilen Schotterstraße.
Rast: Rastbänke gibt es beim Kneippbecken und oberhalb des Türkenloches.
Einkehr: Jausenstation Reischer (ganzjährig täglich außer Mo und Di geöff-

Wasserfall in der Steinwandklamm.

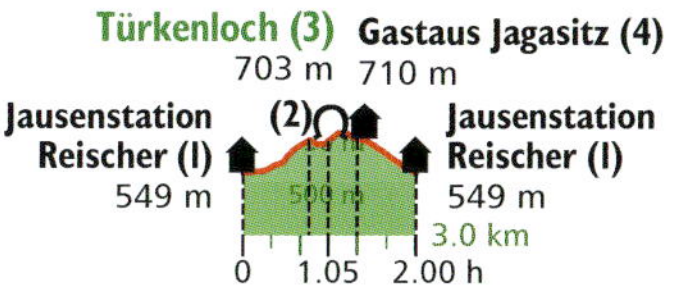

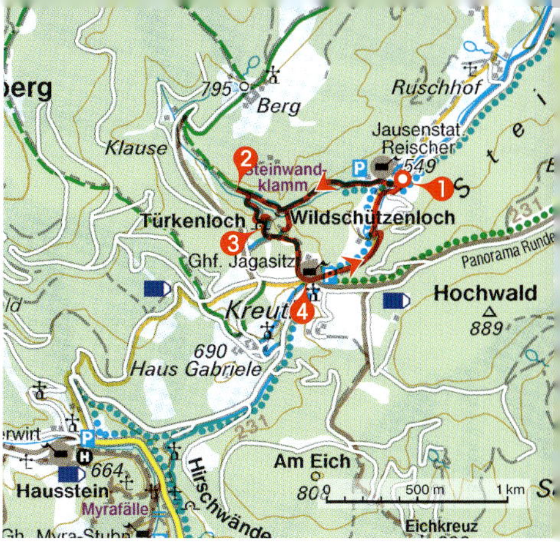

net), Tel. +43 2674 882 51; Gasthaus Jagasitz (ganzjährig täglich außer Do und Fr geöffnet), Tel. +43 2632 743 12.
Kinder: Spannende und erlebnisreiche Tour für Kinder, insbesondere wegen der Klamm und der Höhle. Kleiner Spielplatz bei der Jausenstation Reischer. Für besonders abenteuerlustige (und unbedingt entsprechend gesicherte) Kinder ist die Variante über den Rudolf-Decker-Steig ein Erlebnis.
Winter: Die Steinwandklamm ist ganzjährig geöffnet. Bei Temperaturen unter dem Gefrierpunkt ist die Begehung aber wegen Eisbildung nicht ratsam.
Hinweis: Eintrittsgebühr für die Klamm 5 € für Erwachsene und 1,50 € für Kinder.
Variante: Eine noch abenteuerlichere Möglichkeit für den Aufstieg stellt der Rudolf-Decker-Steig dar, der im oberen Teil der Klamm abzweigt und unterhalb des Türkenloches wieder in den Hauptweg einmündet. Es handelt sich um einen kurzen, auch für entsprechend erfahrene Kinder geeigneten Klettersteig mit mehreren Eisenleitern. (Unbedingt Klettersteigset verwenden bzw. Kinder »an der Leine« halten!)
Touristeninformation: Tel. +43 676 523 64 45, www.steinwandklamm.at.

Vom Parkplatz am Ende der Straße von Furth an der Triesting in den Steinwandgraben bei der **Jausenstation Reischer (1)** folgen wir den Schildern zur Steinwandklamm zu Franzis Hütte (Kassenhäuschen, Souvenirs und Produkte aus eigener Erzeugung). Von hier gehen wir durch ein Drehkreuz und folgen der blauen Markierung zum Eingang

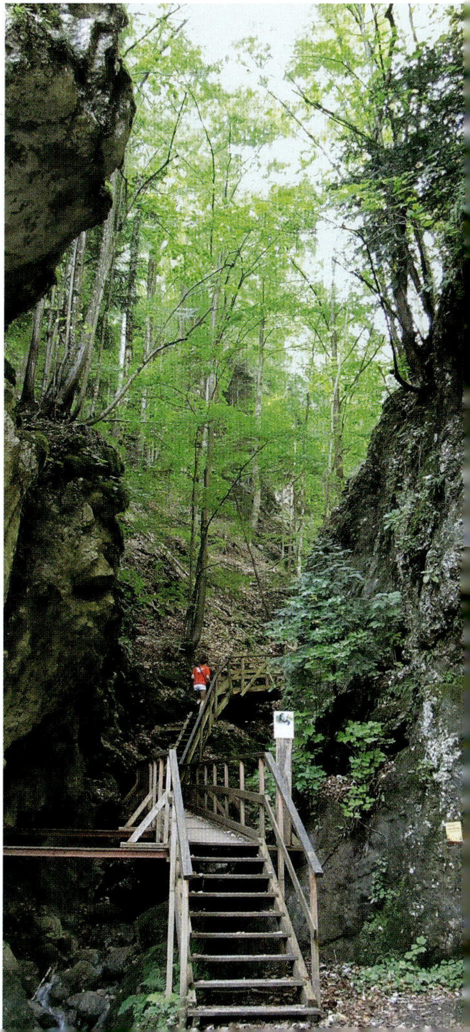

Beginn der Steiganlagen.

der Klamm, die wir auf zahlreichen Holzstegen und über viele Stufen durchwandern. Etwa in der Mitte der Schlucht zweigt nach links der Rudolf-Decker-Steig ab (Variante); wir bleiben aber auf dem Hauptweg, der über weitere Holzbrücken und -stiegen am Grund der Schlucht weiterführt. Schließlich kommen wir zu einer Abzweigung, bei der wir etwas später den Weg links bergauf Richtung Türkenloch und Jagasitz nehmen. Zuvor gehen wir aber noch etwa 100 m im nun flachen Tal bergauf zum **Kneippbecken (2)**, bei dem sich auch eine Jausenbank zum Rasten befindet.

Wir nehmen den gleichen Weg zurück zur Abzweigung von vorhin und wenden uns nun bergauf. Der Pfad wird schmäler und steiler und wir passieren das obere Ende des Rudolf-Decker-Steiges. Kurz darauf erreichen wir das **Türkenloch (3)**, das wir durchwandern. Zunächst fällt noch Licht in die Höhle; wo es stockdunkel wird, ergreift man eine Führungskette und folgt dieser leicht links haltend bergauf, um schon nach wenigen Metern wieder Licht zu sehen.

Es geht aus der Höhle hinaus, noch kurz bergauf zu einer Felsnase und an dieser vorbei hinauf zum höchsten Punkt unseres Weges, wo wir weiter der blauen Markierung, nun leicht bergab, folgen. Am Rand einer Wiese entlang erreichen wir das **Gasthaus Jagasitz (4)**, das auch über eine Straße aus Richtung Muggendorf erreichbar und meist gut besucht ist. Südlich des Gasthauses wandern wir auf einer für Autos gesperrten Schotterstraße links bergab, nun gelb markiert. Zunächst geht es durch einen Wald, dann nach einer Kehre zu einem Bauernhaus auf einer Wiese und an diesem vorbei entlang des Waldrandes weiter bergab. Wir erreichen wieder den Eingang der Steinwandklamm bei Franzis Hütte und kurz darauf den Parkplatz bei der **Jausenstation Reischer (1)**.

Abenteuerlicher Einstieg ins Türkenloch.

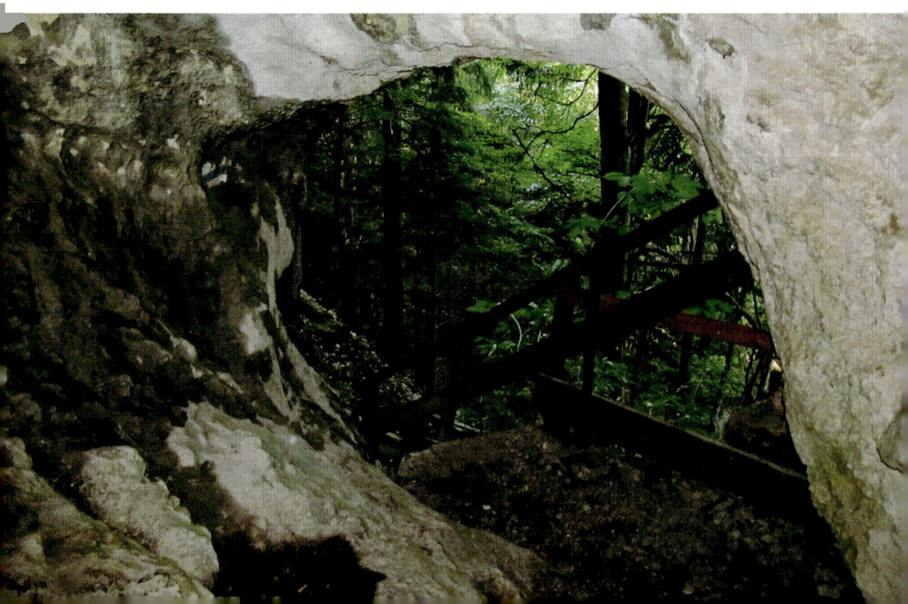

Zum Unterberghaus

Vom Myrabach zum Hauptgipfel der Gutensteiner Alpen ★

Der Unterberg ist zwar nicht der höchste Berg der Gutensteiner Alpen, aufgrund seiner zentralen Lage aber ein beliebtes Wanderziel, liegt er doch auch direkt an der »Via Sacra«, dem Wallfahrerweg von Wien nach Mariazell. Pilger dürften auch zu den ersten Leuten gehört haben, die den Berg besuchten, wovon die Kapelle Maria Einsiedl zeugt. Der eigentliche Gipfel des Bergs wurde und wird dabei nur selten bestiegen; auch wir nehmen uns das 100 Meter unterhalb gelegene Unterberg-Schutzhaus zum Ziel und beschreiben den unmarkierten Aufstieg zum Gipfel nur als Variante.

KURZINFO

Ausgangspunkt: Unterberg-Parkplatz, 693 m.
Anfahrt: Mit dem Auto auf der Südautobahn bis Ausfahrt Wöllersdorf, dann auf der B 21 bis Pernitz und dort der Beschilderung rechts nach Muggendorf und zum Unterberg folgen. Kein öffentliches Verkehrsmittel!
Gehzeit: 3.00 Std.
Weglänge: 9,0 km.
Höhenunterschied: 500 m.
Anforderungen: Am Aufstieg zum Teil schmale und etwas steilere, aber leicht zu begehende Waldwege bzw. abschnittsweise Anstieg über Skihänge. Der Abstieg erfolgt bequem durchgehend auf einer Forststraße mit geringem Gefälle.
Rast: Eine Rastbank gibt es nur bei der Myralucke.
Einkehr: Unterberg-Schutzhaus (ganzjährig täglich außer Montag und Dienstag geöffnet; Betriebssperre von 2. Novemberwoche bis 1. Dezemberwoche), Tel. +43 2632 741 90, www.unterberg-schutzhaus.at.
Kinder: Direkt beim Unterberghaus gibt es einen Spielplatz. Die als Rückweg beschriebenen Forststraßen sind kinderwagentauglich, d. h., wer diese auch für den Hinweg wählt (ausgeschildert), kann die Tour auch mit Kinderwagen unternehmen.
Variante: Anstieg zum Unterberggipfel, 1342 m: Etwa 50 m östlich des Unterberghauses (3) gibt es einen Wegweiser für den Gipfelweg, dem wir folgen. Dieser Fahrweg gabelt sich nach kurzer Zeit; man kann aber beide Wege nehmen, die jeweils recht steil in Serpentinen hinauf auf den unbewaldeten Gipfel (mit Kreuz und schöner Aussicht) führen. Der Abstieg kann auf dem gleichen oder dem jeweils anderen der beiden Wege erfolgen, oder man nimmt die »Direttissima«, ein Fußpfad, der über eine Skipiste direkt auf die vom Gipfel aus sichtbare Kapelle Maria Einsiedl zuführt.
Touristeninformation: Wiener Alpen in Niederösterreich Tourismus GmbH, Tel. +43 2622 789 60, www.wieneralpen.at.

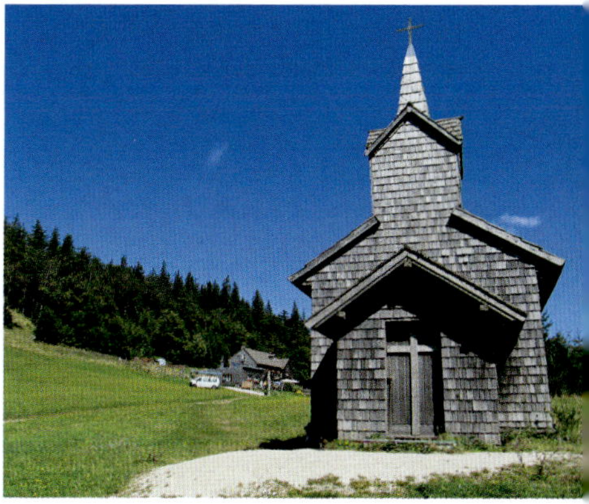

Die Kapelle Maria Einsiedl am Unterberg.

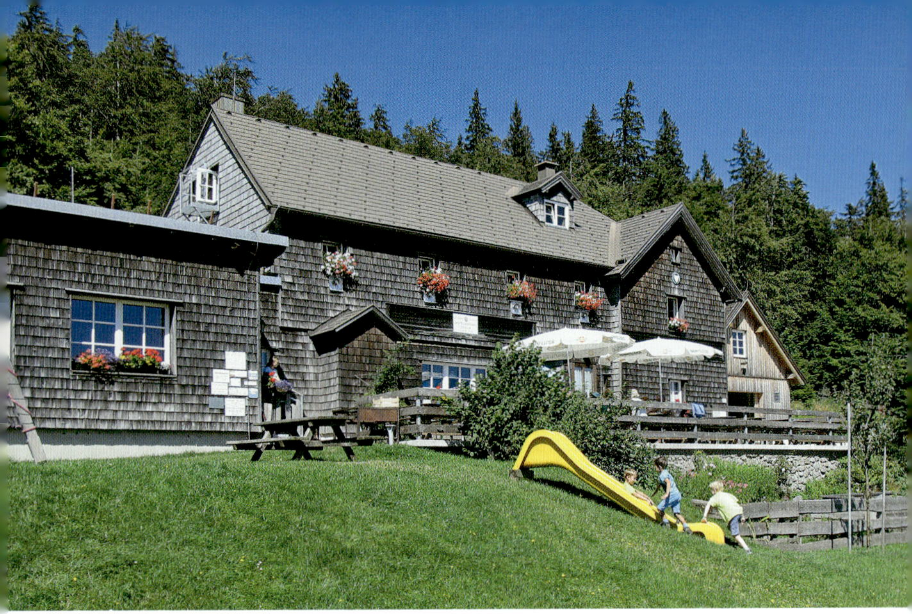

Das Schutzhaus unterhalb des Unterberggipfels.

Der **Unterberg-Parkplatz (1)** am Ende der Straße in den Myragraben befindet sich an der Vereinigung zweier Täler; die breite, gelb markierte Schotterstraße durch das Drahtal rechts bergauf ist unser späterer Rückweg, während wir jetzt die linke, rot markierte Schotterstraße nehmen. Wir kommen zu einem Rastplatz und einer Informationstafel bei der **Myralucke**, einer Karsthöhle, aus der rechts von uns ein Bächlein herausfließt. An dieser Stelle verlässt auch unser markierter Wanderweg die weiter am Talgrund verlaufende Schotterstraße und führt am Hang entlang durch den Wald bergauf. Auf dem schönen Pfad überwinden wir rund 150 Höhenmeter, bis wir wieder auf eine Forststraße treffen und 100 m weiter bei einer Gabelung den rechten Ast wählen.

Wir folgen der roten Markierung auf der Forststraße bergauf. Kurz bevor wir zu einer Abzweigung kommen, biegt der Weg rechts ab und kreuzt wenige Meter weiter die von der Verzweigung rechts bergauf führende Schotterstraße. Wir wandern geradeaus bergauf auf einem Waldweg, der etwa 300 m weiter in eine breite Skipiste mündet. Auf dem Wiesenweg, der auf der Schneise verläuft, gehen wir bergauf. Die Markierung führt rechts auf einen Pfad im Wald parallel zur Piste, wir können aber ebenso gut – und bequemer – auf dieser

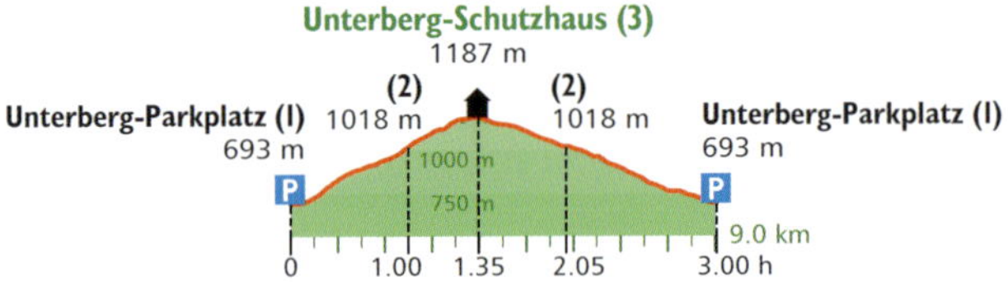

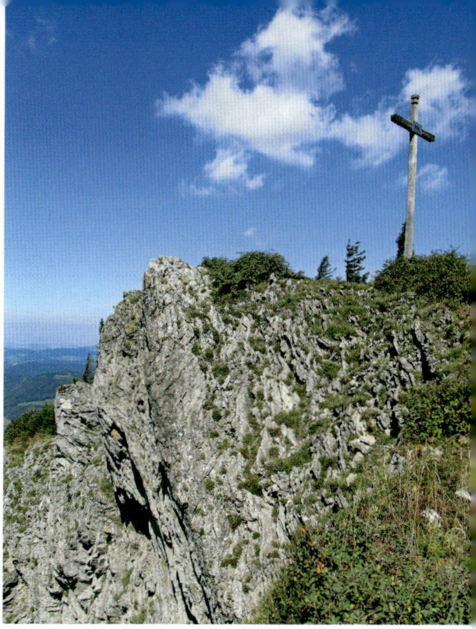

Gipfelkreuz auf dem Unterberg (Variante).

bleiben. So gelangen wir hinauf zu einer breiten Schotterstraße, auf der wir einen **Wegweiser (2)** vorfinden: In die Richtung, aus der wir kommen, zeigen die Schilder retour zur Myralucke. Auf der Forststraße nach rechts käme man gelb markiert zum Parkplatz am Ausgangspunkt zurück. Wir gehen der roten Markierung folgend links bergauf durch den Wald Richtung Unterberghaus und erreichen nach etwa 20 Min. wieder eine Skipiste, auf der die Straße ein Stück weit verläuft, um dann wieder rechts in den Wald abzubiegen. Wegspuren führen hier aber auch geradeaus über die Schneise bergauf; wer möchte, kann den Weg – wenn auch etwas steiler – um etwa 100 m abkürzen. Folgt man der Markierung, gelangt man wieder zu einem Wegweiser, bei dem man links bergauf geht und nach wenigen Metern auf die auf einer breiten Schotterstraße verlaufenden Weitwanderwege 06, 231 und 622 trifft. Hier gehen wir halb links, queren den Skihang und erreichen eine große Wiese, auf der sich das **Unterberghaus (3)** und in Sichtweite ein Stück weiter die Kapelle Maria Einsiedl befinden.

Für den Rückweg gehen wir auf dem Weitwanderweg in Richtung Kieneck und passieren das nur bei Skibetrieb geöffnete Bergrestaurant Herzog. Dahinter halten wir uns auf der unmarkierten breiten Schotterstraße rechts in zwei Serpentinen bergab. Bei der nächsten Abzweigung nehmen wir den Weg scharf rechts bergab und gelangen 10 Min. später am Rand einer Skipiste zu einer Wegkreuzung, bei der wir auf die gelbe Markierung treffen und rechts von uns in wenigen Metern Entfernung den vom Aufstieg bekannten **Wegweiser (2)** sehen. Wir müssen nicht zu diesem gehen, sondern bleiben links und folgen der nun bis zurück zum **Unterberg-Parkplatz (1)** durchgehend gelb markierten, nicht zu verfehlenden breiten Schotterstraße.

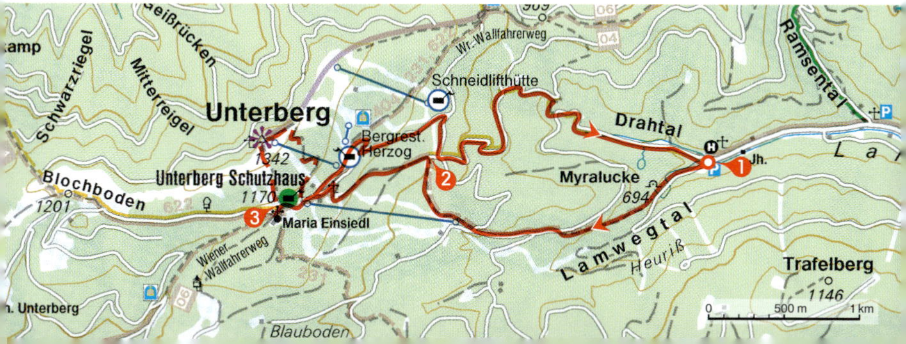

27 Myrafälle

Durch die Wasser-Erlebniswelt bei Muggendorf ★★★

Die Wasserfälle des Myrabaches, eines Nebenflusses der Piesting, gehören zu den schönsten und spektakulärsten Naturschauspielen Niederösterreichs. Schon im Jahr 1885 wurde die Klamm des Baches, der auf einer Länge von knapp 600 m in zahllosen Kaskaden rund 70 Höhenmeter in die Tiefe stürzt, durch den Bau von Brücken und Stiegen vom Österreichischen Touristenklub für Besucher zugänglich gemacht. Spielplätze, kleine Weiher – meist zu kalt zum Baden – und Ausflugsgasthäuser warten an beiden Enden der Schlucht, und mit dem Aufstieg auf den Gipfel des Haussteins können wir auch noch einen Fernblick bis zum Schneeberg genießen.

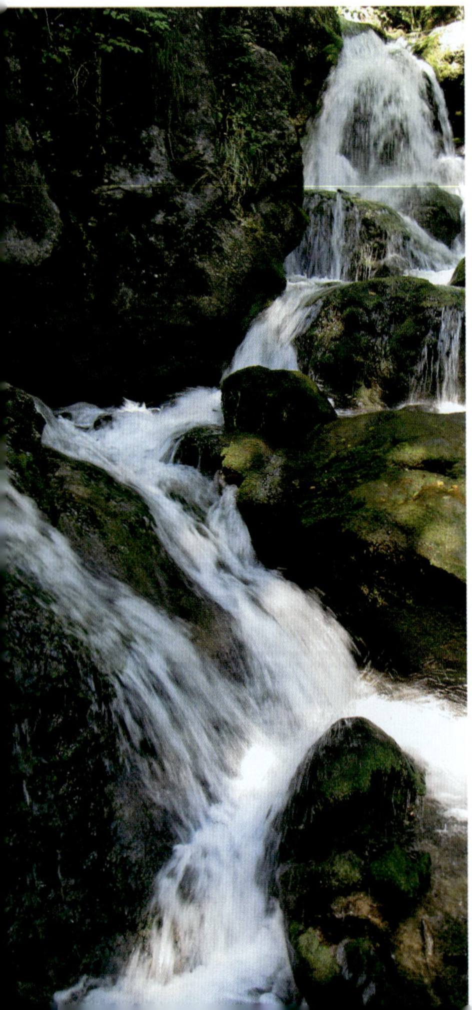

KURZINFO

Ausgangspunkt: Parkplätze für Besucher der Myrafälle am oberen Ortsende von Muggendorf, 483 m.
Anfahrt: Mit dem Auto auf der Südautobahn bis Ausfahrt Wöllersdorf, dann auf der B 21 bis Pernitz und dort der Beschilderung rechts nach Muggendorf und zu den Myrafällen folgen. Öffentlich mit dem Zug bis Pernitz-Muggendorf, dann mit dem Bus bis Muggendorf Ortsmitte (von dort 4 Min. bis Eingang Myrafälle; Bus verkehrt nur Mo–Fr mit wenigen Verbindungen am Tag). Alternativ dazu Anmarsch vom Bahnhof, pro Richtung 1 Std. zusätzlich, siehe Variante.
Gehzeit: 1.30 Std.
Weglänge: 3,0 km.
Höhenunterschied: 200 m.
Anforderungen: Gut ausgebauter Wanderweg durch die Klamm mit vielen Stufen und Stiegen. Am Rückweg über den Hausstein einzelne steilere, steinige Wegabschnitte. Bei Regen, Schnee oder Eisglätte ist die Wanderung nicht zu empfehlen.
Rast: Zahlreiche Rast- und Jausenbänke entlang des gesamten Weges.
Einkehr: Gasthaus Myrastubn (ganzjährig Fr–So und feiertags geöffnet), Tel. +43 676 396 67 35, www.myra-

Der Myrabach bildet zahllose kleine Kaskaden und Wasserfälle.

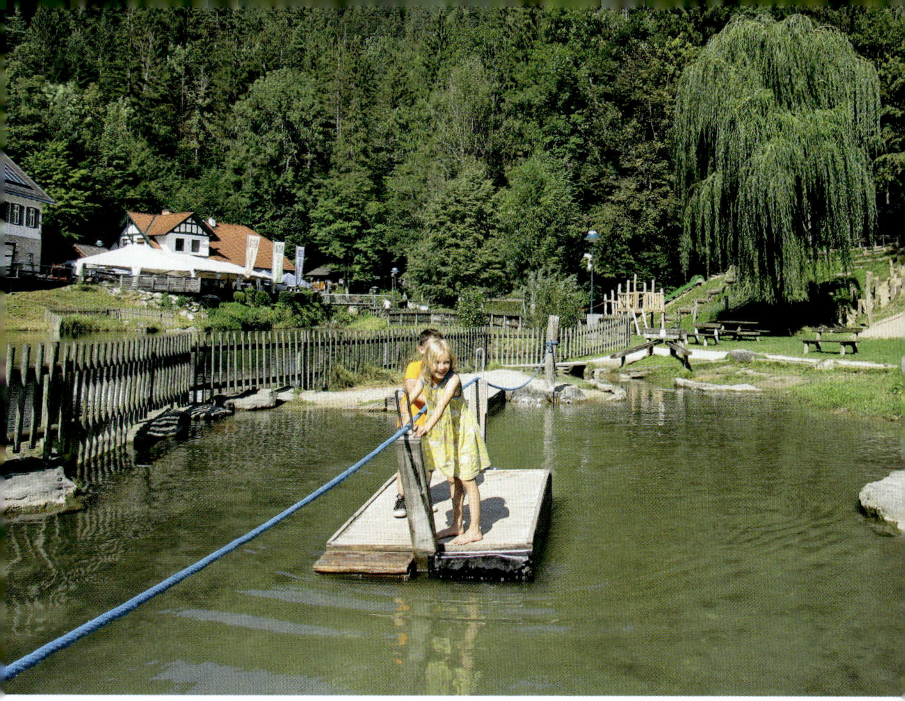

Hauptattraktion für Kinder: der Wasserspielplatz.

stubn.at; Gasthaus Karnerwirt (ganzjährig Fr–So geöffnet), Tel. +43 2632 743 07, www.karnerwirt.at.

Kinder: Es gibt sowohl am oberen Ende der Myrafälle beim Karnerwirt als auch am unteren Ende einen schönen Spielplatz; ersterer verfügt über einen Plantschteich, letzterer über einen Wasserspielbereich mit einer Seilfähre. Wer zu Fuß zum Bahnhof Pernitz-Muggendorf geht, kommt im Ortsgebiet von Pernitz an einem weiteren Spielplatz vorbei.

Hinweis: Eintrittsgebühr für die Myrafälle 5 € für Erwachsene und 1,50 € für Kinder, auch als Onlineticket unter www.myrafaelle.at erhältlich. Achtung, Ticket aufbewahren! Es wird zum Verlassen der Myrafälle am Ende der Wanderung nochmals benötigt. Parkplätze gratis.

Varianten: Besonders wenn die Parkplätze in Muggendorf überfüllt sind, kann es ratsam sein, am oberen Ende der Wasserfälle beim Karnerwirt zu parken und die Runde dort zu beginnen. Anmarsch vom Bahnhof Pernitz-Muggendorf: Vom Bahnhof geht man durch die Bahnstraße nach Osten und dann an der Kreuzung mit der Bundesstraße geradeaus weiter auf der Muggendorfer Straße, den Wegweisern zu den Myrafällen folgend. Nach etwa 500 m halb links in die Petersbergstraße und an deren Ende halb rechts auf einem Wanderweg immer parallel zum Myrabach nach Muggendorf. Gehzeit etwa 1 Std. pro Richtung zusätzlich.

Touristeninformation: ÖTK-Sektion Pernitz/Muggendorf, Tel. +43 2632 749 55, www.myrafaelle.at; Wiener Alpen in Niederösterreich Tourismus GmbH, Tel. +43 2622 789 60, www.wieneralpen.at.

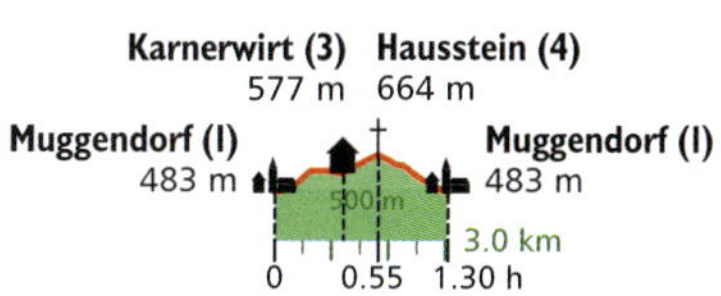

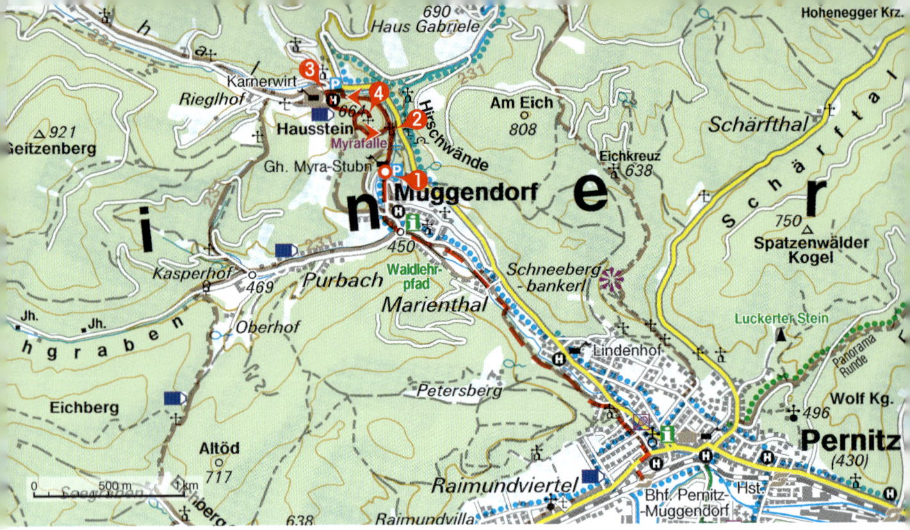

Ausgangspunkt unserer Wanderung ist der Eingang zu den Myrafällen am oberen Ende des Ortes **Muggendorf (1)**. Der Zugang von den zahlreichen Parkplätzen ist deutlich beschildert und führt an einem Teich mit Rastbänken, Spielgeräten und einem Wasserspielplatz vorbei zum Gasthof Myrastuben. An der Kassa (Erhaltungsgebühr für die Steiganlagen) vorbei gehen wir ins enge, schluchtartige Tal des Myrabaches hinein. Die ersten Wasserfälle erreichen wir schon nach wenigen Metern; wir folgen dem gelb markierten Weg über eine Unzahl von hölzernen Stegen, Brücken und Stiegenanlagen teils neben dem Bach, teils direkt darüber. Wir passieren mehrere Infotafeln sowie zahlreiche Bänke, die zum Rasten einladen. An den Überresten einer alten Mühle sowie den deutlich erkennbaren Karrenspuren einer alten Straße gelangen wir zu einer **Abzweigung (2)**, bei der wir weiter der gelben Markierung über einige weitere Holzstege im nun zusehends flacher werdenden Tal folgen. So gelangen wir nach wenigen Minuten zum künstlichen Stauteich am oberen Ende der Myrafälle und gehen über eine Brücke hinüber zum Gasthof **Karnerwirt (3)**. Zwischen dem Gasthaus und dem Stauteich gibt es eine schöne Liegewiese, einen kleinen Teich zum Plantschen sowie einen großen Spielplatz.

Für den Rückweg gehen wir über die Brücke zurück und folgen den gelben Wegweisern der Haussteinrunde und einer roten Markierung im Zickzack durch den Wald berg-

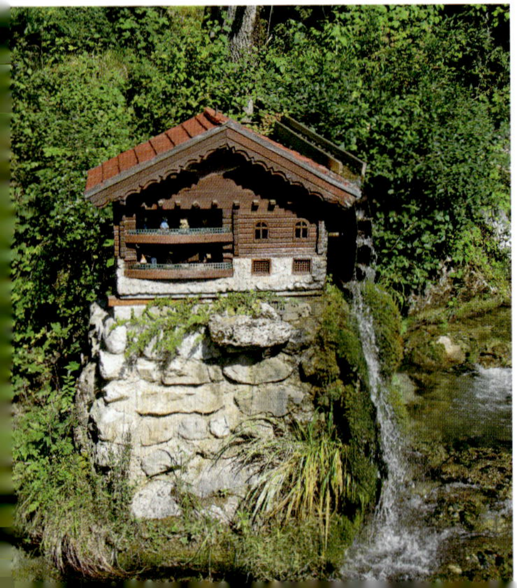

Am unteren Ende der Wasserfälle.

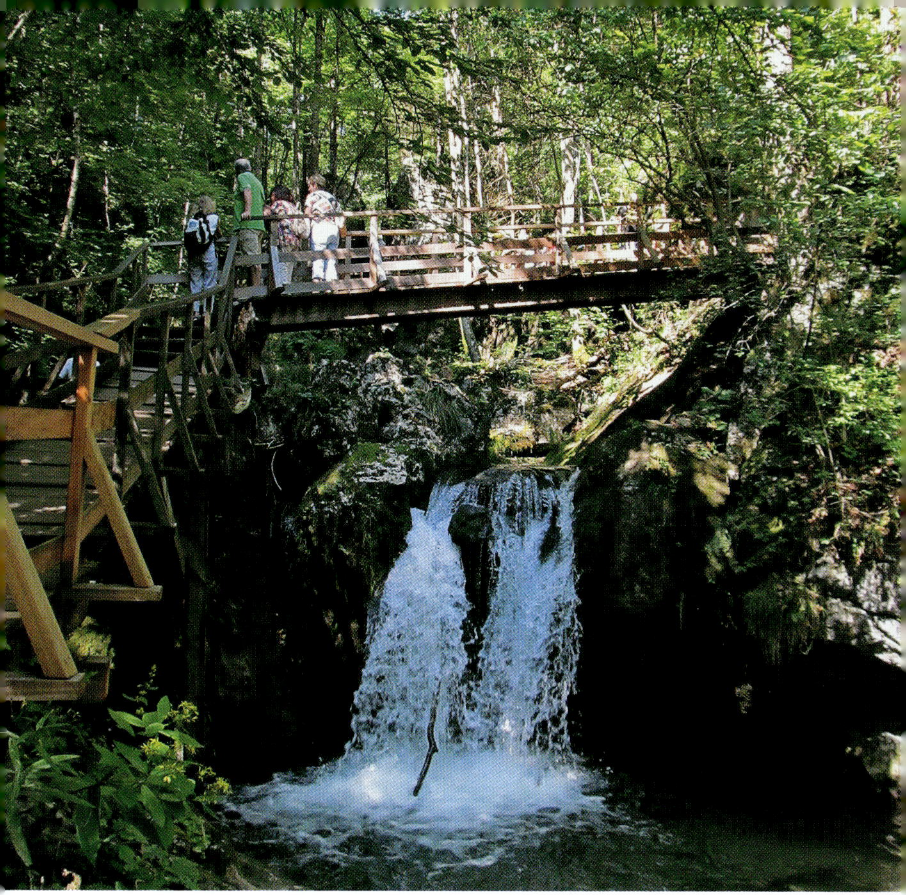

Gut ausgebaute Steiganlagen führen durch die Klamm.

auf. Wir gelangen zu einer Infotafel auf einer großen Wiese, von der aus man links bereits die Felswände des Haussteins sieht, auf den wir nun einen Abstecher machen wollen. Wir folgen also einem Wegweiser Richtung »Blickplatz Hausstein« auf einem Waldweg links bergauf, dann rechts entlang der Felswand. Einzelne Passagen des Aufstiegs sind mit Holzgeländern gesichert. Am **Hausstein (4)** befinden sich eine Infotafel und ein Gipfelkreuz, und man genießt einen schönen Ausblick über die Gutensteiner Alpen bis hinüber zum Schneeberg.

Wir gehen am gleichen Weg zur Wiese zurück und halten uns nun wieder links bergab Richtung Wasserwelt Myrafälle. Der Weg ist recht steil und zum Teil mit Stufen befestigt, weiterhin weiß-rot-weiß markiert. Wir kommen an weiteren Infotafeln und an einem Wasserbehälter vorbei und treffen schließlich wieder auf den gelb markierten Aufstiegsweg an der **Abzweigung (2)**. Von hier kehren wir auf bekanntem Weg nochmals entlang der spektakulären Wasserfälle zu unserem Ausgangspunkt in **Muggendorf (1)** zurück.

28 Auf den Mariahilfberg

Kultur und Natur auf den Spuren Ferdinand Raimunds ★★

Die Gemeinde Gutenstein steht ganz im Zeichen des Dichters Ferdinand Raimund, der ab 1825 immer wieder hierher kam und auch hier begraben ist. Einen seiner Lieblingsplätze, einen Aussichtspunkt auf den Schneeberg, an dem er eigenhändig aus Steinen eine bis heute bestehende Sitzbank errichtet hat, werden wir auf dieser Runde ebenso kennenlernen wie die zahlreichen Kulturdenkmäler rund um die bedeutende Wallfahrtskirche und das Servitenkloster am Mariahilfberg.

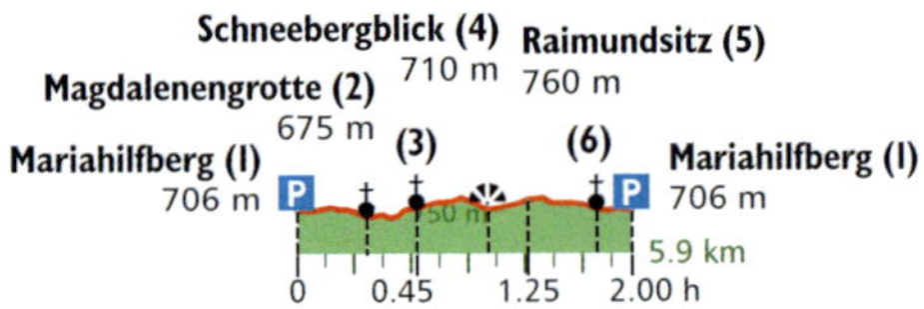

KURZINFO

Ausgangspunkt: Parkplatz am Mariahilfberg, 706 m.

Anfahrt: Mit dem Auto auf der Südautobahn bis Wöllersdorf, dann auf der B 21 bis Gutenstein. Am Ortsende der Beschilderung zum Mariahilfberg folgen. Kein öffentliches Verkehrsmittel. Vom Bahnhof Gutenstein zusätzlicher Fußweg von ca. 1 Std. oder von der Bushaltestelle Gutenstein Volksschule ca. 30 Min. (markiert und ausgeschildert). Taxi vom Bahnhof zum Mariahilfberg ca. 15 €, Taxi Faist, Tel. +43 664 356 61 04.

Gehzeit: 2.00 Std.

Weglänge: 5,9 km.

Höhenunterschied: 200 m.

Anforderungen: Leichte Rundwanderung auf großteils breiten, nur auf kurzen Abschnitten etwas steileren und dort mit Holzgeländern gesicherten Wegen. Wegen einiger Stufen nicht für Kinderwagen geeignet.

Rast: Mehrere Rastbänke entlang des Weges.

Einkehr: Gasthof Moser am Mariahilfberg (täglich geöffnet; nur von November bis März Montag geschlossen), Tel. +43 2634 7261, www.gasthaus-moser.at.

Varianten: Da es sich bei der Tour um zwei kleinere Runden handelt, kann man auch eine davon weglassen und nur den Waldlehrpfad zur Magdalenengrotte oder nur die Runde zum Heiligen Grab gehen. Will man die Tour abkürzen, können außerdem die Abstecher zum Malersitz und zum Raimundsitz weggelassen werden.

Zustieg von Gutenstein: Vom Bahnhof Gutenstein zunächst auf der Straße, dann hinter einer Felswand links von uns über eine Brücke ans andere Ufer der Piesting. Auf dem markierten Wanderweg weiter am Schloss Hoyos vorbei auf der Lorbeergasse bis zur Längapiestingstraße, auf dieser rechts und an der nächsten Weggabelung rechts den markierten und ausgeschilderten alten Fußweg hinauf zum Wallfahrtsort. Gehzeit 1 Std. – Von der Bushaltestelle Gutenstein Volksschule bei der Schule links zur Längapiestingstraße, Gehzeit 30 Min.

Touristeninformation: Gemeinde Gutenstein, Tel. +43 2634 7220, www.gutenstein.at.

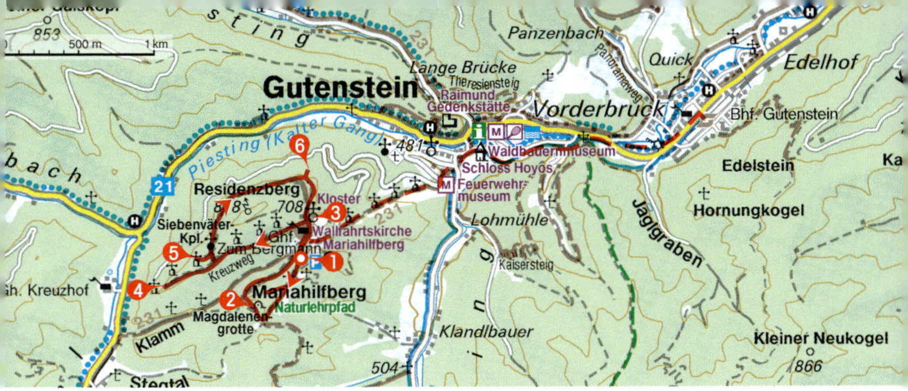

Wir beginnen unsere Rundwanderung am unteren der beiden **Parkplätze** am **Mariahilfberg (1)**, an dessen Ende eine Infotafel mit dem Übersichtsplan eines Waldlehrpfades steht. Wir folgen diesem auf einem breiten Waldweg erst eben, dann leicht ansteigend zu einer Stelle, an der wir links einen Blick über eine Lichtung zu den Hängen der Dürren Wand genießen. An dieser Stelle zweigt rechts ein Weglein zu einem Aussichtspunkt, dem »Malersitz« ab (Abstecher von 200 m). Danach folgen wir weiter dem Waldlehrpfad und gelangen zu einer Wegkreuzung bei einem Bildbaum, an der es links bergab nach Längapiesting ginge, während wir rechts auf einem schmalen Weglein und zuletzt über Holzstufen hinunter zur idyllisch unter einer Felswand gelegenen **Magdalenengrotte (2)** wandern.

Nun gehen wir leicht ansteigend wieder zurück, kommen an einer Hirschsuhle und dem verschütteten Frauenbrünnchen vorbei und treffen in einer Kehre auf einen breiteren Weg, auf dem wir geradeaus zum **Parkplatz (1)** zurückgehen.

Blick zur Wallfahrtskirche am Mariahilfberg.

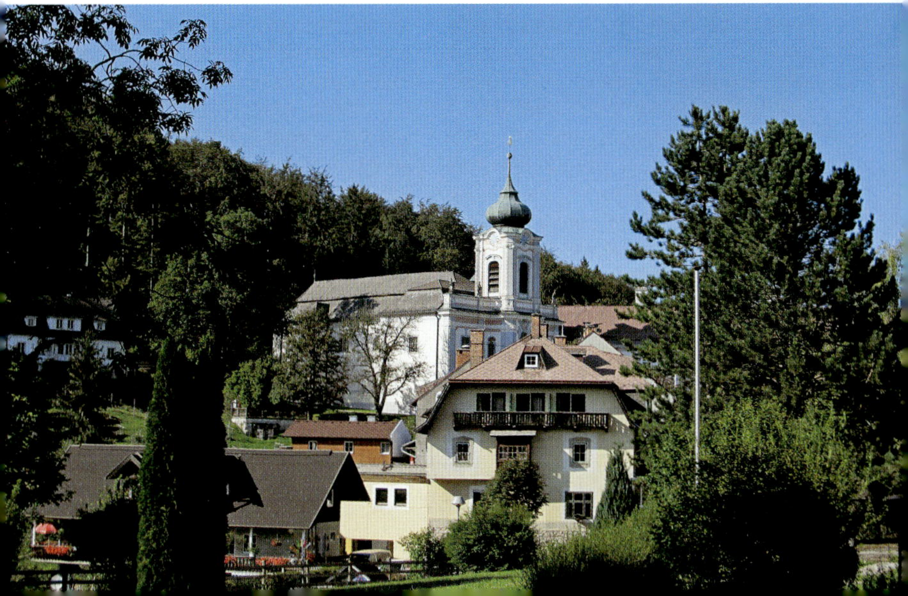

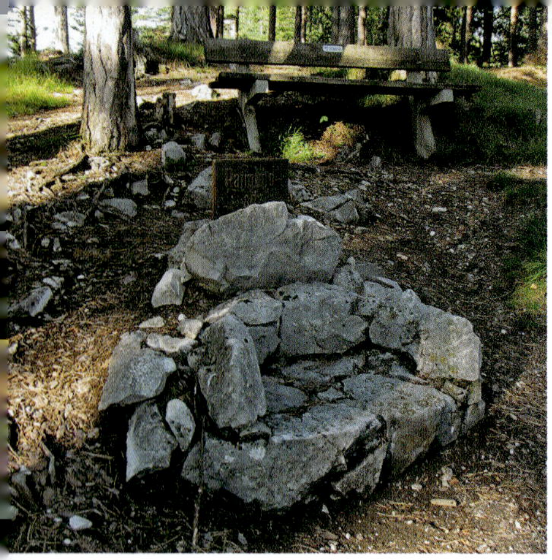

Der Raimundsitz.

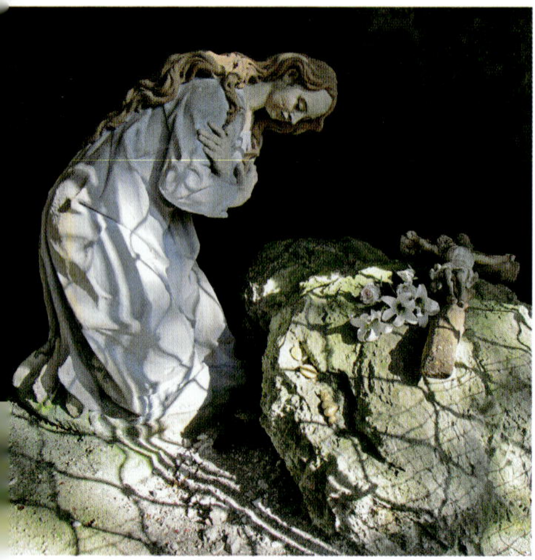

In der Magdalenengrotte.

Nun auf Asphalt geradeaus weiter, am Gasthaus Bergmann vorbei zur **Wallfahrtskirche (3)**. Bei dieser finden wir zahlreiche Wegweiser und gehen halb links an einer Rastbank vorbei Richtung Kreuzweg. Wir folgen dem Karrenweg, der am Südhang des Residenzbergs entlangführt. Bei der neunten Kreuzwegstation gibt es eine Abzweigung: Wir gehen zunächst geradeaus weiter und gelangen am Kalvarienberg und am Heiligen Grab vorbei zu einem Aussichtsfelsen, dem **Schneebergblick** (**4**, Jausenbank und »Gipfelbuch«).

Am gleichen Weg zurückgehend wenden wir uns nun an der vorhin erwähnten Abzweigung links bergauf und gelangen schon nach 60 m zu einer weiteren Weggabelung, bei der man sich geradeaus den kurzen Abstecher zum **Raimundsitz (5)** nicht entgehen lassen sollte – dem Lieblingsplatz des Dichters, an dem er aus Steinen eine Sitzbank aufgeschlichtet hat.

Danach gehen wir weiter bergauf zur Siebenväterkapelle (wenige Meter abseits der Weges links) und daran vorbei auf dem Galitzinsteig bergab entlang der felsigen Nordhänge des Residenzbergs zur Andachtsstätte Maria Immaculata in einer Felsnische. Hinter einem Aussichtsplatz führt ein weiterer kurzer Abstecher über Stufen rechts bergauf zur Einsiedlerhöhle, dann folgen wir dem Galitzinsteig zu einer Abzweigung mit Infotafel, wo eine Schotterstraße rechts bergauf zum Sendemast am Gipfel des Residenzbergs führt.

Wir aber gehen links bergab und gelangen zu einem Felsen, auf dem einstmals die Gloriette stand. Von diesem können wir über Stufen zur **Rosaliengrotte (6)** hinuntersteigen. Danach folgen wir weiter dem ausgeschilderten Weg, an der ehemaligen Christinenhütte vorbei zurück zur **Wallfahrtskirche (3)**. Das letzte Stück gehen wir am bekannten Weg am Gasthaus vorbei auf Asphalt wieder zurück zum **Parkplatz (1)**.

Steile Felswände an der Nordseite des Mariahilfbergs.

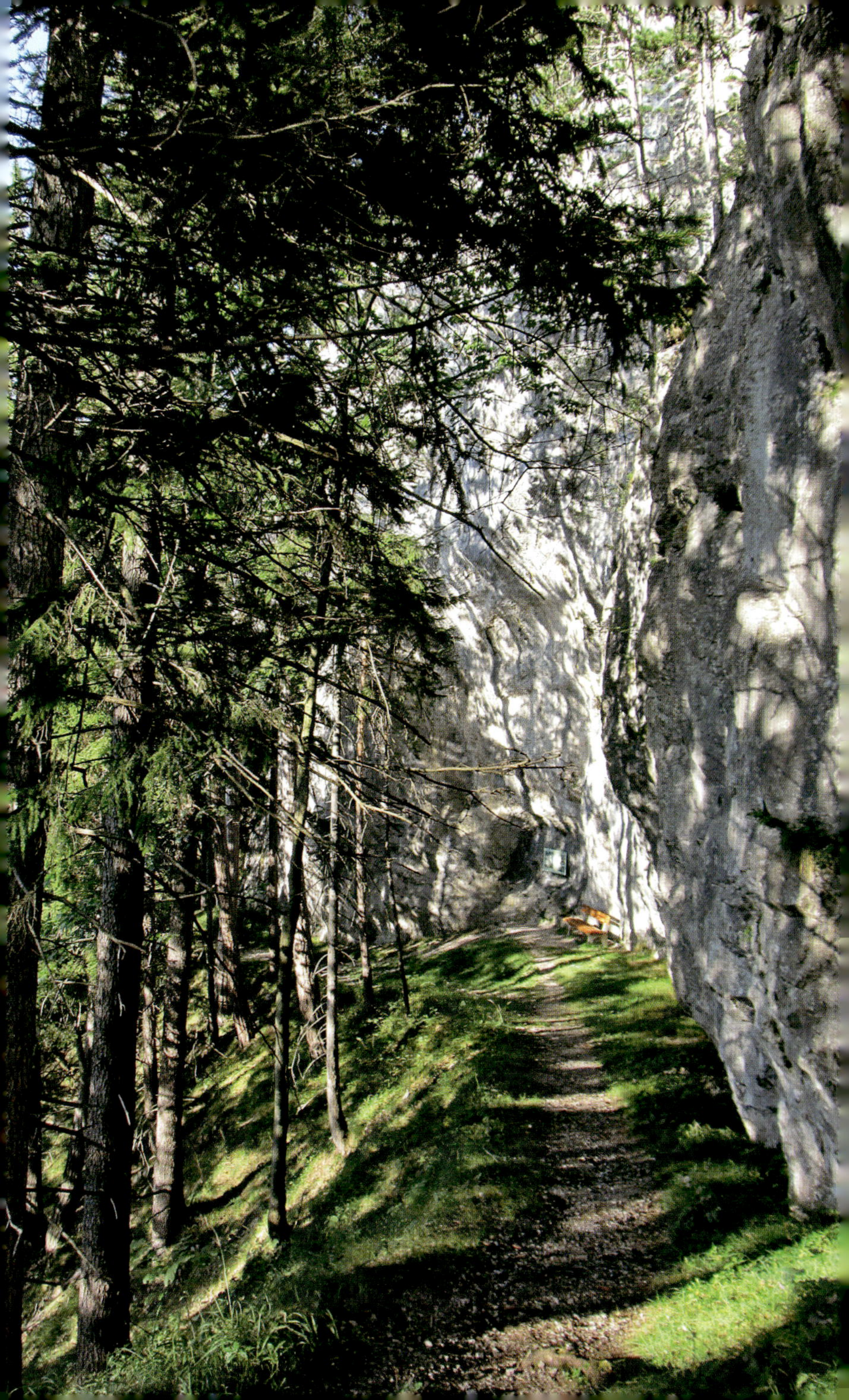

29 Zur Einhornhöhle

Gemütlicher Ausflug im Piestingtal ★

An den nördlichsten Ausläufern der Hohen Wand befindet sich die sogenannte Einhornhöhle, die im Jahr 1927 vom Wirt des nahe gelegenen Gasthauses Zitherwirt entdeckt und in den folgenden Jahren zu einer Schauhöhle ausgebaut wurde. Neben den schönen Tropfsteinen in der Höhle selbst können auch Funde wie etwa Zähne und Knochen von Höhlenbären besichtigt werden. Die Wanderung führt vom Piestingtal vorbei am Zitherwirt und an der Ruine Starhemberg zur Höhle und über das Zimmermannplatzl weiter in den Ort Waldegg.

Die Einhornhöhle liegt in einer steilen Felswand.

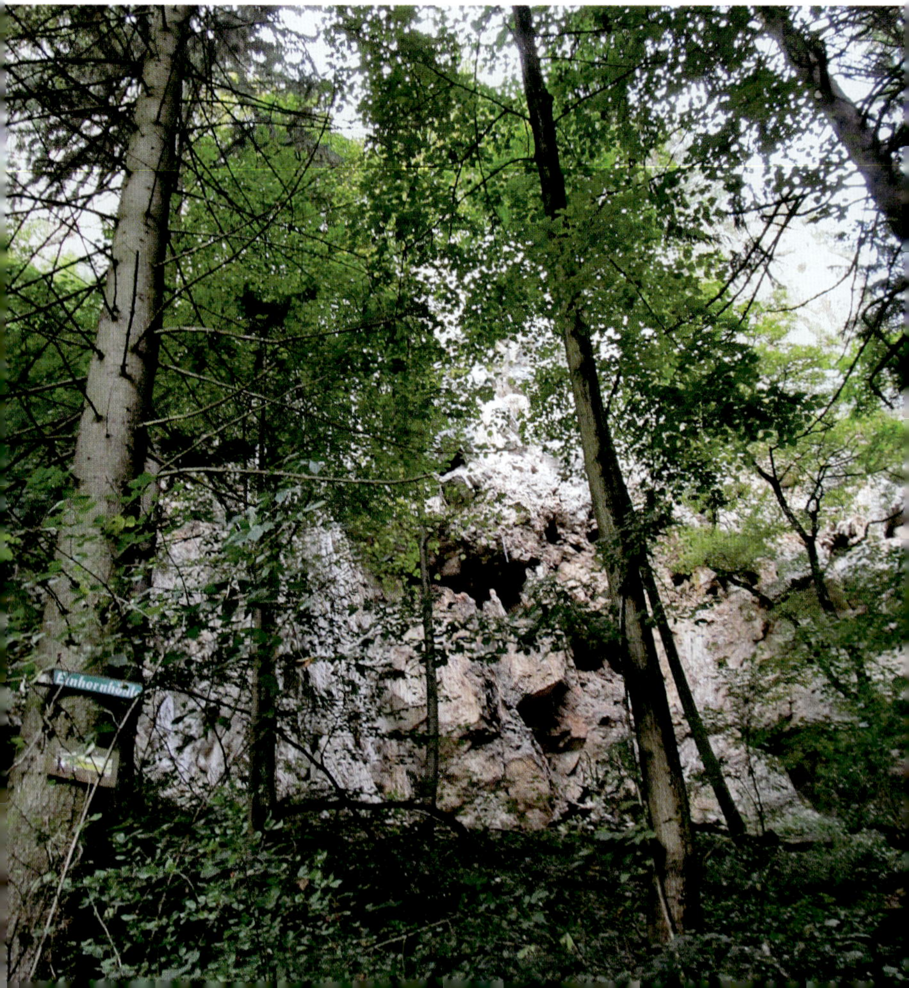

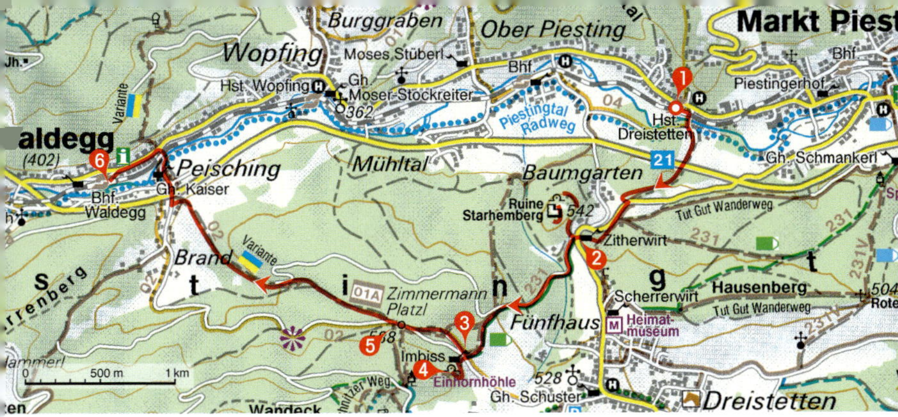

KURZINFO

Ausgangspunkt: Bahnhaltestelle Dreistetten, 349 m, an der Bahnlinie Wiener Neustadt–Gutenstein. Autofahrer parken besser beim Bahnhof Waldegg und fahren am Beginn der Tour mit dem Zug hierher.

Endpunkt: Bahnhof Waldegg, 373 m, an der gleichen Bahnstrecke.

Anfahrt: Mit dem Auto auf der Südautobahn bis Ausfahrt Wöllersdorf und dann auf der Gutensteiner Bundesstraße B 21 bis nach Waldegg, dort rechts in den Ort zum Bahnhof abbiegen, hier parken und den Regionalzug nach Dreistetten nehmen. Öffentlich mit Zügen der Gutensteiner Bahn ab Wiener Neustadt nach Dreistetten.

Gehzeit: 2.30 Std.

Weglänge: 6,3 km (mit Abstecher zur Ruine Starhemberg 7,2 km).

Höhenunterschied: Ca. 300 m (mit Abstecher zur Ruine Starhemberg ca. 350 m).

Anforderungen: Großteils einfache und breite Wege. Der letzte Aufstieg zur Einhornhöhle ist zwar schmal und steinig, aber durchgehend mit Holzgeländern gesichert.

Rast: Rastbänke gibt es bei der Einhornhöhle, beim Zimmerplatzl und am oberen Ende der Wiese bei Waldegg kurz vor dem Ende der Tour.

Einkehr: Gasthof Zitherwirt (täglich außer Mi und Do geöffnet), Tel. +43 2633 425 53, www.zitherwirt.at; Imbiss bei der Einhornhöhle (zu den Öffnungszeiten der Höhle).

Kinder: Neben der Besichtigung der Einhornhöhle gibt es für Kinder einen Spielplatz beim Gasthof Zitherwirt. Ein weiterer Spielplatz kann am Ende der Tour besucht werden, wenn die Wartezeit auf den Zug überbrückt werden soll: Er befindet sich in Peisching bei Waldegg 200 m von der Kirche entfernt an der Oskar-Helmer-Gasse beim Sportplatz, etwa 800 m vom Bahnhof entfernt.

Hinweise: Eintritt für die Einhornhöhle 4,50 € für Erwachsene, 3 € für Kinder. Die Einhornhöhle ist von Ostermontag bis Ende September an Sonn- und Feiertagen bei Schönwetter von 9 bis 17 Uhr geöffnet.

Touristeninformation: Info zur Einhornhöhle beim Gasthof Zitherwirt, Tel. +43 2633 425 53, www.zitherwirt.at; Wiener Alpen in Niederösterreich Tourismus GmbH, Tel. +43 2622 789 60, www.wieneralpen.at.

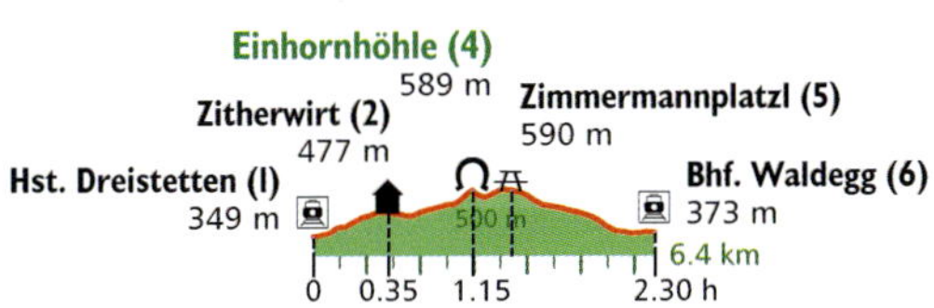

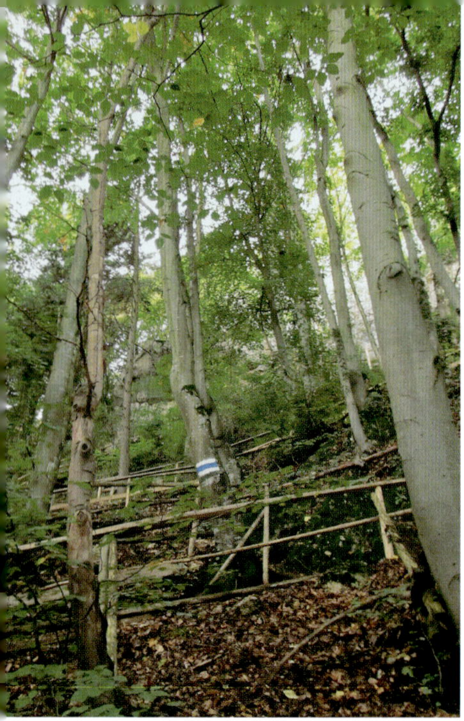

Aufstieg zur Einhornhöhle.

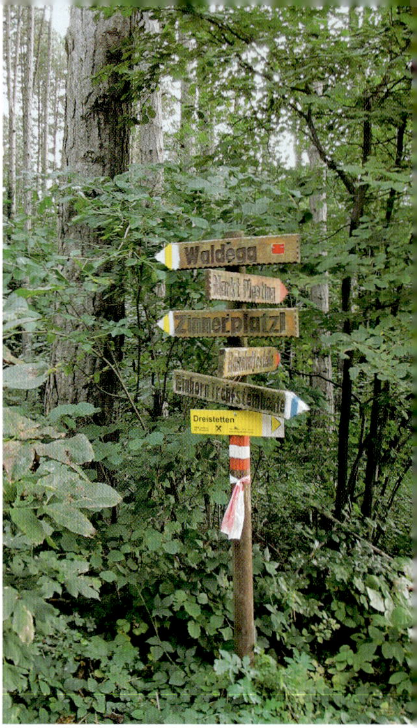

Wegweiser an der Forststraße.

Wir gehen bei der **Bahnhaltestelle Dreistetten (1)** auf einer Brücke über die Piesting und folgen der Straße rechts, dann links um ein Werksgelände herum. Ein Holzwegweiser zeigt in unsere Richtung zum Herrgottschnitzerhaus. Auf einem Feldweg zwischen Wiesen und Hecken gehen wir weiß-rot-weiß markiert bergauf zu einer Unterführung unter der Piestingtal-Bundesstraße, die wir durchqueren. Auf der anderen Seite gehen wir durch ein Gittertor eines Wildschutzzaunes hindurch und folgen nun einem Waldweg weiter bergauf. Wir kommen zu einer T-Kreuzung, an der ein Wegweiser zurück Richtung Bahnhaltestelle weist und an der wir uns nach rechts und gleich wieder nach links wenden und so auf die Straße nach Dreistetten gelangen.

Dieser folgen wir etwa 150 m bergauf zu einer Abzweigung, bei der man links Richtung Markt Piesting gehen könnte. Wir wandern noch wenige Meter an der Asphaltstraße entlang und dort, wo diese sich nach rechts biegt, der rot-weiß-roten Markierung Nr. 231 folgend geradeaus weiter in den Wald. 100 m danach biegen wir bei einem Schild zum Zitherwirt rechts ab, weiterhin am Weg Nr. 231. Wir erreichen das Gasthaus **Zitherwirt (2)** mit Gastgarten und Kinderspielplatz und queren bei diesem die Straße.
Vom Parkplatz auf der gegenüberliegenden Seite können wir einen Abstecher (ca. 20 Min.) zur Burgruine Starhemberg machen (ausgeschildert, aber nicht sonderlich lohnend, da die Ruine selbst wegen Einsturzgefahr gesperrt ist und der

bewaldete Hügel auch kaum Ausblicke bietet).
Wir folgen dem Wegweiser Richtung Einhornhöhle und Herrgottschnitzerhaus vom Parkplatz beim **Zitherwirt (2)** halb links bergab auf einem Fahrweg in einen Graben, wo wir auf einer Brücke ein kleines Bächlein überqueren. Gleich dahinter bei einem uralten Wegkreuz wenden wir uns dem Fahrweg folgend links bergauf, bei der nächsten Gabelung rechts und nach 150 m wieder links. Die Route ist durchgehend gut rot-weiß-rot mit der Nummer 231 markiert. Der Weg verlässt die Forststraße nach links (geradeaus forstliches Sperrgebiet!), führt an den Waldrand und zwischen diesem und einem Elektrozaun entlang. Wir treffen wieder auf eine **Forststraße (3)**, auf der wir später dem Wegweiser Richtung Zimmerplatzl folgen werden. Vorerst gehen wir aber links, einer blauen und gelben Markierung folgend, die gleich wieder die Straße verlässt und am unteren Ende einer Materialseilbahn vorbei in Richtung hoher Felswände hinaufführt. An deren Fuß verläuft die gelbe Markierung (»Währinger Steig«) halb rechts, während wir der blauen Markierung Richtung Einhornhöhle folgen. Der Weg ist ab hier steil, aber gut mit Holzgeländern versichert und bringt uns in wenigen Minuten hinauf zum Eingang der **Einhornhöhle (4)**, die man besichtigen kann und bei der sich auch ein kleiner Imbissstand und Rastbänke befinden.
Wir gehen am gleichen Weg zurück bis zu der Stelle, wo wir wieder auf die Forststraße gestoßen sind **(3)** und folgen ihr nun, wieder rot-weiß-rot markiert, Richtung Zimmerplatzl und Waldegg. Nach etwa 10 Min. erreichen wir das **Zimmerplatzl (5**, Rastbank, Wegweiser) und orientieren uns ab hier an der grünen Markierung halb rechts Richtung Waldegg. Immer leicht bergab, der Markierung folgend, gelangen wir aus dem Wald hinaus auf eine Wiese, von der aus sich ein schöner Blick über das Piestingtal bietet und wo es eine Rastbank gibt.
Wir gehen auf einem Wiesenweg entlang eines Stacheldrahtzaunes bergab, kommen dann auf eine Schotterstraße, die in eine Asphaltstraße mündet und wenden uns bei einer T-Kreuzung oberhalb der Bundesstraße nach links. 50 m weiter biegen wir rechts ab, um die Bundesstraße zu unterqueren, und gehen immer geradeaus in den Ort Peisching hinein. Wir kommen an der Kirche (bei dieser 200 m links Abstecher zum Spielplatz möglich) und am Gasthaus Kaiser/Isabellaschenke vorbei. Dem Straßenverlauf folgend queren wir die Piesting sowie die Bahnstrecke und biegen dahinter, immer noch grün markiert, links auf die Dorfstraße ab. So erreichen wir etwa 500 m nach dem Bahnübergang den **Bahnhof Waldegg (6)**.

Das Tor der Ruine Starhemberg (Abstecher).

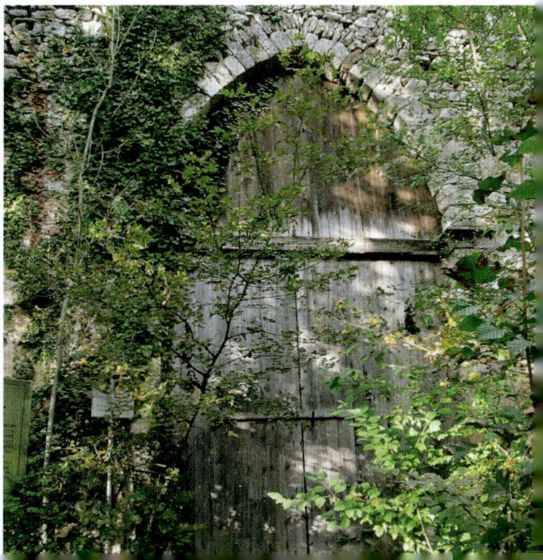

30 Naturpark Hohe Wand

Spaziergang zwischen Tiergehegen und Felskanzeln ★★★

Die Hohe Wand gilt als Paradies für Spaziergänger, Wanderer und Kletterer gleichermaßen. Das 8 Kilometer lange und 2,5 Kilometer breite Karstplateau zeichnet sich durch fast senkrechte Felswände im Süden und Südosten aus, in denen rund 700 Kletterrouten und zahlreiche Klettersteige liegen. Hat man aber einmal über die 1932 eröffnete Mautstraße das Hochplateau erreicht, eröffnen sich zahlreiche Möglichkeiten für schöne Wanderungen und Spaziergänge mit nur geringen Höhenunterschieden. Zahlreiche Hütten und Gasthäuser, ein Tierpark und die frei über den Abgrund hinausragende Aussichtsplattform »Skywalk« machen die Hohe Wand zusätzlich attraktiv.

KURZINFO

Ausgangspunkt: Parkplatz beim Naturparkzentrum auf der Hohen Wand, 1013 m.
Anfahrt: Mit dem Auto auf der Südautobahn bis Wiener Neustadt West, dann auf der B 26 Richtung Puchberg am Schneeberg bis Weikersdorf am Steinfeld. Hier rechts der Beschilderung zur Hohen Wand über die Orte Winzendorf und Stollhof folgen. Zuletzt auf der Mautstraße hinauf auf das Gipfelplateau und den Schildern Richtung Kleine Kanzel folgen. Kein öffentliches Verkehrsmittel.
Gehzeit: 3.15 Std.
Weglänge: 9,4 km.
Höhenunterschied: 350 m.
Anforderungen: Großteils breite Wander- und Spazierwege mit mäßigen Steigungen.

Aussichtspunkt auf der Kleinen Kanzel.

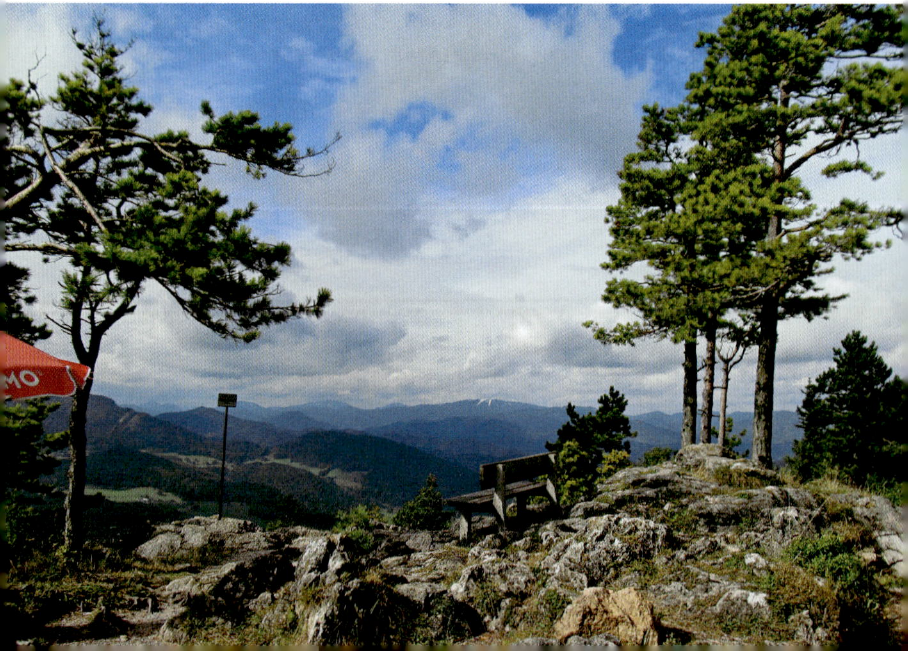

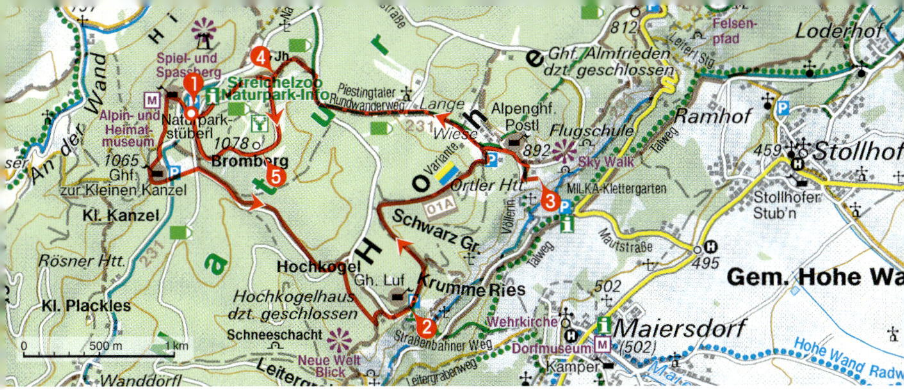

Rast: Zahlreiche Rastbänke entlang des gesamten Weges.

Einkehr: Naturparkstüberl (Ostern bis 1. November täglich außer Mo geöffnet), Tel. +43 2638 888 92; Gasthof Kleine Kanzel (täglich außer Di geöffnet, Betriebssperre Mitte November bis Mitte Dezember), Tel. +43 699 113 526 47, www.kleinekanzel.at; Gasthof Postl (ganzjährig täglich außer bei Schlechtwetter geöffnet), Tel. +43 2638 882 12, www.gasthof-postl.at; Gasthof Luf (ganzjährig täglich außer Mo geöffnet), Tel. +43 650 510 28 37; Hochkogelhaus (ganzjährig Do bis So geöffnet), Tel. +43 2638 813 61.

Kinder: Streichelzoo und Spielplatz beim Naturparkzentrum sowie die verschiedenen Tiergehege machen die Runde für Kinder besonders interessant.

Winter: Der Naturpark Hohe Wand ist ganzjährig geöffnet.

Hinweis: Eintrittsgebühr für den Naturpark 2,50 € für Erwachsene und 1 € für Kinder. An Wochenenden und Feiertagen wird für die Benützung der Mautstraße eine Gebühr von 2 € pro PKW eingehoben.

Variante: Wer die Runde etwas abkürzen (und sich einige Höhenmeter ersparen) will, kann gegen Ende der Tour beim Hirschgehege den rechten Weg direkt zurück zum Parkplatz nehmen. 30 Min. kürzer.

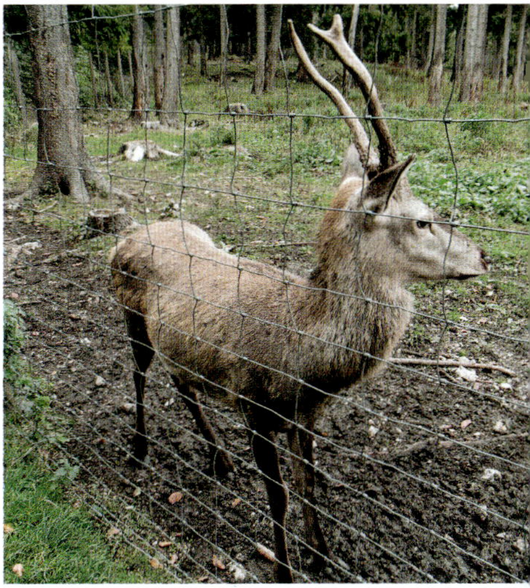

Hirschgehege am Fuß des Brombergs.

Touristeninformation: Naturpark Hohe Wand, Tel. +43 2638 885 45, www.naturpark-hohewand.at; Wiener Alpen in Niederösterreich Tourismus GmbH, Tel. +43 2622 789 60, www.wieneralpen.at.

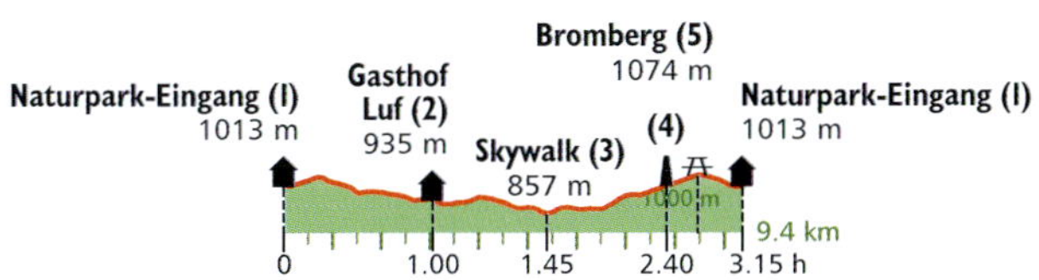

Vom Parkplatz beim **Naturparkeingang (1)** überqueren wir die Kleine-Kanzel-Straße und wandern zum Naturparkstüberl. Bei diesem halten uns links, in südlicher Richtung auf dem Waldlehrpfad Kleine Kanzel parallel zur Straße bergauf. Dann treffen wir auf die Straße und gehen auf ihr über den Parkplatz des Gasthauses Kleine Kanzel, dann rechts unterhalb der verglasten Aussichtsterrasse des Gasthofs vorbei hinauf zu dem namensgebenden Felsvorsprung, von dem aus man einen schönen Blick hinüber zur Dürren Wand genießt. Nun umrunden wir das Gasthaus im Süden, queren die Straße und wandern gegenüber auf einem Weg entlang eines Damhirschgeheges bergab.

Immer am Zaun entlang kommen wir zu einer Kreuzung, bei der wir uns auf einer Forststraße rechts halten, ab hier immer den Wegweisern des Rundwanderweges Nr. 2 folgend. Bei einem Schranken und einem Fahrverbotsschild zweigt der Weg schräg links ab und führt nun breit und bequem durch den Wald bergab. Wir kreuzen eine weitere Forststraße, dann kommen wir zu einer T-Kreuzung, bei der wir auf den Wanderweg entlang der südöstlichen Steilabbrüche der Hohen Wand treffen. Auf ihm gehen wir nach rechts, vorbei am Hochkogelhaus zum **Gasthof Luf (2)**.

Weiter dem Rundwanderweg 2 folgend geht es nun auf einem Schotterweg erst leicht bergab, dann kurz recht steil bergauf. Der Weg biegt sich nach rechts, ist kurz eben und führt dann wieder etwas steiler bergab. Auf einer Wiese treffen wir auf eine breite Schotterstraße, auf der wir nach links zu einer Rastbank gehen. Bei der dortigen Weggabelung halten wir uns rechts, wandern hinauf bis zum Parkplatz des Gasthofs Postl und den Wegweisern folgend auf einem Fußweg rechts der Straße zu der Aussichtsplattform **Skywalk (3)**, die am oberen Rand der Felswand über den mehrere Hundert Meter tiefen Abgrund hinausragt.

Wir kehren am gleichen Weg, vorbei am Gasthof Postl, zu der Gabelung bei der Rastbank zurück und wenden uns nun nach rechts, weiter am Rundweg 2 Richtung Wildgehege. Auf einem breiten Schotterweg gelangen wir zu einem Haus, bei dem wir auf das Ende einer Asphaltstraße stoßen. Hier gehen wir links durch den Wald bergauf und treffen 500 m weiter auf die Hochkogelstraße, auf die wir halb rechts einbiegen. Nach 100 m führt unser Wanderweg wieder nach links und trifft kurz darauf im Wald auf das Damhirschgehege, an dessen Zaun wir rechts herum entlanggehen. Wir kommen zu einem **Beobachtungsturm (4)** und einer Fütterungsstelle (mit Futterautomat). Hier biegt sich der Rundwanderweg 2 nach rechts und führt direkt zurück zum Naturparkzentrum und zum Parkplatz (beschrieben als Variante).

Wir wollen aber noch einen kleinen, lohnenden Umweg auf dem Gehegerundweg über den Bromberg machen und gehen dazu entlang des Geheges links bergauf. Wir kommen zu einer weiteren Plattform beim Alpensteinbock-Gehege links von uns; rechts gibt es einen kurzen Stichweg zu einer Voliere mit Zwerghühnern, Perlhühnern und Fasanen. Auf unserem weiteren Weg passieren wir auch noch das Gehege der

Die Aussichtsplattform »Skywalk«.

Sikahirsche. Dahinter erreichen wir den Gipfel des **Brombergs (5)** mit überdachtem Rastplatz und Kinderspielplatz.
Weiter am Gehegerundweg geht es bergab und wir treffen auf eine breite Schotterstraße entlang eines Zaunes. Wir gehen geradeaus weiter, kommen am Streichelzoo und mehreren kleinen Tiergehegen vorbei und folgen den Schildern Richtung Ausgang zum **Naturparkeingang (1)** und durch diesen hindurch hinaus auf den Parkplatz.

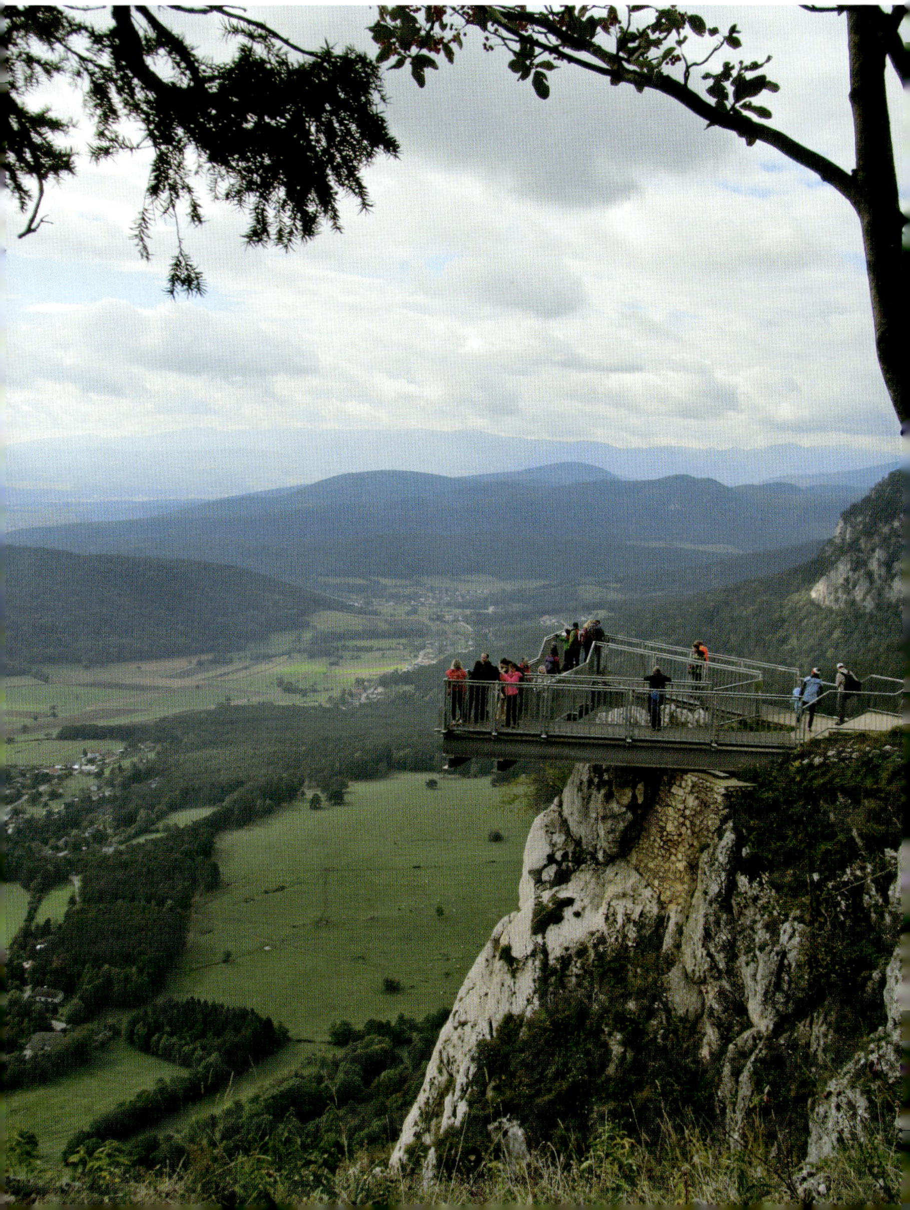

31 Johannesbachklamm

Auf dem Natur-Erlebnisweg bei Würflach ★★

Die bis zu 60 Meter tiefe und rund 1 Kilometer lange Johannesbachklamm zeichnet sich durch interessante Felsformationen – im Lauf von Jahrmillionen entstandene Auswaschungen im Fels, sogenannten Kolken – und durch eine reichhaltige Fauna und Flora aus. Seit 1902 ist dieses landschaftliche Kleinod durch Stege und Brücken für Besucher erschlossen; in den letzten Jahren wurde ein interessanter Themenweg errichtet und ein neues Schutzhaus am oberen Ende der Klamm eröffnet.

KURZINFO

Ausgangspunkt: Parkplatz am Beginn der Johannesbachklamm, 420 m.
Anfahrt: Mit dem Auto auf der Südautobahn bis Ausfahrt Wiener Neustadt West, dann auf der B 26 nach Gerasdorf am Steinfeld. Hier links und nach wenigen Metern wieder rechts nach Würflach, dort der Beschilderung zur Johannesbachklamm folgen. Öffentlich mit dem Bus ab Neunkirchen oder Wr. Neustadt bis Würflach Gemeindeamt, von dort 500 m zusätzlich bis zur beschriebenen Tour.
Gehzeit: 1.30 Std.
Weglänge: 3,8 km.
Höhenunterschied: 150 m.
Anforderungen: Durchwegs leichte Wanderung auf breiten Waldwegen; in der Klamm selbst breite Holzstege und Stiegen.
Rast: Mehrere Rastbänke entlang des Weges.
Einkehr: Klammwirtin (Mi–So ganzjährig geöffnet), Tel. +43 2620 22 527, www.klammwirtin.com; Schutzhütte Johannesbachklamm (im Sommer Sa, So und Feiertag geöffnet), Tel. +43 699 18 16 25 57.
Kinder: Interessante Stationen des Walderlebnisweges. Bei der Schutzhütte gibt es einen kleinen Kinderspielplatz und bei der Pecherhittn eine Sandkiste. Entlang des Weges durch die Klamm kommt man auch an vielen Stellen zum Wasser, wo man im Sommer plantschen oder Dämme bauen kann. Für Kinderwagen nicht geeignet.
Winter: Der Weg durch die Klamm ist ganzjährig begehbar. Besonders stimmungsvoll ist der Adventmarkt in der Johannesbachklamm mit Kunsthandwerksständen und stimmungsvoller Beleuchtung, der immer am zweiten Wochenende im Dezember stattfindet.
Variante: Wer öffentlich unterwegs ist und am Ende der Tour nicht auf den werktags selten und sonntags gar nicht verkehrenden Bus angewiesen sein möchte, folgt am Rückweg auf dem Bergsattel den Schildern Richtung Unterhöflein Bahnhaltestelle.
Touristeninformation: Wiener Alpen in Niederösterreich Tourismus GmbH, Tel. +43 2622 789 60, www.wieneralpen.at.

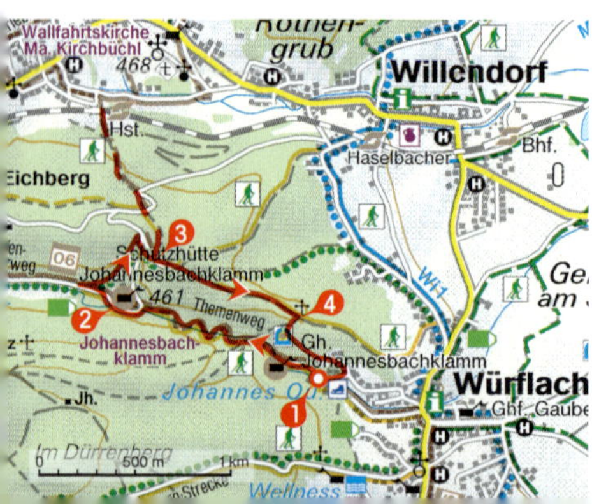

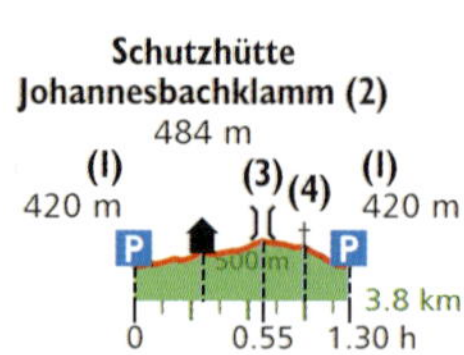

Vom **Parkplatz (1)** am Beginn der **Johannesbachklamm** gehen wir auf dem breiten, markierten Schotterweg vorbei an der Jausenstation Klammwirtin (hier noch ein weiterer Parkplatz) und an mehreren Stationen des Natur-Erlebnisweges zum Beginn der eigentlichen Klamm. Diese durchqueren wir nun über Holzstege und Stiegen, teilweise direkt über dem Wasser zwischen fast senkrechten Felswänden, immer wieder die Hangseite wechselnd.

Nachdem sich das Tal wieder verbreitert, kommen wir auf eine Wiese hinaus, auf der sich ein Kinderspielplatz und die **Schutzhütte Johannesbachklamm (2)** befinden; dort treffen wir auf eine Schotterstraße. Hinter dem Gasthaus überqueren wir auf einer Brücke den Johannesbach und folgen danach noch für 150 m der Schotterstraße, dann biegen wir scharf rechts den Schildern des Erlebnisweges folgend auf eine Forststraße ab, die in einem Seitental bergauf führt. Wir kommen zu einer Kreuzung, an der wir den Schildern halb rechts bergauf folgen. Sie leiten uns zu einer fünfstrahligen Kreuzung mit Rastbank auf einem **Bergsattel (3)**. Hier gibt es Wege Richtung Grünbach und Bahnhaltestelle Unterhöflein nach links (Variante für Bahnfahrer!) und Richtung Willendorf geradeaus; wir gehen halb rechts Richtung Würflach und Johannesbachklamm-Eingang, immer noch als Erlebnisweg ausgeschildert.

Schon wenige Meter weiter verlässt die Markierung die Forststraße und führt halb rechts auf einem Weglein eben in den Wald. Bald schon geht es gemächlich bergab, und 10 Min. später erreichen wir eine Abzweigung bei einem schönen **Wegkreuz (4)**, wo es wieder eine Rastbank

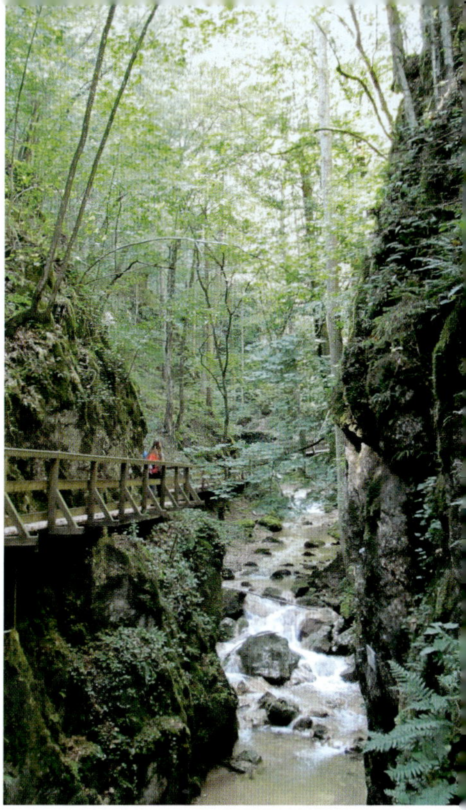

Holzstege führen hoch über dem Wasser durch die Klamm.

gibt. Hier wenden wir uns nach rechts und folgen einem nur kurz etwas steileren, aber breiten Waldweg bergab. Nach 150 m gehen wir bei einer Abzweigung links Richtung Würflach. Auf einem Felsen oberhalb des Tales gibt es noch einmal eine Jausenbank, dann führt der Weg aus dem Wald hinaus und mündet in die asphaltierte Felsgasse, auf der wir bereits an den ersten Häusern von Würflach vorbei weiter bergab wandern. Wir treffen auf die Klammgasse, auf der wir scharf rechts bergab gehen und so nach wenigen Metern zum **Parkplatz (1)** am Eingang der Johannesbachklamm gelangen.

32 Zum Sebastian-Wasserfall

Von der Edelweißhütte nach Losenheim ★★

Nicht nur der Schneeberg selbst, sondern auch seine nördlichen Ausläufer bieten zahlreiche Gelegenheiten für kurzweilige und landschaftlich reizvolle Wanderungen. Bei dieser Tour nützen wir den Sessellift von Losenheim zur Edelweißhütte, um uns rund 350 Höhenmeter Anstieg zu ersparen. Über das Almreserlhaus wandern wir bergab zur Mamauwiese und steigen dann auf einem Pfad zum imposanten Sebastian-Wasserfall ab. Das letzte Stück geht es dann gemütlich durch die Wiesen und Weiden von Losenheim wieder zurück zur Sessellift-Talstation.

KURZINFO

Ausgangspunkt: Talstation des Sesselliftes von Losenheim zur Edelweißhütte, 871 m.
Anfahrt: Mit dem Auto auf der Südautobahn bis zur Ausfahrt Wiener Neustadt West, dann auf der B 26 nach Puchberg am Schneeberg. Hier weiter der Beschilderung nach Losenheim und zur »Wunderwiese« folgen und bei der Talstation des Sesselliftes parken. Öffentlich mit dem Regionalzug von Wiener Neustadt zum Bahnhof Puchberg am Schneeberg und per Autobus weiter nach Losenheim.
Gehzeit: 3.00 Std.
Weglänge: 8,0 km.
Höhenunterschied: Gut 250 m im Aufstieg und knapp 600 m im Abstieg.
Anforderungen: Durchgehend gut markierte, großteils auch breite Wanderwege. Zwischendurch aber am Abstieg von der Dürren Leiten zur Mamauwiese bzw. beim Sebastian-Wasserfall auch schmale, steilere und steinige Wege, die entsprechende Konzentration erfordern. Stöcke empfohlen!
Rast: Rastbank auf der Dürren Leiten,

Die idyllisch gelegene Wasserfallhütte.

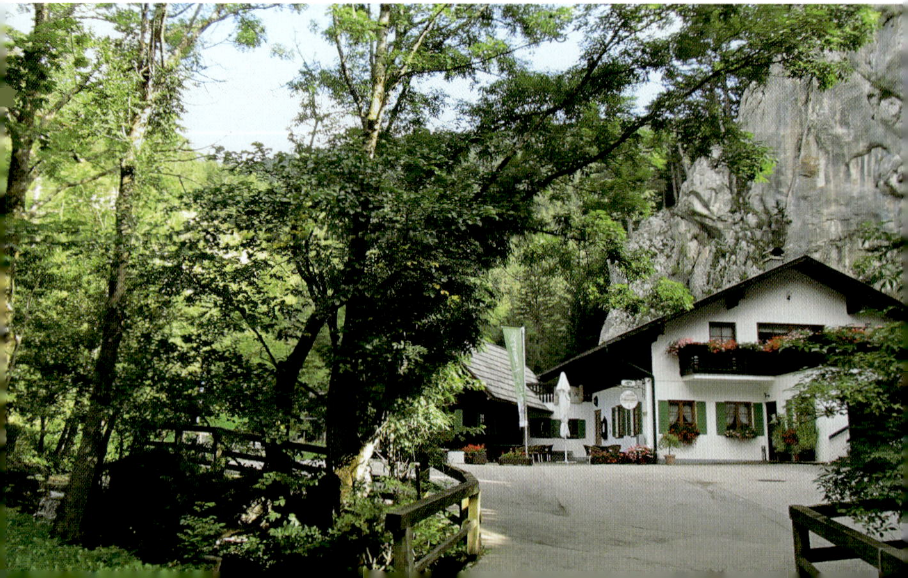

mehrere Bänke finden sich beim Sebastian-Wasserfall.

Einkehr: Edelweißhütte (ganzjährig täglich geöffnet) Tel. +43 2636 3616, www.edelweisshuette.at; Almreserlhaus (täglich außer Dienstag geöffnet); Tel. +43 676 798 98 11, www.almreserlhaus.at; Wasserfallhütte (März bis Juni, September und Oktober Fr–So geöffnet, im Juli und August täglich außer Dienstag und Mittwoch geöffnet, im Winter nur Samstag und Sonntag geöffnet), Tel. +43 664 336 99 87, www.wasserfallwirt.at; Hotel-Restaurant Forellenhof (täglich außer Montag geöffnet), Tel. +43 2636 3611, www.forellenhof-puchberg.at.

Kinder: Spielplatz bei der Wasserfallhütte, Wasserspielplatz bei der Talstation und mehrere Spielstationen auf der »Wunderalm« bei der Edelweißhütte.

Hinweise: Bergfahrt mit der Sesselbahn 10,50 € Erwachsene, 8 € Kinder.
Die Schneeberg-Sesselbahn verkehrt ganzjährig an Sa, So, Feiertagen, Fenstertagen und schulfreien Tagen sowie von 1.7. bis 1.10. täglich, jeweils 9–16 Uhr. Bei Schlechtwetter (Sturm, Gewitter) kann der Betrieb eingestellt werden!

Varianten: Wer öffentlich angereist ist und nicht zum Parkplatz beim Sessellift zurückkehren muss, der kann am Wasserfallweg auch geradeaus weiter nach Sonnleiten gehen und einem beschilderten Spazierweg im Tal direkt zurück zum Bahnhof Puchberg am Schneeberg folgen. Gehzeit ca. 15 Min. länger, dafür ist man nicht auf den Bus angewiesen.
Wenn man am Ende der Tour nicht mehr bergauf gehen möchte, kann man den Wegweisern zum Parkplatz beim Wasserfallwirt folgen und die Tour dort beginnen; der gemächliche Anstieg zur Sessellift-Talstation bildet dann den Anfang der Wanderung.

Touristeninformation: Schneeberg-Sesselbahn, Tel. +43 2742 360 990 1000, www.puchis-welt.at; Wiener Alpen in Niederösterreich Tourismus GmbH, Tel. +43 2622 789 60, www.wieneralpen.at.

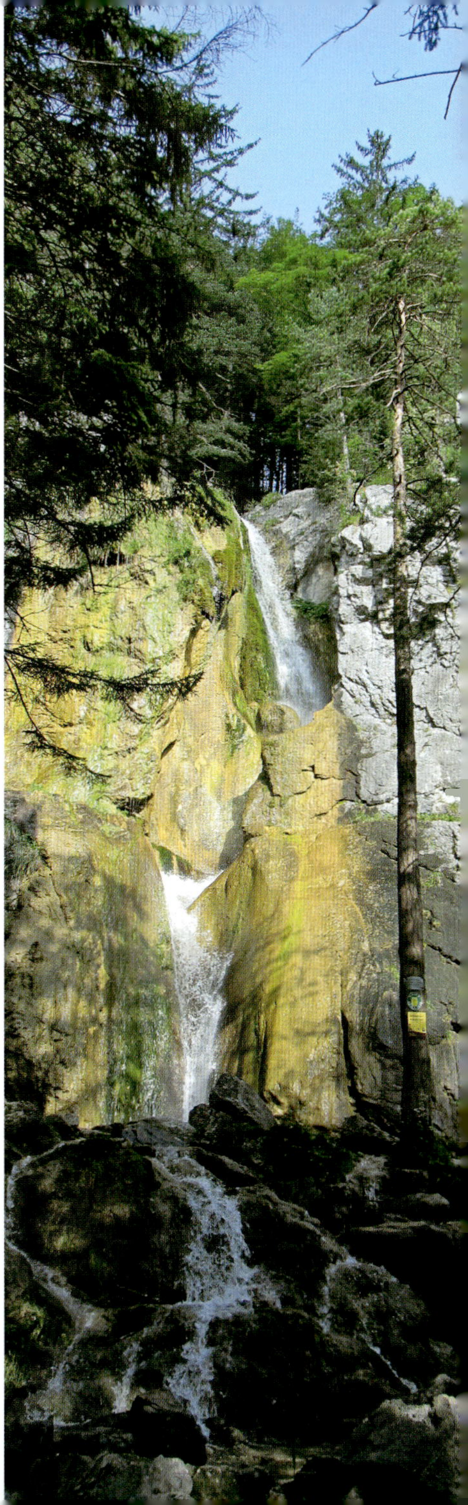

Der Sebastian-Wasserfall.

Mit dem Sessellift fahren wir hinauf zur **Bergstation (2)**, von der wir wenige Meter bergauf zur Edelweißhütte gehen. Hier gibt es zahlreiche Wanderwegweiser und -markierungen; wir folgen dem Weitwanderweg 01 und gehen halb rechts bergab zu einem unbewaldeten Bergsattel, auf dem rechts bei einem Überstieg über einen Weidezaun ein direkter Abstieg nach Losenheim abzweigt. Wir wandern aber weiter auf einer Schotterstraße bergauf und passieren nach wenigen Metern eine weitere Einkehrmöglichkeit, das Almreserlhaus. Kurz darauf, wo die Schotterstraße über ein Viehgitter führt, zweigt unser markierter Weg nach links entlang eines Weidezaunes ab.

Dieser wird schließlich überstiegen, und wir gehen hinauf zu einer Rastbank auf der **Dürren Leiten**, von der aus wir ein letztes Mal einen Blick zurück auf die Edelweißhütte genießen können. Nun geht es auf einem schmalen Fußpfad mehr oder weniger am Bergkamm entlang. Links und rechts sind mehrmals Forststraßen parallel zu uns sichtbar, wir bleiben aber auf dem schmalen Weglein, das immer steiler bergab führt. Links von uns sehen wir bereits hinunter auf eine große Almwiese, die **Mamauwiese (3)**, und erreichen schließlich an deren Rand eine Forststraße, auf der der Weitwanderweg 01 nach links verläuft.

Unsere weitere Wanderung verläuft aber dem Weitwanderweg 06 folgend auf der gleichen Forststraße nach rechts bergab. Nach etwa

Blick vom Almreserlhaus über den Fadensattel.

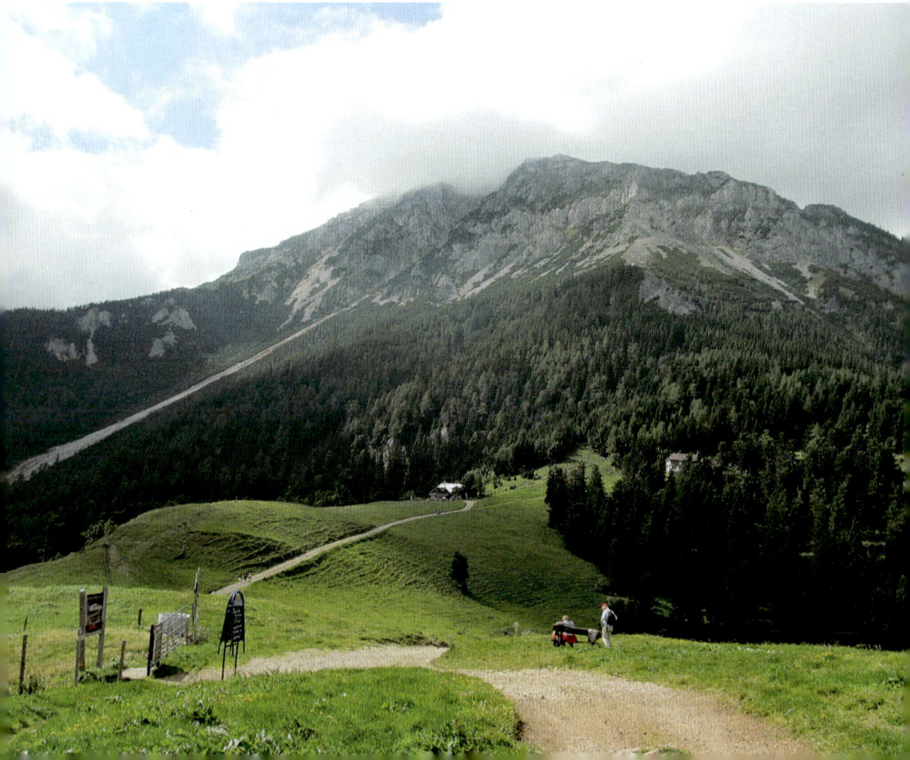

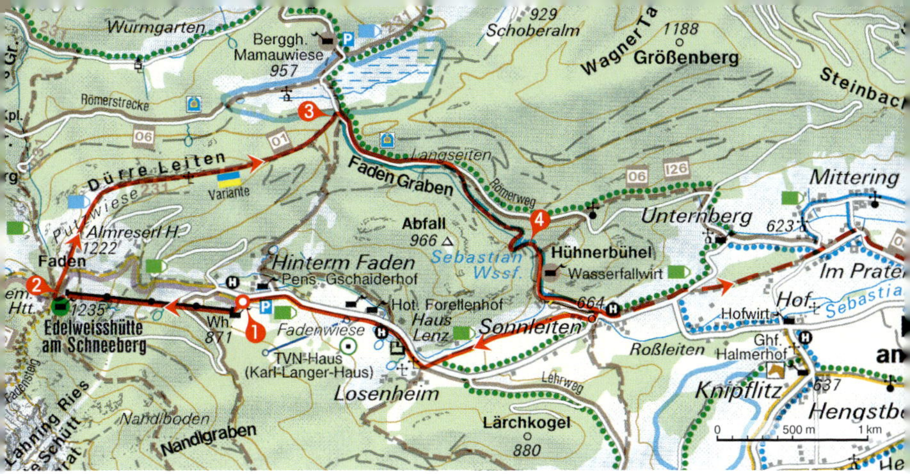

1 km kommen wir zu einer Abzweigung, bei der wir scharf rechts bergab gehen und einer blauen Markierung auf einer weiteren Forststraße wenige Meter folgen. Dann geht es sogleich wieder links, auf einem Waldweg entlang des Baches weiter bergab. 15 Min. später überqueren wir auf einer Brücke nach rechts das Gewässer, weiterhin blau markiert und Richtung Sebastianfall ausgeschildert. Nun geht es kurz bergauf, wobei der Weg hier eher schmal und steinig ist. Tief unter uns hören wir bereits das Rauschen des Wasserfalles, können ihn aber noch nicht sehen. Der Weg verläuft steil am Hang entlang bergab und erfordert hier besondere Aufmerksamkeit. Wir erreichen den Talgrund unterhalb des idyllisch im Wald gelegenen **Sebastian-Wasserfalles (4)**, bei dem sich auch mehrere schattige Rastbänke befinden. Nun wandern wir auf einem Weg entlang des Baches, queren diesen auf einer Brücke und kommen kurze Zeit später zur Wasserfallhütte, die links des Baches direkt unter einer Felswand gelegen ist und bei der es auch einen Kinderspielplatz gibt.

Wir folgen der Zufahrtsstraße vom Wirtshaus weg talabwärts und erreichen nach 200 m einen Wegweiser, bei dem wir rechts Richtung Losenheim gehen (geradeaus käme man nach Puchberg, siehe Variante). Der Weg folgt dem Losenheimer Bach über Wiesen und Weideland, um etwa 15 Min. nach dem Wegweiser auf die Asphaltstraße Puchberg–Losenheim zu treffen. Auf ihr gehen wir rechts, durch ein Waldstück und zwischen Felsen hindurch. Wir kommen in den Ort Losenheim, spazieren dort auf der Straße am Restaurant Forellenhof und der Pizzeria Alpentaverne vorbei und erreichen eine weitere Viertelstunde später den großen Parkplatz bei der **Schneeberg-Sesselbahn (1)**.

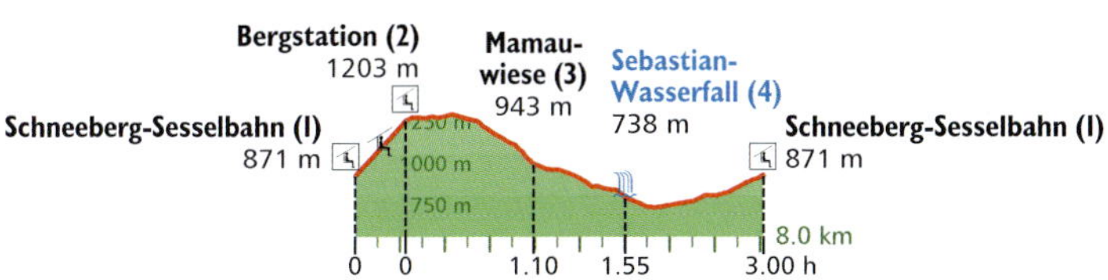

33 Hochschneeberg

Plateauwanderung von der Zahnradbahn zum Gipfel ★★★

Die rund 10 Kilometer lange, im Jahr 1897 eröffnete Zahnradbahn auf den Schneeberg überwindet zwischen der Talstation in Puchberg und dem Hochschneeberg einen Höhenunterschied von 1218 Metern. Die Bergstation auf 1795 Metern Höhe stellt damit den höchstgelegenen Bahnhof Österreichs dar. Von dort aus lässt sich eine schöne und wenig anstrengende Wanderung zu den beiden Schutzhütten Damböckhaus und Fischerhütte und auf den höchsten Punkt des Schneebergmassivs – und ganz Niederösterreichs –, dem 2076 Meter hohen Klosterwappen, unternehmen.

KURZINFO

Ausgangspunkt: Bergstation der Schneeberg-Zahnradbahn, 1795 m.
Anfahrt: Mit dem Auto auf der Südautobahn bis zur Ausfahrt Wiener Neustadt West, dann auf der B 26 nach Puchberg am Schneeberg. Auf einem der zahlreichen, gut ausgeschilderten Parkplätze der Schneebergbahn parken. Öffentlich mit dem Regionalzug von Wiener Neustadt direkt zum Bahnhof Puchberg am Schneeberg. In beiden Fällen mit der Zahnradbahn weiter auf den Hochschneeberg.
Gehzeit: 2.30 Std.
Weglänge: 7,1 km.
Höhenunterschied: 350 m.

Anforderungen: Auch wenn die Wanderung durchwegs auf leichten, breiten Wegen verläuft, handelt es sich um eine Tour in hochalpinem Gelände! Unbedingt Wetterbericht beachten und nicht bei unsicherem Wetter oder der Gefahr von Gewittern oder einem Wettersturz begehen! Die Tour verläuft großteils auf breiten, markierten Schotterwegen, lediglich der direkte Abstieg vom Klosterwappen zum Damböckhaus ist etwas steiler und schmäler.
Rast: Keine Rast- und Jausenbänke.
Einkehr: Alle Einkehrmöglichkeiten haben ihre Öffnungszeiten auf die Betriebszeiten der Schneeberg-Zahnradbahn abgestimmt: Berghaus Hochschneeberg, Tel. +43 2636 2257, www.berghaus-hochschneeberg.at; Damböckhaus,

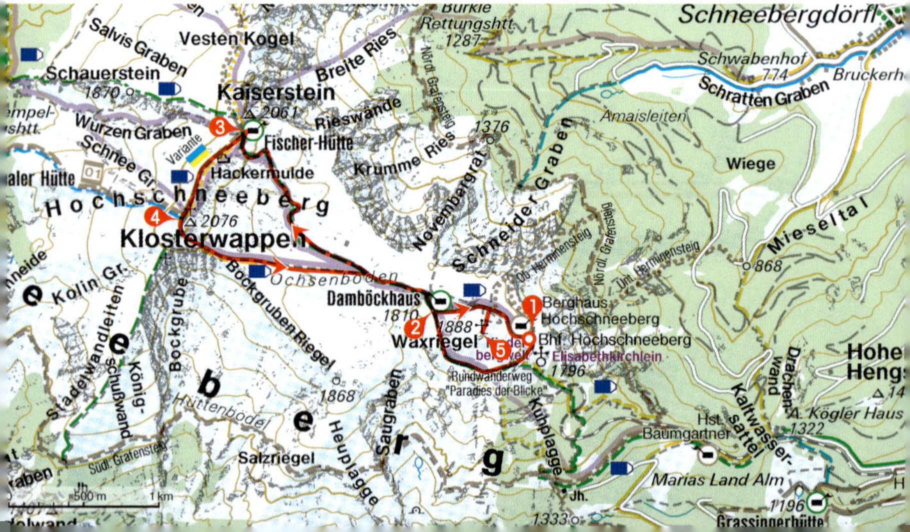

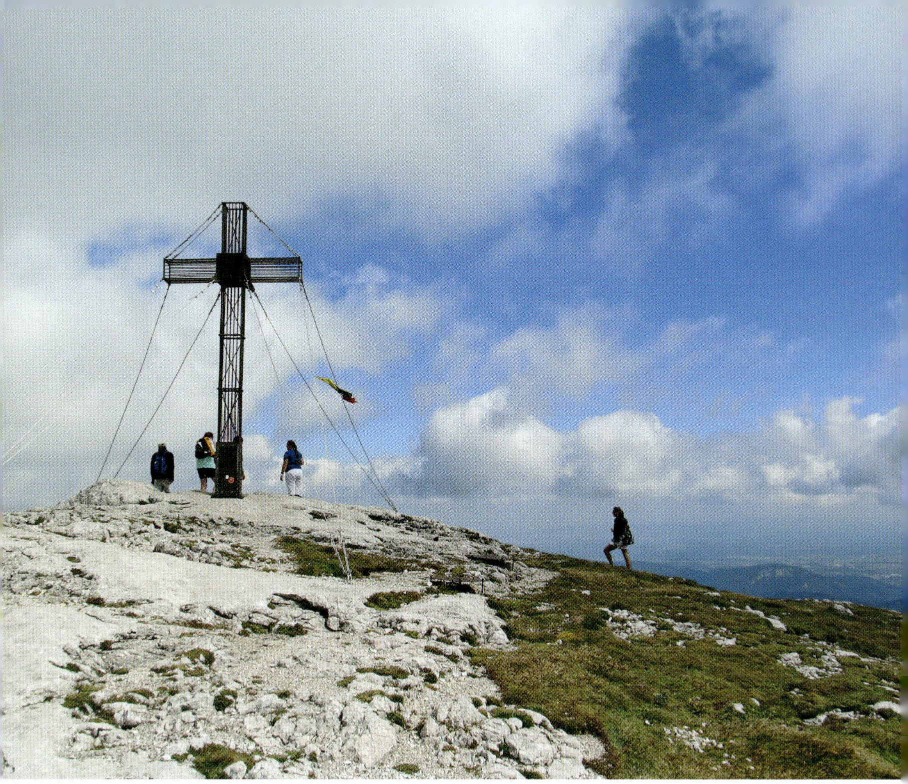

Gipfelkreuz am Waxriegel.

Tel. +43 2636 2259, www.damboeckhaus.at; Fischerhütte, Tel. +43 2636 23 13, www.fischer-huette.at.

Kinder: Es gibt einen kleinen Spielplatz bei der Bergstation der Schneebergbahn. Mit geländegängigen Kinderwagen kommt man von der Bergstation über das Damböckhaus und die Fischerhütte bis zum Klosterwappen, muss dann aber wieder den gleichen Weg zurück nehmen.

Hinweise: Berg- und Talfahrt mit der Zahnradbahn 39 € für Erwachsene und 19 € für Kinder, von 1. Juli bis 30. September 42,50 € Erwachsene und 20,50 € für Kinder. Ermäßigungen für Familien und Senioren beachten.

Die Schneeberg-Zahnradbahn verkehrt von Ende April bis Ende Oktober täglich von ca. 9 bis ca. 16 Uhr. Bei extremem Schlechtwetter kann der Betrieb eingeschränkt werden!

Touristeninformation: Schneebergbahn, Tel. +43 2636 3661, www.schneebergbahn.at; Wiener Alpen in Niederösterreich Tourismus GmbH, Tel. +43 2622 789 60, www.wieneralpen.at.

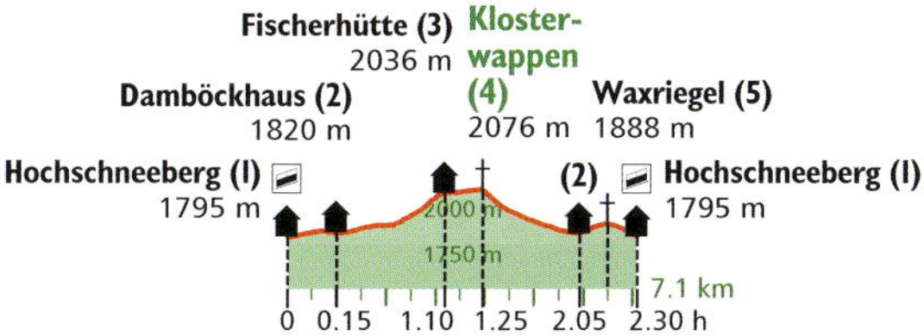

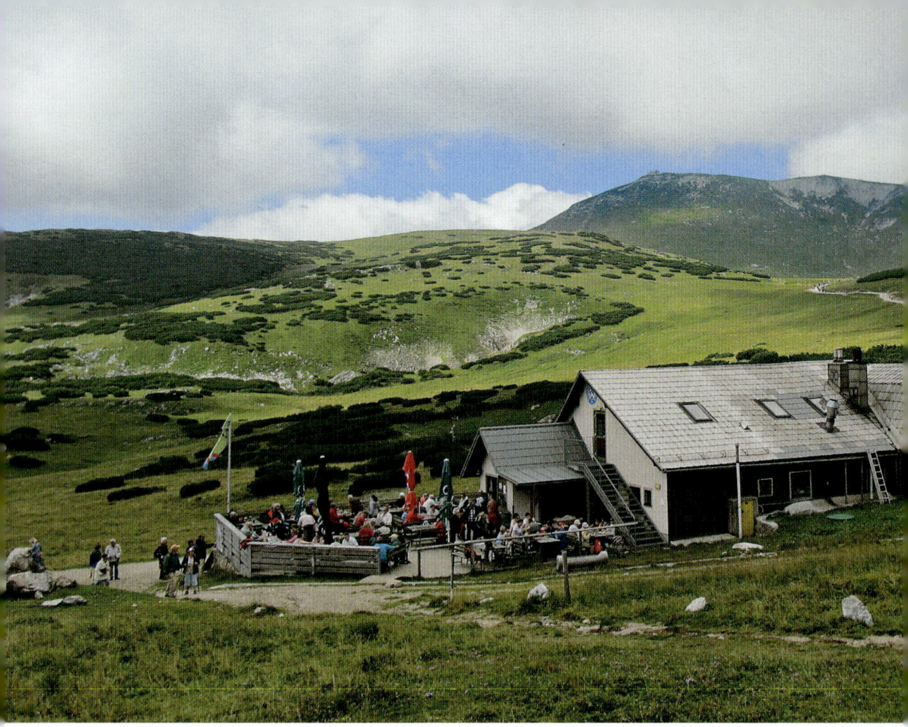

Das Damböckhaus mit Blick zum Klosterwappen.

Direkt an der Endstation der Zahnradbahn befindet sich das **Berghaus Hochschneeberg (1)** mit schöner Aussichtsterrasse. Etwas südlich davon gibt es einen Kinderspielplatz und südöstlich das Elisabethkirchlein, von dem aus sich ebenfalls eine schöne Aussicht bietet. Wir folgen nun einem Richtung Damböckhaus, Fischerhütte und Klosterwappen ausgeschilderten, breiten Schotterweg, der am Berghang entlang in westlicher Richtung leicht bergauf führt. Auf ihm erreichen wir, am letzten Stück wieder leicht bergab, in 15 Min. ab dem Bergbahnhof schon unser erstes Zwischenziel, das **Damböckhaus (2)**, bei dem man einkehren und bereits einen direkten Blick auf unser Ziel, den Gipfel des Klosterwappens, genießen kann.

Wir folgen weiter dem breiten, geschotterten Weg und kommen nach 500 m zur Abzweigung eines gelb markierten Fußweges direkt zum Gipfel (unser späterer Rückweg). Wir bleiben aber am Hauptweg und folgen diesem nun durch eine weite Talsenke hindurch. In Serpentinen – zum Teil kann man diese auf Fußpfaden abkürzen – geht es hinauf auf einen etwas niedrigeren Nebengipfel, den vor uns aufragenden Kaiserstein, an dessen Südflanke wir die schon weithin sichtbare **Fischerhütte (3)** erreichen.

Von dieser folgen wir dann dem Wegweiser wenige Meter retour, um dann auf einem gelb markierten Kammweg hinauf auf den höchsten Punkt Niederösterreichs, den Gipfel des **Klosterwappens (4)** zu steigen. Hier gibt es ein Gipfelkreuz und eine

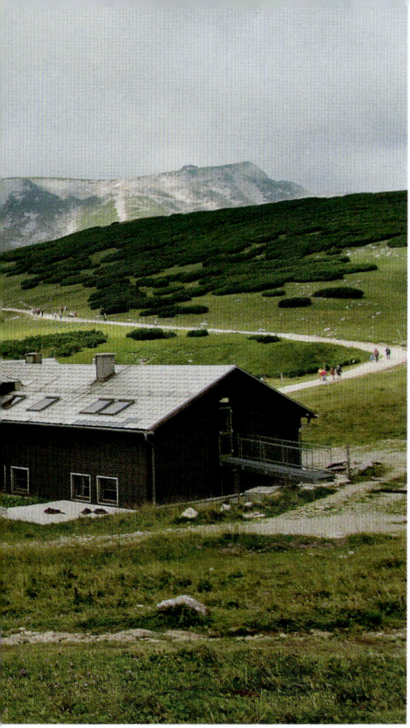

Sendeanlage, an der wir für den Abstieg rechts vorbei gehen und den gelben Markierungen über einen kurzen, steilen Weg hinunter folgen (man kann dieses Stück umgehen, indem man am Hinweg zurück Richtung Damböckhaus geht). Der Weg wird schon bald wieder flacher, ist mit gelb-weißen Stangen gut markiert und trifft dann wieder auf den breiten Schotterweg, auf dem wir halb rechts gehen und nach etwa 500 m wieder das **Damböckhaus (2)** erreichen.

Man könnte nun am bekannten Weg zur Bergstation der Zahnradbahn zurückkehren, aber wir wollen uns noch einen weiteren »Gipfelsieg« gönnen und nehmen deshalb den ausgeschilderten Rundweg, der südlich des Dambö-ckhauses in östlicher Richtung bergauf führt. Dieser bringt uns zu einer Wegkreuzung, bei der wir rechts gehen und einen Abstecher auf den Gipfel des **Waxriegels (5)** machen, wo sich ebenfalls ein Gipfelkreuz befindet. Danach kehren wir zur Wegkreuzung zurück und folgen weiter dem Rundweg Richtung Bergbahnhof. Auf einem Schotterweg gehen wir nun bergab und erreichen so schon nach wenigen Minuten wieder unseren Ausgangspunkt beim **Berghaus Hochschneeberg (1)**.

»Salamander-Zug« der Schneebergbahn.

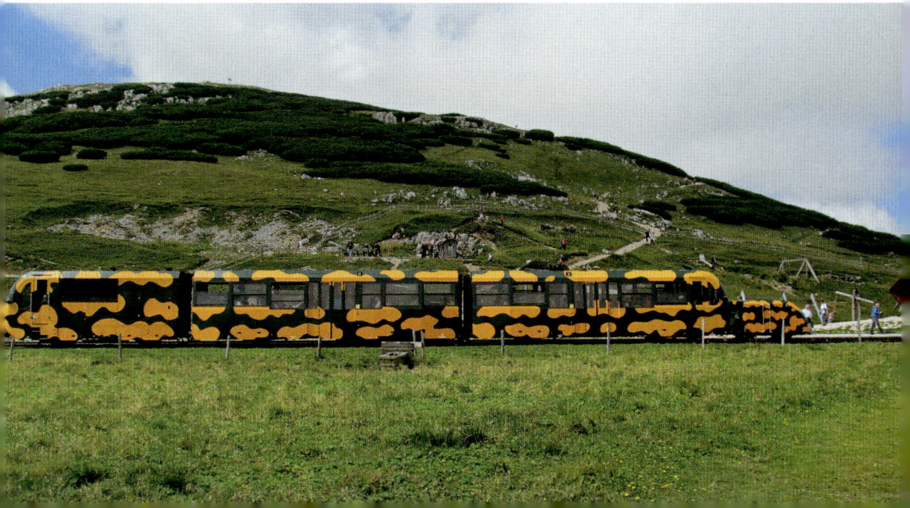

34 Raxplateau

Höhenwanderung von der Bergstation zum Ottohaus ★★★

Von Hirschwang auf die Raxalpe wurde 1926 die erste Personenseilbahn Österreichs eröffnet, die nach einigen Modernisierungen bis heute in Betrieb ist. Sie ermöglicht eine bequeme Fahrt in nur acht Minuten hinauf auf eine Höhe von 1800 Metern, von wo aus schöne und wenig anstrengende Wanderungen auf dem Hochplateau möglich sind. Beliebtes Ziel ist das große Otto-Schutzhaus, bei dem sich ein schön angelegter und unbedingt besuchenswerter Alpengarten befindet. Spektakulär sind auch die Aussichtspunkte, die wir auf dieser Wanderung genießen können, vor allem der Ausblick ins Große Höllental.

Foto rechts oben: Einkehr auf der Neuen Seehütte (Variante).
Unten: Aussichtspunkt beim Ottohaus.

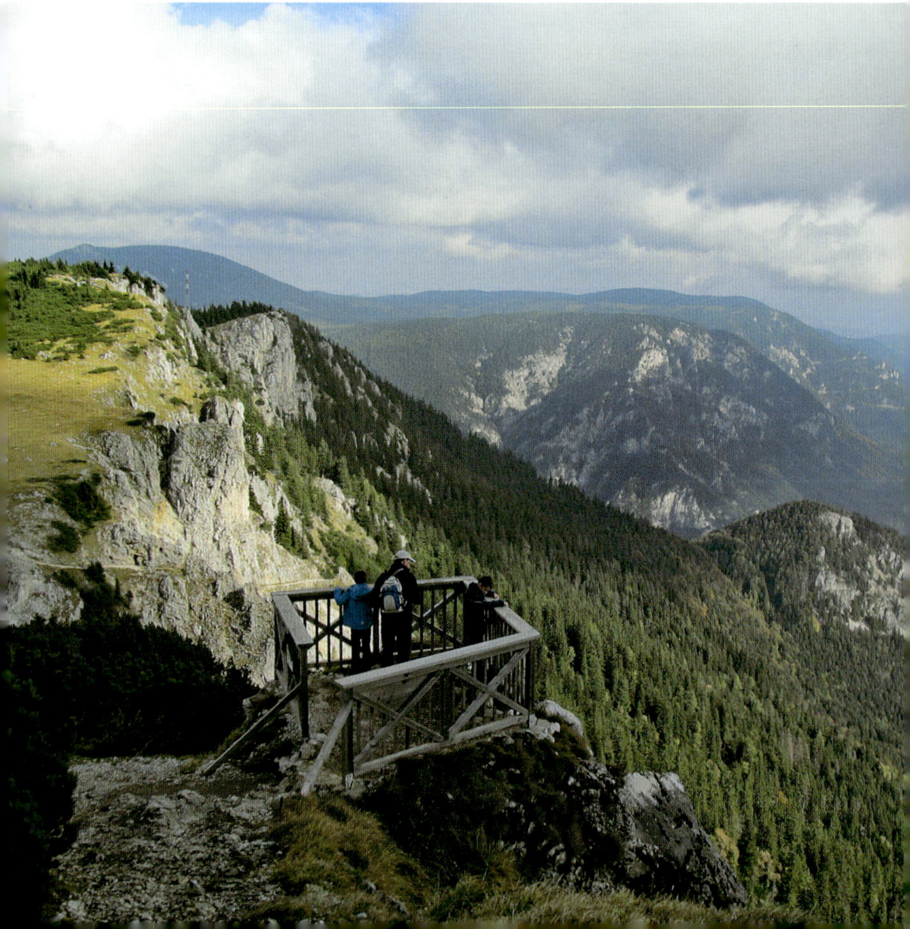

KURZINFO

Ausgangspunkt: Bergstation der Raxseilbahn, 1550 m.
Anfahrt: Mit dem Auto auf der Semmering-Schnellstraße S 6 bis Gloggnitz und dann weiter auf der Bundesstraße über Payerbach und Reichenau an der Rax Richtung Schwarzau im Gebirge. Kurz nach dem Ortsende von Hirschwang befindet sich links ein großer, ausgeschilderter Parkplatz für Gäste der Raxseilbahn. Öffentlich mit dem Zug bis zum Bahnhof Payerbach-Reichenau, dann mit dem Bus bis zur Bushaltestelle bei der Raxseilbahn. Alternativ dazu kann man an deren Betriebstagen die nostalgische Schmalspurbahn Payerbach-Hirschwang benützen (siehe Tour 35); zwischen Endstation der Bahn und Raxseilbahn verkehrt ein Zubringer mit Oldtimerbussen.
Gehzeit: 2.45 Std.
Weglänge: 7,4 km.
Höhenunterschied: 200 m.
Anforderungen: Auch wenn die Wanderung durchwegs auf leichten, breiten Wegen verläuft, handelt es sich um eine Tour in hochalpinem Gelände! Unbedingt Wetterbericht beachten und nicht bei unsicherem Wetter oder der Gefahr von Gewittern oder einem Wettersturz begehen! Die Tour verläuft großteils auf breiten, markierten Schotterwegen, ein 600 m langer Wegabschnitt nach der Höllentalaussicht ist unmarkiert, aber leicht zu finden.
Rast: Zahlreiche Rastbänke am Weg zwischen Bergstation und Ottohaus und bei der Höllentalaussicht.
Einkehr: Raxalpen-Berggasthof (ganzjährig täglich geöffnet), Tel. +43 2666 524 50, www.raxalpe.com; Otto-Schutzhaus (Mai bis Oktober täglich geöffnet, im Winter nur an Samstagen, Sonn- und Feiertagen bei Schönwetter), Tel. +43 2666 524 02, www.alpenverein.at/ottohaus. Ein Buffet gibt es auch in der Talstation der Seilbahn.
Kinder: Es gibt einen kleinen Spielplatz bei der Bergstation der Seilbahn. Nur der Weg von der Bergstation zum Ottohaus ist mit geländegängigen Kinderwagen befahrbar. Bei der Talstation der Seilbahn stehen aber Kinder-Rückentragen zum Verleih zur Verfügung (10 € pro Tag).

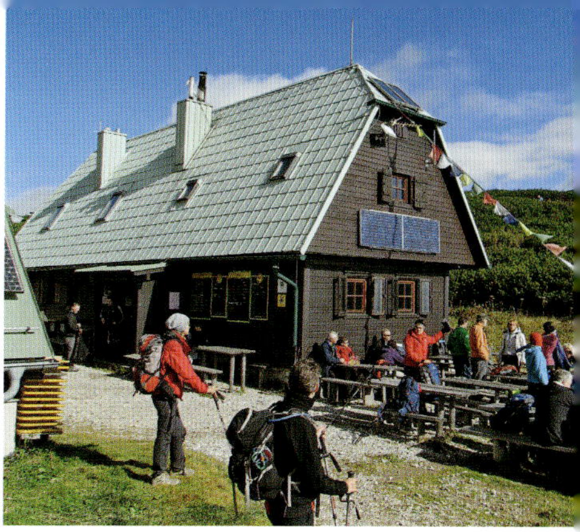

Hinweise: Berg- und Talfahrt mit der Raxseilbahn 29,50 € für Erwachsene und 14,50 € für Kinder von 6-15 Jahren; Kinder unter 6 Jahren frei. Es gibt Ermäßigungen für Familien, Studenten und Senioren. Fahrplan der Raxseilbahn beachten! Gehen Sie rechtzeitig zurück zur Seilbahnstation, um keinesfalls die letzte Talfahrt zu versäumen!
Varianten: Wer auf einer urigen, weniger touristischen Berghütte einkehren möchte, kann von der Stelle, an der man nach dem Abstecher zur Höllentalaussicht wieder auf den breiten Schotterweg trifft, diesem ausgeschilderten Wanderweg zur Neuen Seehütte folgen. Zurück am gleichen Weg; Gehzeit hin und zurück 1.30 Std. zusätzlich.
Will man die Tour abkürzen, kann man von der Höllentalaussicht am gleichen Weg zurück zum Praterstern und dort geradeaus weiter direkt zum Ottohaus gehen (30 Min. kürzer).
Kombinationsmöglichkeit: Wer von der Talstation der Raxseilbahn zu Fuß nach Hirschwang (Museumseisenbahn) oder weiter nach Reichenau oder Payerbach gehen möchte, folgt der Höllentalstraße talabwärts bis zur Brücke über die Schwarza und nimmt vor dieser den bei Tour 35 beschriebenen Weg.
Touristeninformation: Raxseilbahn, Tel. +43 2666 524 97, www.raxalpe.com; Wiener Alpen in Niederösterreich Tourismus GmbH, Tel. +43 2622 789 60, www.wieneralpen.at.

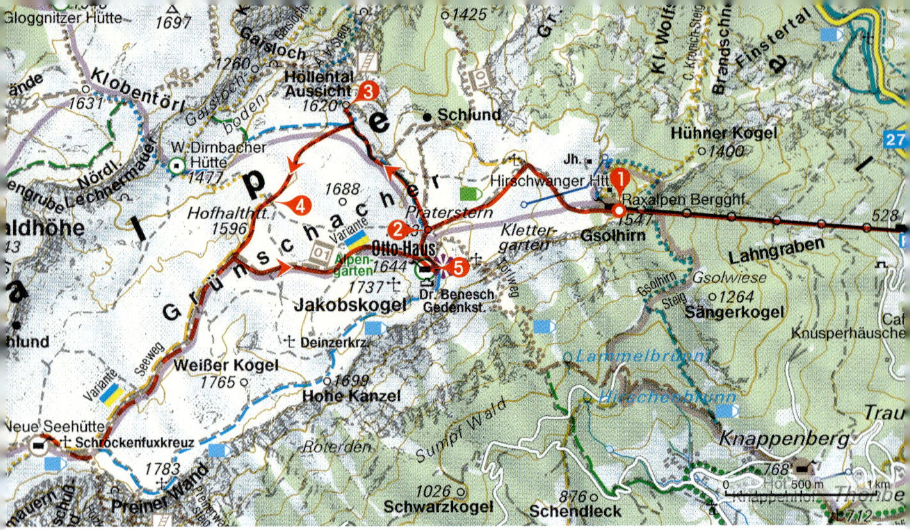

Von der Bergstation der **Raxseilbahn (1)** folgen wir der roten Markierung auf einem breiten Schotterweg Richtung Ottohaus und Seehütte. Der Weg führt leicht bergauf; abzweigende Pfade ignorieren wir und bleiben immer am breiten Hauptweg. Wir erreichen den Rand einer weiten Talsenke, an deren gegenüberliegender Seite wir bereits das unübersehbare Otto-Schutzhaus erkennen. Der Weg führt am rechten Hang entlang zu einer Wegkreuzung mit mehreren Wegweisern, dem sogenannten **Praterstern (2)**.

Hier nehmen wir den halb rechts abzweigenden Wiesenweg, dem Wegweiser Richtung Höllentalaussicht folgend. Der Weg führt erst bergab, dann wieder leicht bergauf. Wir kommen zu einem weiteren Wegweiser, bei dem es links Richtung Dirnbacherhütte geht, während wir geradeaus weiter zu einer Aussichtsplattform, der **Höllentalaussicht (3)** gehen.

Wir kehren am gleichen Weg zurück zur letzten Abzweigung und halten uns jetzt rechts, folgen aber schon nach wenigen Metern nicht dem markierten Weg bergab, sondern nehmen einen deutlichen, aber unmarkierten Weg, der zwischen Nadelbäumen und Latschen auf gleicher Höhe bleibend leicht nach links verläuft. Nach 600 m kommen wir zum Rastplatz **Hofhalt-Koller-Platzl (4)** auf einer Wiese, und in Sichtweite davon zu einem weiteren Weg-

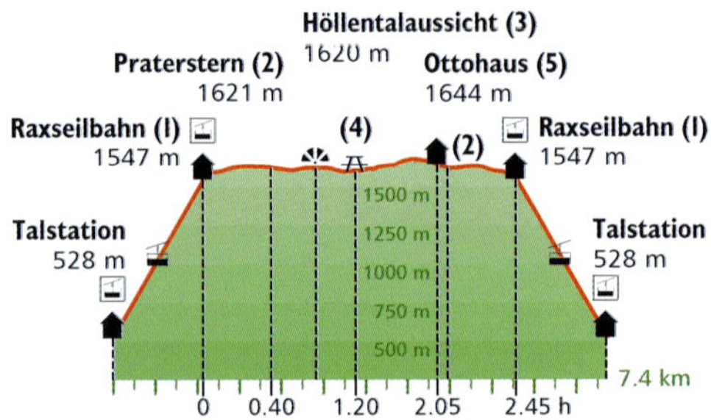

weiser, bei dem wir auf einen gelb markierten Weg treffen. Wir folgen ihm nun halb links, weiterhin praktisch ohne Steigung auf gleicher Höhe am flachen Hang entlang durch Nadelwald. 10 Min. später mündet unser Weg in einen breiten, rot markierten Schotterweg. An dieser Wegkreuzung könnte man rechts einen Abstecher zur Seehütte machen (siehe Variante). Wir wenden uns aber nach links und gehen zurück Richtung Ottohaus. Der Weg führt etwa 60 Höhenmeter bergauf, überwindet einen Höhenrücken und senkt sich dann wieder bergab. Wir kommen zu einer Kreuzung in unmittelbarer Nähe der Schutzhütte, an der es geradeaus bergab über den Thörlweg ins Tal ginge, während wir uns rechts halten und nach wenigen Metern beim **Ottohaus (5)** einkehren können. Nicht entgehen lassen sollte man sich den Ausblick von der Vilma-Haid-Aussicht, einer Plattform wenige Meter südlich der Hütte.

Für den Rückweg gehen wir auf dem breiten Schotterweg vom Ottohaus 200 m bergab zur bekannten Wegkreuzung am **Praterstern (2)** und von hier am ebenfalls bekannten Weg zurück zur Bergstation der **Raxseilbahn (1)**.

Blick zum Schneeberg.

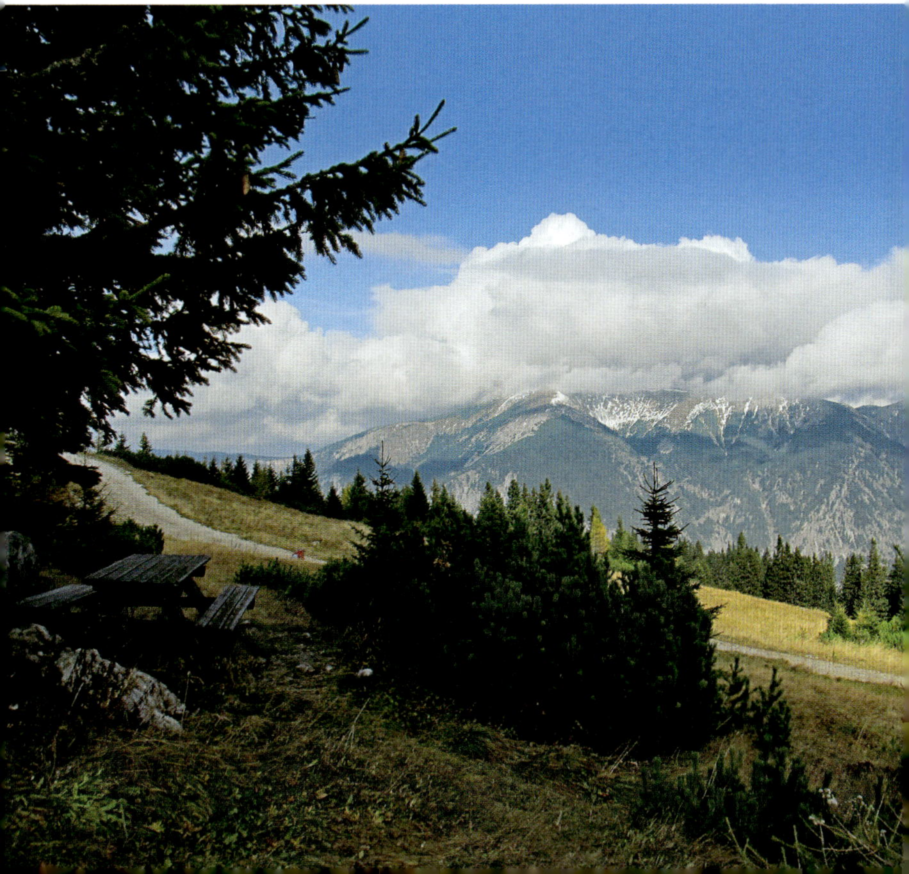

35 Am Wasserleitungsweg

Abwechslungsreiche Tour durch das Höllental ★

Der sogenannte Kaiserbrunnen im Höllental ist eine der ergiebigsten Karstquellen des Schneeberg-Rax-Gebietes. Er gehört zu den wichtigsten Wasserlieferanten für die Erste Wiener Hochquellenleitung, die nach nur vierjähriger Bauzeit im Jahr 1873 eröffnet wurde. Ausgehend vom Wasserleitungsmuseum in Kaiserbrunn wurde vor einigen Jahren ein schöner Wanderweg durch die wildromantische Schlucht entlang der Schwarza eingerichtet, den wir bis in den Ort Hirschwang gehen wollen. Als Abschluss der Tour bietet sich eine Fahrt mit der historischen Museumsbahn nach Payerbach-Reichenau an.

KURZINFO

Ausgangspunkt: Kaiserbrunn, Bushaltestelle an der Höllentalstraße beim Landgasthof Kaiserbrunn, 536 m. Autofahrer parken am besten beim Bahnhof Payerbach-Reichenau und nehmen von hier den Bus.
Endpunkt: Hirschwang an der Rax, Endstation der Höllental-Museumsbahn.
Anfahrt: Mit dem Auto auf der Semmering-Schnellstraße S 6 bis Gloggnitz und dann weiter auf der Bundesstraße Richtung Schwarzau im Gebirge bis nach Payerbach, dort der Beschilderung nach rechts zum Bahnhof folgen. Öffentlich mit dem Zug bis zum Bahnhof Payerbach-Reichenau, dann mit dem Bus bis zur Bushaltestelle in Kaiserbrunn. Rückfahrt mit der Museumsbahn zum Bahnhof Payerbach-Reichenau. Wenn diese nicht in Betrieb ist, kann man auch von der Haltestelle bei der Kirche von Hirschwang wieder mit dem Bus zurück nach Payerbach-Reichenau fahren (Gehzeit in diesem Fall 15 Min. kürzer).
Gehzeit: 2.00 Std.
Weglänge: 5,4 km.
Höhenunterschied: Ca. 150 m.
Anforderungen: Der Weg ist als »alpine Steiganlage« bezeichnet. Er ist durchwegs ausreichend breit und gut abgesichert, aber für eine leichte Wanderung eher anspruchsvoll, mit zahlreichen kurzen, steileren Passagen. An mehreren Stellen wurden Geländer, Brücken und Treppen errichtet, um den Weg auch für weniger geübte Wanderer gut und sicher begehbar zu machen.
Rast: Rastplätze mit Jausenbank bei der Fußgängerbrücke und am Aussichtspunkt.
Einkehr: Mehrere Lokale in Reichenau, Payerbach und Hirschwang.
Kinder: Kinderspielplatz beim Landgasthof Kaiserbrunn und in der Schöllerstraße in Hirschwang.
Hinweise: Rückfahrt mit der Höllental-

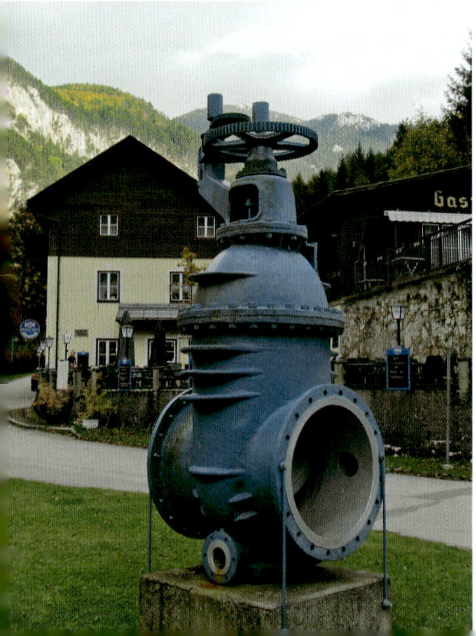

Am Ausgangspunkt in Kaiserbrunn.

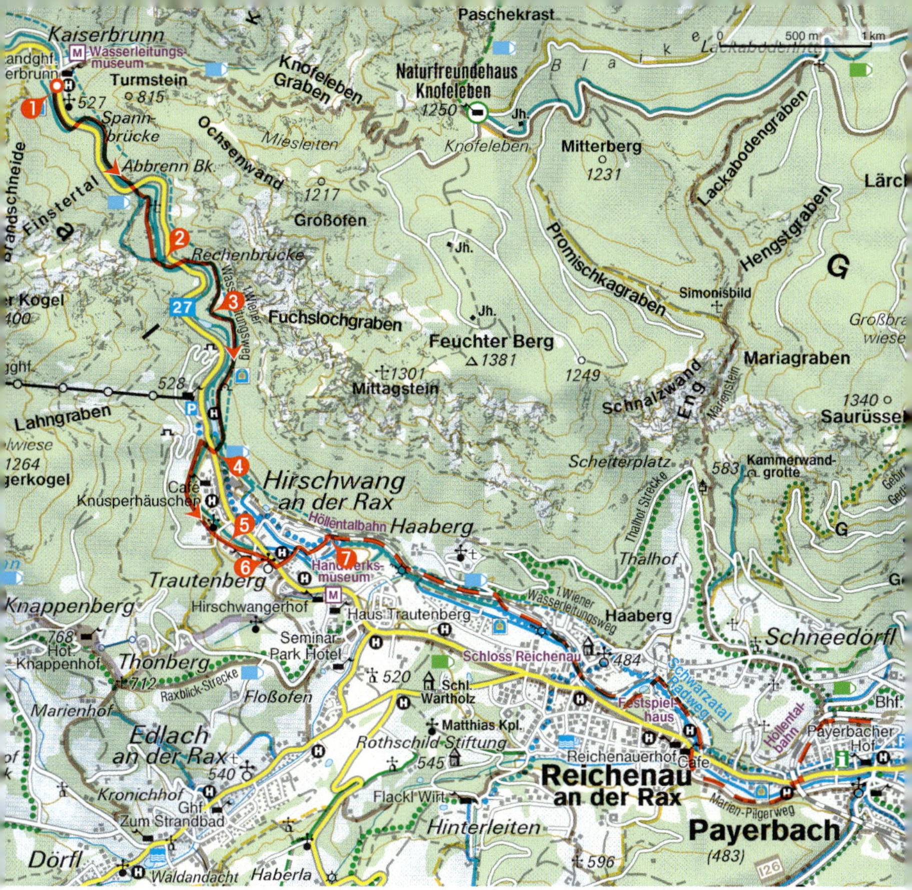

bahn Hirschwang–Payerbach 6 € für Erwachsene und 2,50 € für Kinder von 6-15 Jahre, Kinder unter 6 Jahre gratis. Die Höllentalbahn verkehrt an Sonn- und Feiertagen von Mitte Juni bis Mitte Oktober. Fahrplan beachten!

Variante: Fußweg zum Bahnhof Payerbach-Reichenau: Statt mit der Höllentalbahn zurückzufahren, kann man auch dem Spazierweg entlang der Bahnstrecke in den Ort Reichenau hinein folgen. Nach dem Bahnhof Reichenau quert man auf einer Fußgeherbrücke die Schwarza, folgt ihr durch den Park zur nächsten Brücke, bei der man wieder ans linke Ufer wechselt, und dann weiter am Fluss entlang, bis man auf die Bundesstraße trifft. Auf dieser nochmals rechts über den Fluss, drüben gleich wieder links über einen Parkplatz und weiter

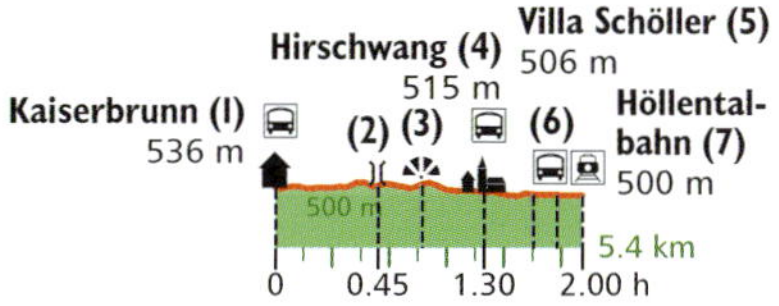

entlang des Flusses auf einem Fuß- und Radweg bis zum Schwarzaviadukt der Semmeringbahn. Auf einem Steg parallel zu diesem wieder ans linke Ufer und immer dem Bahndamm folgend zum Bahnhof. Gehzeit 1.45 Std. zusätzlich.

Touristeninformation: Höllental-Museumsbahn, www.lokalbahnen.at; Tourismusbüro Reichenau an der Rax, Tel. +43 2666 524 23-12, www.reichenau.at; Wiener Alpen in Niederösterreich Tourismus GmbH, Tel. +43 2622 789 60, www.wieneralpen.at.

Unsere Tour beginnt in **Kaiserbrunn (1)**, wo wir vor dem Beginn der Wanderung die Möglichkeit haben, das Wasserleitungsmuseum und den Kaiserbrunnen zu besichtigen. Es gibt auch ein Gasthaus mit Spielplatz. Wir gehen den Schildern des Wasserleitungsweges folgend auf der dem Fluss zugewandten Straßenseite am breiten, geschotterten Straßenbankett entlang. Der Weg entfernt sich bei einer Parkbucht kurz von der Straße und führt dann wieder an ihr entlang, bis wir die Schwarza auf einer Straßenbrücke überqueren.

Auf der anderen Seite kreuzen wir die Straße und folgen dem Weg nach links, wieder am Flussufer entlang. Wir kommen an einer Halbhöhle unterhalb der Straße vorbei und steigen dann auf einer Metalltreppe nach oben. Ein Stück gehen wir noch zwischen Fluss und Straße, dann treffen wir wieder auf diese und queren sie abermals. Während die Straße hinüber ans linke Flussufer führt, bleiben wir am rechten Ufer und gehen auf einem Fußweg im Zickzack den Hang hinauf, um eine Steilwand am Ufer zu umgehen. Trotz ausreichender Breite ist der Weg an einer exponierten Stelle mit einer Kette zum Festhalten zusätzlich gesichert.

Nun geht es wieder bergab zu einer **Fußgeherbrücke (2)**, über die wir ans linke Ufer der Schwarza wechseln. Wir steigen über einige Stufen bergauf, passieren eine Rastbank an einer Flussschlinge unterhalb einer mächtigen Felswand und kreuzen kurz darauf wieder die Straße, die rechts von uns über eine Brücke wieder ans rechte Ufer führt. Wir gehen am linken Ufer kurz steil

Wehranlage am Ortsbeginn von Hirschwang.

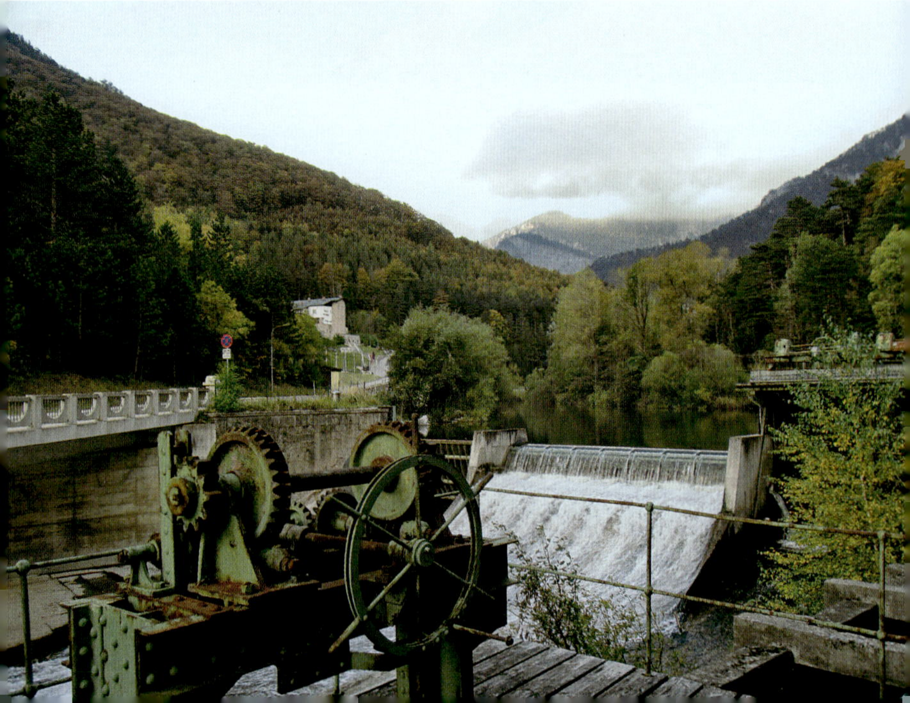

bergauf, kommen an einer weiteren mit Kette abgesicherten Stelle vorbei und steigen dann auf einer langen Metalltreppe entlang einer Felswand wieder bergab. Wir gehen ein Stück am Flussufer entlang, entfernen uns dann von diesem und folgen dem Weg im Zickzack hinauf zu einem **Aussichtspunkt (3)** mit Rastbank oberhalb einer Flussschlinge.

Nun geht es wieder bergab ans Flussufer. Wir wandern ein Stück direkt auf der überwölbten Wasserleitung, sehen dann am anderen Ufer die Talstation der Raxseilbahn und kommen schließlich zum Einlaufbauwerk eines Werkskanals, bei dem wir ein Stück auf einem Holzsteg direkt über dem Wasser zur Straßenbrücke über die Schwarza am Ortsbeginn von **Hirschwang (4)** gehen.

Hier führt der ausgeschilderte Wasserleitungsweg nach links entlang der Straße. Schöner ist es allerdings, über die Brücke nach rechts und gleich dahinter nach links auf einem etwas verwachsenen Fahrweg entlang des Flussufers zu gehen. Nach 5 Min. gibt es eine Stelle, an der der Weg vom Fluss unterspült wurde und abgerutscht ist; diese Passage wird auf einem schmalen Pfad überwunden, der bald wieder in einen Fahrweg übergeht. Auf diesem gelangen wir zum Eisstockschützenverein und kreuzen dahinter eine Asphaltstraße.

Wir wandern geradeaus weiter, durch ein Tor in den Park der **Villa Schöller (5)** hinein. Links an dem altehrwürdigen Gebäude vorbei kommen wir durch ein weiteres Tor ins Ortszentrum von **Hirschwang** mit dem ehemaligen Gasthaus Hirschwangerhof (Museum). Im Park zwischen unserer Straße und der Bundesstraße gibt es einen Kin-

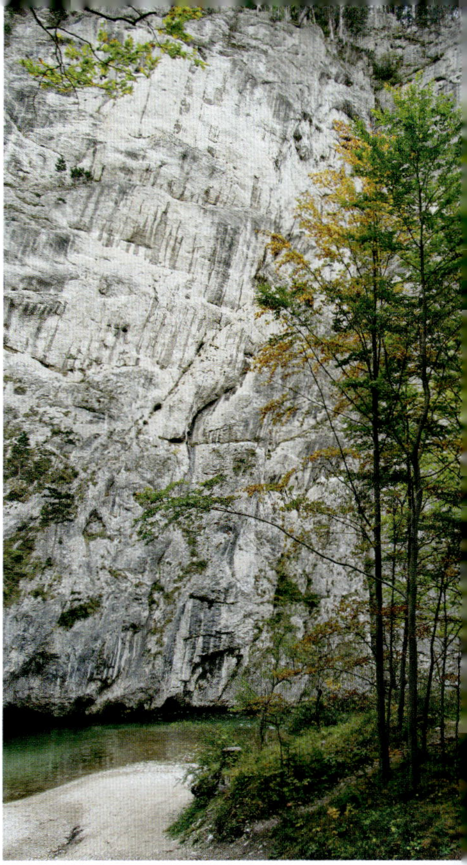

Mächtige Felswände im Höllental.

derspielplatz. Wir passieren die Kirche des Ortes, bei der sich auch eine **Bushaltestelle (6)** befindet. Schräg gegenüber nehmen wir die Sackgasse nach links, die am Ufer der Schwarza endet. Wir gehen über zwei Fußgeherbrücken über die Schwarza und über den Werkskanal, dahinter auf einer Asphaltstraße nach rechts und bei der nächsten Abzweigung nach links. Hier gibt es sowohl einen Wegweiser zum Bahnhof als auch ein Schild des Wasserleitungswanderweges. Wir überqueren die Bahngleise und haben direkt dahinter den **Endbahnhof** der **Höllentalbahn (7)** erreicht.

36 Falkensteinhöhle und Gaiskircherl

Rundwanderung bei Breitenstein am Semmering ★

Das Semmeringgebiet weist abseits der bekannteren Wanderziele wie Hirschenkogel, Sonnwendstein oder den durch den Bahnwanderweg erschlossenen Aussichtspunkten (Touren 37–39) auch einige weniger bekannte, aber durchaus lohnende Ziele auf. Zwei davon wollen wir auf dieser Runde kennenlernen, die beim Bahnhof Breitenstein ihren Ausgang nimmt: Die in einer eindrucksvollen Felswand an der Nordseite der Kalten Rinne gelegene Falkensteinhöhle und das sogenannte Gaiskircherl. Bei Letzterem handelt es sich um eine Andachtsstätte in einer natürlichen Grotte hoch über dem Tal. Am Rückweg sehen wir auch noch einige der schönsten und höchsten Viadukte der Semmeringbahn.

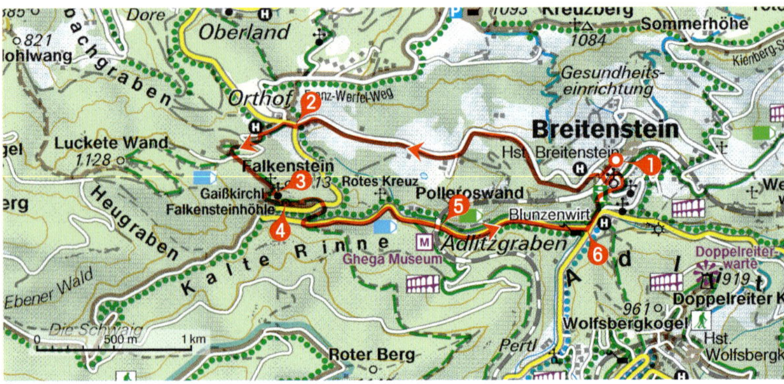

KURZINFO

Ausgangspunkt: Bahnhof Breitenstein, 794 m.

Anfahrt: Mit dem Auto fährt man auf der Semmering-Schnellstraße S 6 bis zur Ausfahrt Gloggnitz, auf der alten Semmeringstraße bis Schottwien und dann auf der Adlitzgrabenstraße nach Breitenstein. Mit der Bahn erreicht man den Bahnhof Breitenstein mit Regionalzügen, in die man von den Zügen des Fernverkehrs im Bahnhof Semmering oder von den Regionalexpress-Zügen im Bahnhof Payerbach-Reichenau umsteigen kann.

Gehzeit: 2.45 Std.

Weglänge: 7,2 km.

Höhenunterschied: 300 m.

Anforderungen: Von Breitenstein bis Orthof und vom Talgrund der Kalten Rinne bis nach Breitenstein Asphalt, dazwischen großteils schmale Wanderwege, stellenweise recht steil, aber nicht ausgesetzt. Bei Nässe nicht empfehlenswert.

Rast: Rastbänke an der Forstraßenkreuzung oberhalb von Orthof und im Inneren des Gaiskircherls.

Einkehr: Gasthof Blunzenwirt (Fr–So geöffnet), Tel. +43 2664 8164, www.blunzenwirt.at.

Kinder: In Breitenstein gibt es einen kleinen Spielplatz bei der Kirche, darüber hinaus ist für Kinder natürlich auch die Höhle eine Attraktion.

Touristeninformation: Tourismusbüro Semmering, Tel. +43 2664 200 25, www.semmering.at; Wiener Alpen in Niederösterreich Tourismus GmbH, Tel. +43 2622 789 60, www.wieneralpen.at.

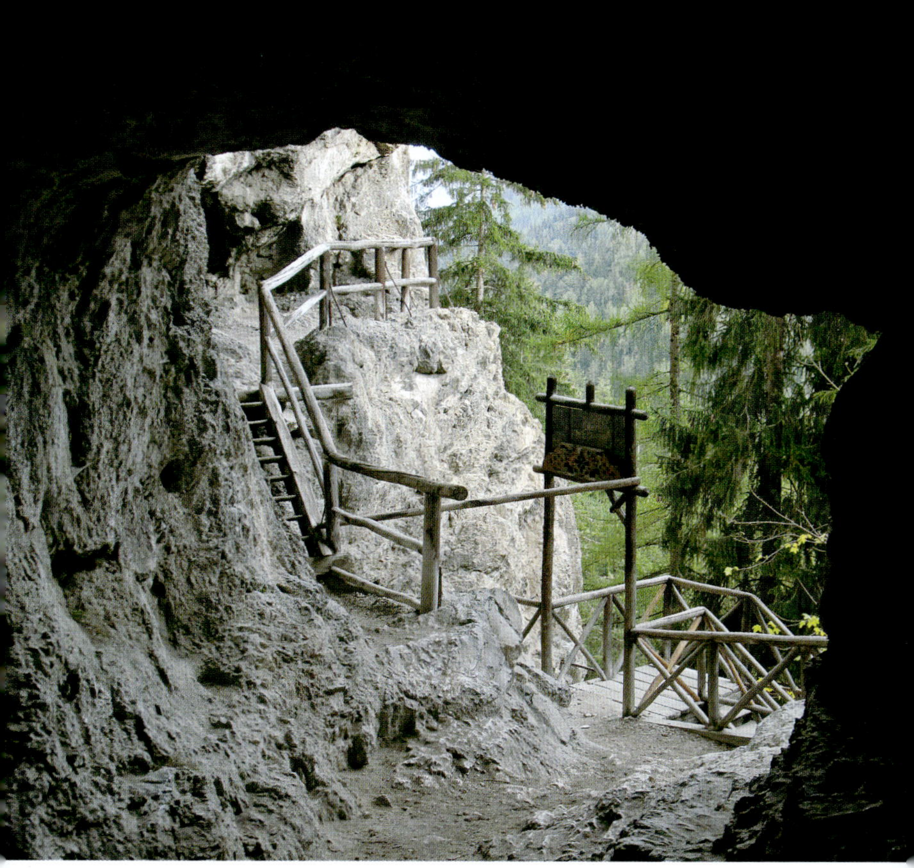

Blick aus der eindrucksvollen Falkensteinhöhle.

Vom **Bahnhof Breitenstein (1)** gehen wir auf der Asphaltstraße, die westlich der Station bei einem Bahnübergang die Gleise quert, rechts bergauf. An der nächsten Weggabelung nehmen wir die linke Straße Richtung Orthof und folgen ihr für die nächsten 45 Min. – abgesehen von einer Kurve, die wir gleich 200 m nach der Kreuzung auf einem Waldweg abschneiden können. Immer auf der markierten Straße kommen wir nach **Orthof (2)**, wo wir auf die Kalte-Rinne-Straße treffen.

Auf dieser geradeaus weiter zu einer Kreuzung nach 100 m, bei der wir auf den rot-weiß-rot markier-

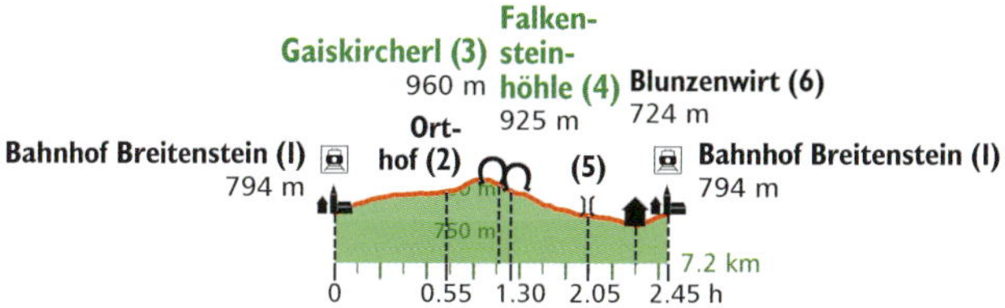

ten Breitensteiner Rundwanderweg Nr. 834 treffen. Rechts käme man zur Speckbacher Hütte, während wir links gehen. Wir folgen einer Forststraße bergauf, von der der rot und grün markierte Weg nach 150 m links abzweigt. Wer einen bequemeren Anstieg bevorzugt, kann hier auch auf der Forststraße bleiben, die sich in zwei Kehren hochwindet und dazwischen den Fußweg einmal kreuzt. Wir kommen, egal ob auf dem schmalen Waldweg oder auf der Forststraße, zu einer Kreuzung mit einer Rastbank, an der wir dem Wegweiser nach links auf einer rot markierten Forststraße Richtung Gaiskircherl und Falkensteinhöhle folgen. Die Markierung verlässt schon nach wenigen Minuten den Forstweg und führt auf einem breiten Waldweg leicht bergauf nach links durch den Wald. Kurz nachdem man den höchsten Punkt überschritten hat, knickt der Weg bei einem Wegweiser scharf nach rechts; hier gehen wir aber noch geradeaus weiter, um nach wenigen Metern das **Gaiskirchlerl (3)** zu erreichen.

Danach wieder zurück zum Wegweiser und auf dem markierten Weg bergab in einen Graben, in dem es nun scharf nach links weiterhin steil bergab geht. Wo der Wanderweg flacher wird, zweigt halb links ein grün markiertes Weglein am Fuß der Felswände entlang zur **Falkensteinhöhle (4)** ab. Man erreicht diese wenige Meter weiter über eine Holztreppe, die links zu dem eindrucksvollen Naturdenkmal hinaufführt.

Nach der Besichtigung gehen wir am unteren Ende der Treppe nicht am gleichen Weg zurück, sondern

Direkt im Gaiskircherl gibt es auch einen Rastplatz.

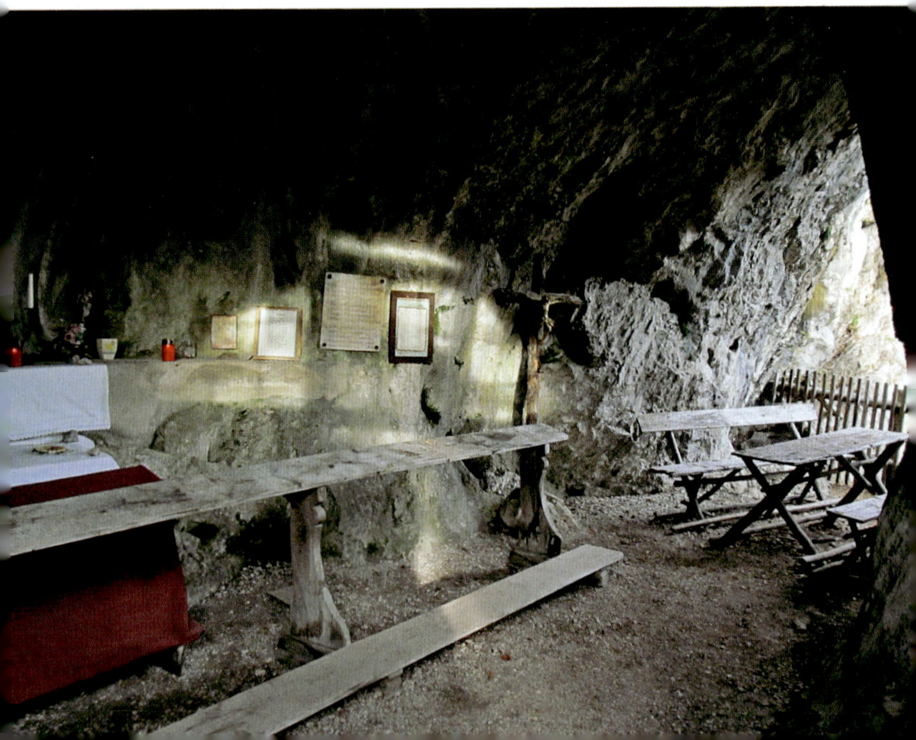

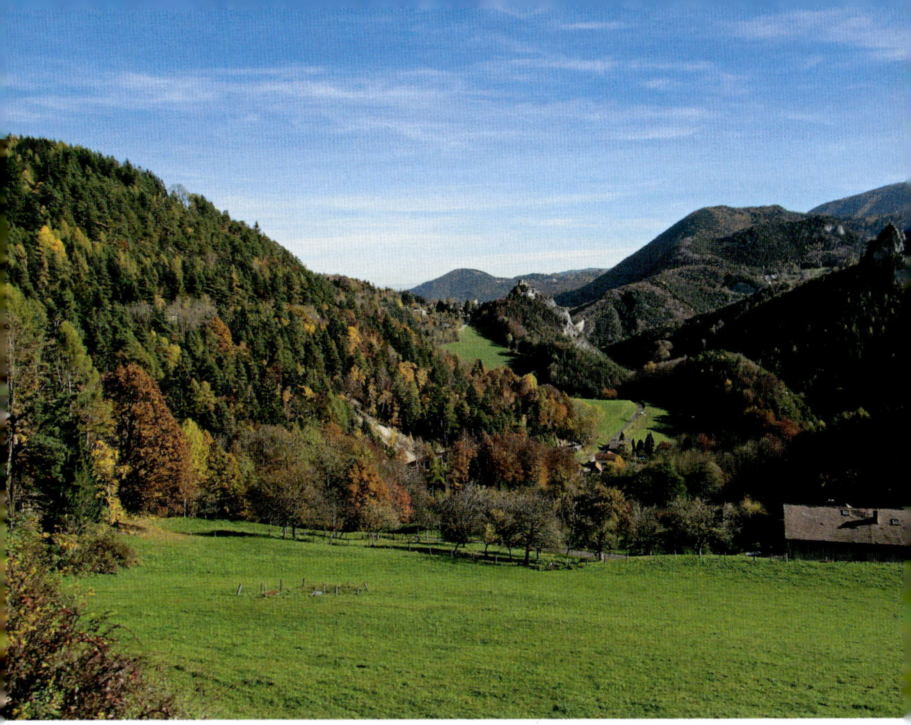

Blick von Orthof Richtung Breitenstein.

geradeaus bergab und treffen wieder auf den rot markierten Hauptweg, dem wir nun nach links immer am Fuß der steilen Felswände entlang folgen. In den Wänden befinden sich zahlreiche Kletterrouten, die vor allem an Wochenenden häufig genutzt werden. Wir stoßen auf eine Asphaltstraße, überqueren sie und gehen auf der anderen Seite einen Waldweg scharf rechts bergab, um so eine Serpentine der Straße abzukürzen. Am unteren Ende des Waldweges treffen wir wieder auf die Straße, der wir talauswärts zwischen mächtigen Felsen hindurch folgen. 15 Min. später erreichen wir den Bahnwanderweg Semmering und unterqueren kurz darauf das **Kalte-Rinne-Viadukt (5)**.

Weiter auf der Straße durch das Tal kommen wir schließlich zu einer Straßenkreuzung, an der sich rechts das Gasthaus **Blunzenwirt (6)** befindet. Wir gehen links und kommen zu einer Abzweigung, an der eine Straße nach links über eine Brücke Richtung Bahnhof Breitenstein führt. Dieser folgen wir, verlassen sie aber sofort nach der Brücke, um dem Bahnwanderweg im Zickzack durch den Wald bergauf zu folgen. Wo wir wieder auf die Straße treffen, gehen wir auf dieser links bergauf. Wir kommen an einem Spielplatz bei der Kirche von Breitenstein vorbei, umrunden diese auf der Straße in einem weiten Linksbogen und nehmen dann einen Fußweg, der rechts zu einem kleinen Durchlass unter der Bahn und dahinter zu unserem Ausgangspunkt, dem **Bahnhof Breitenstein (1)** führt.

37 Bahnwanderweg Semmering

Auf Ghegas Spuren von Semmering nach Breitenstein ★★

Die als UNESCO-Weltkulturerbe ausgezeichnete Bahnlinie über den Semmering wurde schon 1854 als erste normalspurige Gebirgsbahn der Welt eröffnet und stellt bis heute eine technische Meisterleistung dar. Unübertroffen ist die Art und Weise, wie sich die künstlichen Bauten der Strecke mit der Naturlandschaft zu einer Einheit verschmelzen. Auf dem Bahnwanderweg, dem wir vom Bahnhof Semmering zum Bahnhof Breitenstein folgen, kommen wir an den eindrucksvollsten Viadukten und an den schönsten Aussichtspunkten vorbei.

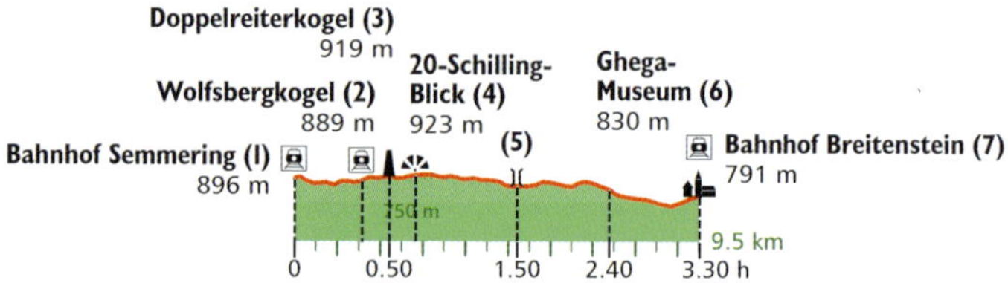

KURZINFO

Ausgangspunkt: Bahnhof Semmering, 896 m. Autofahrer parken besser am Endpunkt beim Bahnhof Breitenstein und fahren dann mit einem Regionalzug zum Ausgangspunkt.

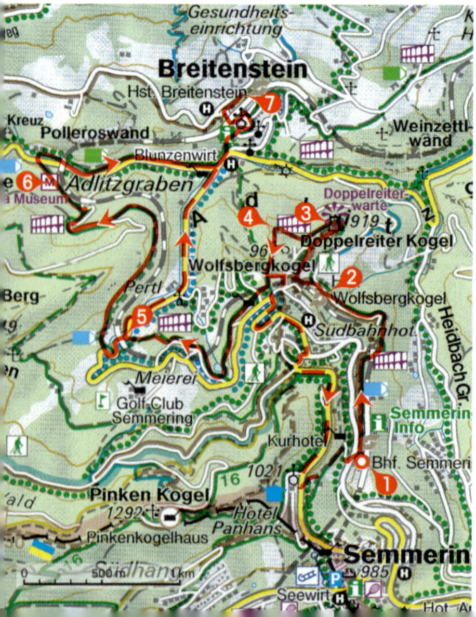

Endpunkt: Bahnhof Breitenstein an der gleichen Bahnlinie, 791 m.
Anfahrt: Mit dem Auto auf der Semmering-Schnellstraße S 6 bis zur Ausfahrt Gloggnitz, auf der alten Semmeringstraße bis Schottwien und dann auf der Adlitzgrabenstraße nach Breitenstein. Mit der Bahn zum Bahnhof Semmering (Fernzughalt); Rückfahrt vom Bahnhof Breitenstein mit Regionalzügen entweder zum Bahnhof Semmering oder zum Bahnhof Payerbach-Reichenau, wo man auch in Regionalexpress-Züge umsteigen kann.
Gehzeit: 3.30 Std.
Weglänge: 9,5 km.
Höhenunterschied: 150 m im Aufstieg und 250 m im Abstieg.
Anforderungen: Im ersten Teil der Tour einfache Spazierwege. Zwischen Adlitzgraben und Kalter Rinne schmaler, teilweise steilerer Fußweg, danach auf Asphalt nach Breitenstein und auf einem breiten, aber abermals steilen Fußweg zum Bahnhof. Beide anspruchsvolleren Passagen können auf einer Straße umgangen werden.
Rast: Rastbänke beim Kinderbahnhof und beim 20-Schilling-Blick.

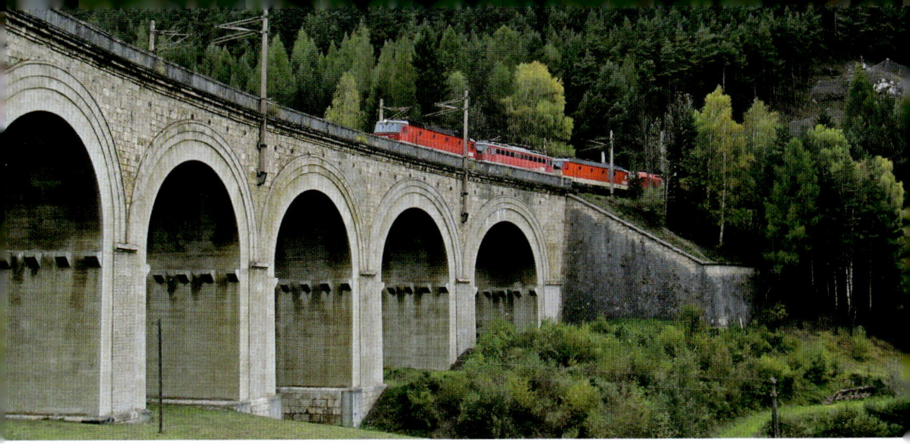

Viadukt über den Unteren Adlitzgraben.

Einkehr: Ausschank Hinterholz 9 (täglich bei Schönwetter geöffnet), Tel. +43 664 105 72 29; Gasthof Blunzenwirt (Fr–So geöffnet), Tel. +43 2664 8164, www.blunzenwirt.at.

Kinder: Großer Eisenbahn-Themenspielplatz »Kinderbahnhof Semmering« 10 Min. vom Ausgangspunkt; kleiner Spielplatz in Breitenstein kurz vor dem Bahnhof. Darüber hinaus eignet sich die Tour natürlich vor allem für Kinder, die sich für Eisenbahnen interessieren.

Varianten: Rundwanderung zum 20-Schilling-Blick: Auf dem beschriebenen Weg bis zum 20-Schilling-Blick (4). Wo man 300 m danach auf die Straße trifft, nicht auf dem Wanderweg nach rechts, sondern auf der Kurhausstraße nach links. Dieser rechts haltend folgen bis zur Straße am Wolfsbergkogel. Hier kann man sich nun entscheiden, ob man links zur Bahnhaltestelle Wolfsbergkogel (2) geht (Möglichkeit, mit dem Zug zum Bahnhof Semmering zurückzufahren, Gesamtgehzeit bis hierher 1.15 Std.), von wo man am bekannten Weg zum Bahnhof Semmering zurückgehen kann (Gesamtzeit 2 Std.), oder ob man sich nach rechts wendet und den Wegweisern der »Kleinen Zauberblickrunde« über die Hochstraße zum Ort Semmering folgt. In diesem Fall geht man auf dem ausgeschilderten Weg bis zum Hotel Panhans und folgt dann links den Wegweisern des »Fußweges zum Bahnhof« durch den Wald hinunter zum Ausgangspunkt. Gesamtgehzeit 2.30 Std.
Leichter Weg vom Unteren Adlitzgrabenviadukt (5) nach Breitenstein: Wer sich das steile Wegstück ersparen möchte, kann auf der Asphaltstraße bergab statt bergauf gehen und kommt nach etwa 25 Min. direkt zum Blunzenwirt. Gehzeit 45 Min. kürzer.

Kombinationsmöglichkeiten: Wer am Beginn der Tour noch den alten Ort Semmering besichtigen möchte, kann wie bei Tour 38 beschrieben zur Passhöhe hinauf und von dort vorbei am Hotel Panhans wieder zum Bahnhof zurückgehen (1 Std. zusätzlich).
Von der Stelle, wo man in der Kalten Rinne auf die Straße trifft, kann man links bergauf einen Abstecher zur bei Tour 36 beschriebenen Falkensteinhöhle machen (ca. 45 Min.zusätzlich).

Tipp: Das Bahnwächterhaus Nr. 167 beherbergt ein sehenswertes kleines Museum, in dem rund 150 Exponate an den genialen Baumeister Carl Ritter von Ghega erinnern. Öffnungszeiten laut Homepage. Tel. +43 676 524 83 97, www.ghega-museum.at.

Touristeninformation: Tourismusbüro Semmering, Tel. +43 2664 200 25, www.semmering.at; Wiener Alpen in Niederösterreich Tourismus GmbH, Tel. +43 2622 789 60, www.wieneralpen.at.

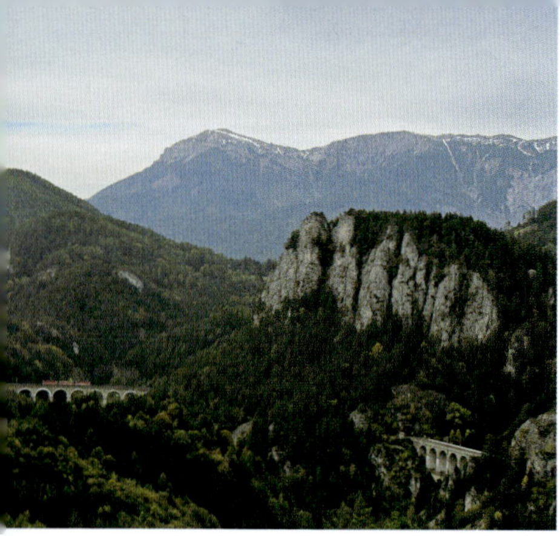

Der berühmte »20-Schilling-Blick«.

Vom **Bahnhof Semmering (1)** gehen wir den Schildern des Bahnwanderweges – mit einem Lokomotivsymbol gekennzeichnet – folgend entlang der Bahnstrecke auf einem Kiesweg in nördlicher Richtung. Nach etwa 10 Min. erreichen wir an einem schön gestalteten Themenspielplatz rund um die Eisenbahn, den »Kinderbahnhof Semmering«. Dahinter unterquert der Weg über Stufen die Bahntrasse und umgeht unterhalb von dieser einen Bergrücken, der von der Bahn mit einem Tunnel durchfahren wird. Wir kommen wieder zu Häusern und treffen bei der Haltestelle **Wolfsbergkogel (2)** auf eine Asphaltstraße, der wir über einen Tunnel der Bahn hinweg folgen.

Bei der nächsten Abzweigung gehen wir rechts und kommen unterhalb des Kurhauses Semmering vorbei zu einem großen Parkplatz, über den wir nach rechts gehen. Wir folgen dem Bahnwanderweg geradeaus leicht bergauf zur Aussichtswarte am **Doppelreiterkogel (3)**, die einen herrlichen Rundumblick bietet. Hinter der Warte über Stufen bergab, dann auf einem Waldweg eben am Hang entlang zurück, parallel zum Hinweg. Wir sehen den Parkplatz von vorhin wenige Meter links von uns, gehen nach rechts erst fast eben, dann leicht bergab und erreichen an der Spitze eines Bergrückens den **20-Schilling-Blick (4)**, mit herrlichem Ausblick und Jausenbänken. Der Name »20-Schilling-Blick« rührt daher, dass das Panorama der Semmeringbahn von diesem Punkt aus auf den historischen 20-Schilling-Banknoten abgebildet war.

Der Weg biegt scharf nach links und trifft nach 300 m auf die Kurhausstraße (hier Abzweigung der Varianten), um diese sofort wieder nach rechts zu verlassen. Wir gehen durch den Wald bergab und treffen wieder auf eine Asphaltstraße, auf der wir uns links bergauf halten. Bei einem Wegweiser verlassen wir die Straße wieder, wandern auf einem Waldweg weiter und treffen dann auf die Adlitzgrabenstraße. Nach wenigen Metern gehen wir auf der Geigerstraße rechts bergab, am Golfhaus Geiger vorbei, und passieren die Ausschank Hinterholz. Wir folgen dem Weg bergab zum auch als Fleischmannbrücke bezeichneten **Unteren Adlitzgrabenviadukt (5)**.

Auf der Asphaltstraße gehen wir links unter diesem hindurch bergauf (oder für die Abkürzung zum Blunzenwirt rechts bergab), kommen an einer Infotafel und einem rekonstruierten Arbeiterlager aus der Bauzeit der Bahn vorbei und biegen dann bei einer Infotafel des Bahnwanderweges Breitenstein rechts ab. Bei der nächsten Abzweigung könnte man laut Wegweiser rechts auf der »Großen Zauberblickrunde« nochmals zurück zum Bahnhof Semmering gehen; wir treffen wenige Meter nach der Abzweigung auf die Bahntrasse und gehen jetzt auf einem steilen Fußweg im Zickzack durch den Wald bergauf. Der Weg verläuft hoch über der Bahntrasse zu einer Rastbank, dann zu einem weiteren Aussichtspunkt bei Bahn-km 99,9, wo sich der Weg scharf nach links biegt und auf eine Forststraße trifft. Auf dieser nach rechts und bei der nächsten Gabelung rechts bergab Richtung Breitenstein. An einer scharfen Rechtskurve der Straße gehen wir auf einem Fußweg geradeaus weiter. Wir kommen an einer Quelle vorbei und passieren kurz darauf das in einem ehemaligen Bahnwärterhaus untergebrachte **Ghega-Museum (6)** direkt am Südende des wohl bekanntesten Viaduktes der Semmeringbahn über die Kalte Rinne.

Dahinter geht es auf einer Schotterstraße steil bergab, und wir treffen auf die Asphaltstraße im Tal. Auf dieser wandern wir unter dem Viadukt hindurch bergab. Nach etwa 20 Min. kommen wir zu einer Straßenkreuzung, an der das Gasthaus Blunzenwirt liegt – wer vom Unteren Adlitzgrabenviadukt aus die Abkürzung genommen hat, trifft hier wieder auf die Tour. Wir gehen links zu einer Abzweigung, bei der wir dem Straßenwegweiser Richtung Bahnhof abermals links über eine Brücke folgen. Gleich nach der Brücke zweigt der Bahnwanderweg links ab und führt als Fußweg in Serpentinen den Berg hinauf. Wir treffen nach 10 Min. wieder auf die Straße, folgen dieser bergauf, an einem Spielplatz und an der Kirche vorbei. Oberhalb von dieser zweigt ein Fußweg zu einer Unterführung unter der Bahn ab.

Wer Richtung Semmering fahren möchte, geht vor dem Fußgeherdurchlass rechts hinauf zum Bahnsteig 2; wer den Zug Richtung Payerbach-Reichenau und Wien nehmen will, unterquert die Bahn und geht rechts zum Bahnsteig 1 des **Bahnhofs Breitenstein (7)**.

Aussichtspunkt über dem Unteren Adlitzgraben.

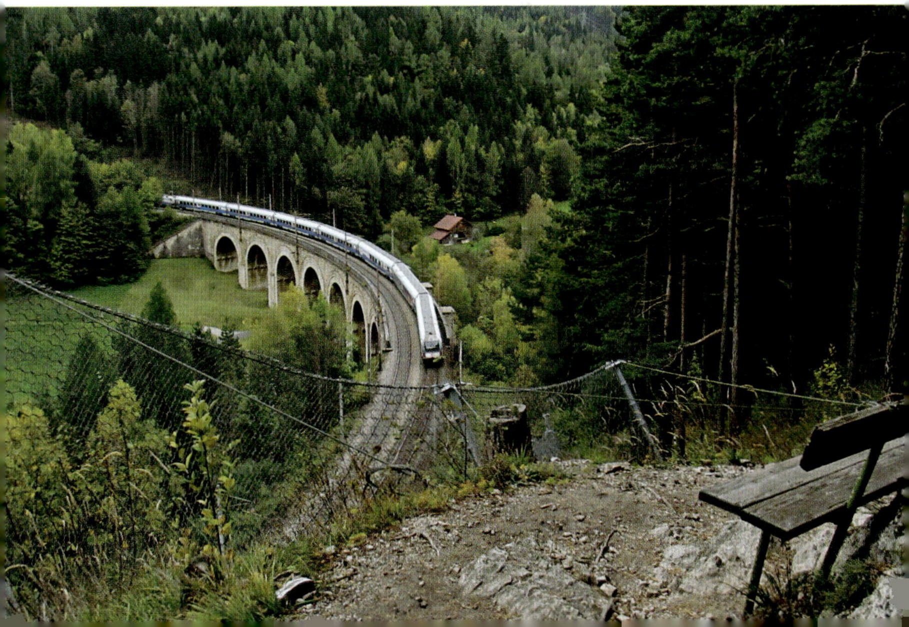

38 Auf den Hirschenkogel

Aufstieg zur Erwin-Pröll-Jubiläumswarte ★★

Der direkt an der steirisch-niederösterreichischen Grenze gelegene Hirschenkogel ist im Winter ein beliebtes und traditionsreiches Skigebiet, das heute unter der Marke »Zau[:ber:]g« (gesprochen »Zauberberg«) vermarktet wird. Um die Gondelbahn von der Semmering-Passhöhe auf den Gipfel auch im Sommer auszulasten, hat man hier eine große Mountainbike-Arena mit zahlreichen Abfahrten errichtet. Als Wanderer profitiert man dabei von der ganzjährig geöffneten Infrastruktur in Form der Seilbahn, mehrerer Hütten und einer Aussichtswarte. Auf dieser Tour lernen wir aber auch den Ort Semmering mit seinen altehrwürdigen Hotels und Pensionen aus dem 19. Jahrhundert kennen.

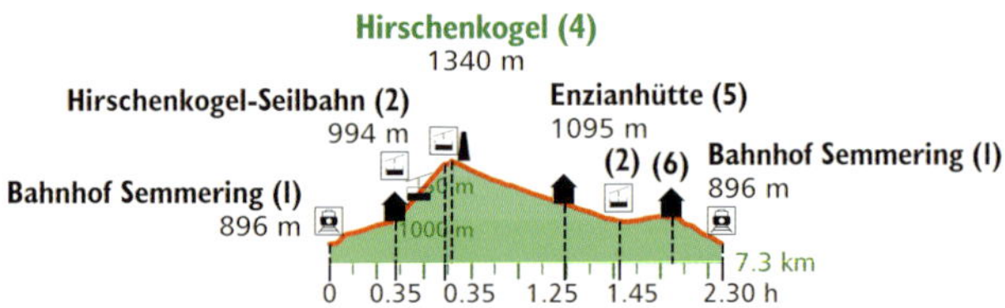

KURZINFO

Ausgangspunkt: Bahnhof Semmering, 896 m. Autofahrer können die Tour abkürzen, indem sie direkt am Parkplatz der Hirschenkogel-Seilbahn parken und die Wanderung mit der Seilbahnfahrt beginnen.
Anfahrt: Mit dem Auto auf der Semmering-Schnellstraße S 6 bis zur Ausfahrt Maria Schutz, anschließend auf der alten Passstraße bis kurz vor der Semmering-Passhöhe, dann rechts bergab zum Bahnhof (ausgeschildert). Öffentlich mit dem Zug direkt zum Bahnhof Semmering (Halt der meisten Railjet-Schnellzüge Wien–Graz); alternativ dazu kann man den Postbus ab dem Bahnhof Gloggnitz oder ab Mürzzuschlag direkt zur Passhöhe nehmen (verkehrt aber selten).
Gehzeit: 2.30 Std.
Weglänge: 7,3 km.
Höhenunterschied: 150 m im Aufstieg und 450 m im Abstieg.
Anforderungen: Leichter Spaziergang auf durchwegs breiten Wegen mit mäßigen Steigungen und Gefällen.
Rast: Erholungsliegen am Hirschenkogel; keine Rast- und Jausenbänke unterwegs.
Einkehr: Liechtensteinhaus (Mai, Juni, September, Oktober Donnerstag bis Sonntag, im Juli und August täglich geöffnet), Tel. +43 2664 80 38, www.liechtensteinhaus.at; Enzianhütte (in der Nebensaison Mi bis So, in der Hauptsaison täglich geöffnet), Tel. +43 2664 2383, www.enzianhuette-semmering.at; Seewirtshaus (Ruhetage je nach Saison unterschiedlich), Tel. +43 2664 200 30, www.seewirtshaus.at; weitere Einkehrmöglichkeiten im Ort Semmering (Pizzeria, Gasthof Berghof, Belvedere und Restaurant Sonnblick).
Kinder: Kleiner Spielplatz bei der Enzianhütte und großer Abenteuerspielplatz

Die Liegen beim Liechtensteinhaus laden zum Entspannen ein.

mit Wasserspielbereich beim Liechtensteinhaus.. Ein weiterer Spielplatz, der »Kinderbahnhof Semmering« befindet sich 10 Min. vom Bahnhof entfernt am Bahnwanderweg Richtung Breitenstein (siehe Tour 37). Ein Spaß (nicht nur) für Kinder sind auch die »Monster-Roller«, mit denen man zu Tal fahren kann; siehe Tour 39. Bis auf den Fußweg-Abschnitt zwischen Bahnhof und Passhöhe und den Waldweg vom Hotel Panhans zum Bahnhof ist die Tour auch mit Kinderwagen befahrbar, d. h., man beginnt diese am besten an der Passhöhe.

Hinweise: Bergfahrt mit der Hirschenkogel-Seilbahn 11 € für Erwachsene, 9,50 € für Jugendliche und Senioren sowie 7,50 € für Kinder.

Betriebszeiten der Hirschenkogel-Seilbahn in der Nebensaison Do–So, in der Hauptsaison täglich; Details unter www.semmering.com.

Varianten: Ausdauernde Wanderer können vom Bergsattel unterhalb des Hirschenkogels einen Abstecher zur Pollereshütte am Sonnwendstein machen (siehe Tour 39; 1.30 Std. zusätzlich).

Wer am Ende der Tour noch nicht müde ist, kann am Bahnwanderweg zur Station Wolfsbergkogel oder zur Aussichtswarte am Doppelreiterkogel (siehe Tour 37) gehen.

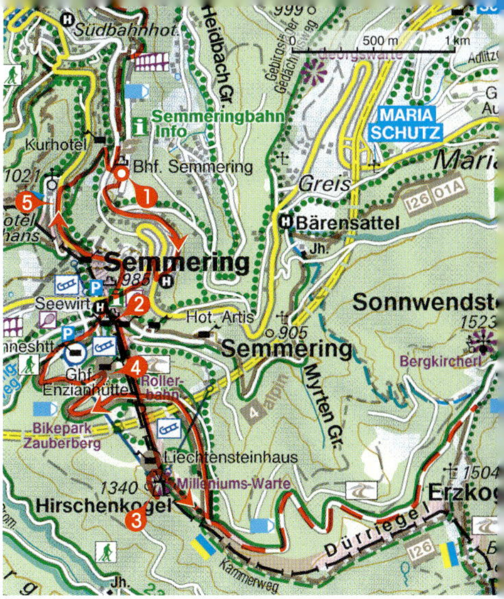

Touristeninformation: Tourismusbüro Semmering, Tel. +43 2664 200 25, www.semmering.at; Wiener Alpen in Niederösterreich Tourismus GmbH, Tel. +43 2622 789 60, www.wieneralpen.at.

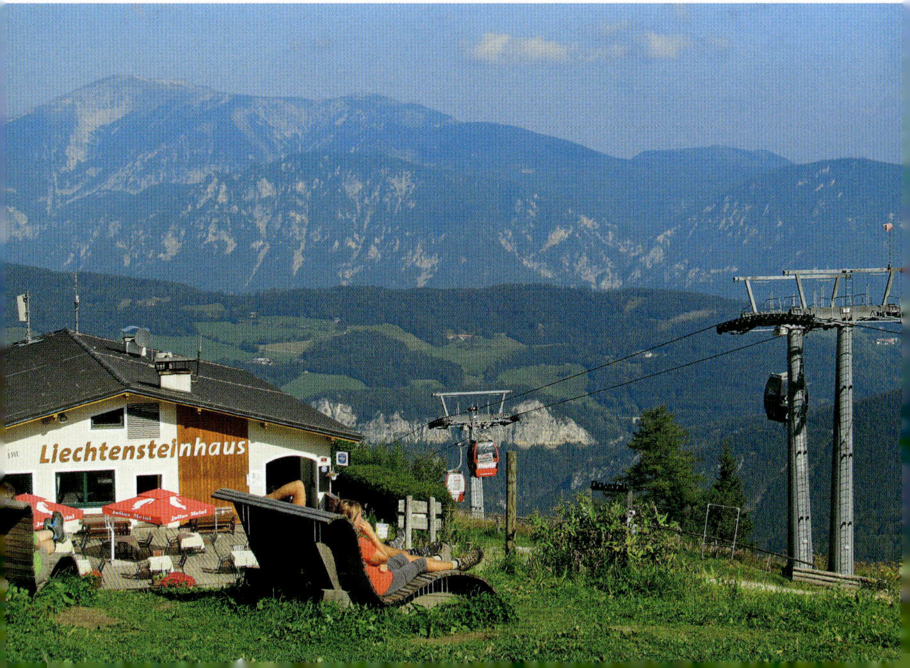

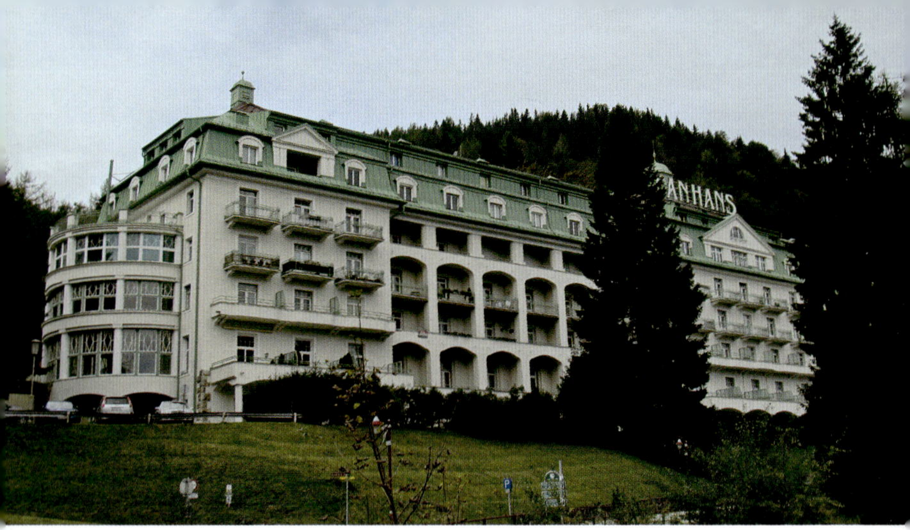

Das altehrwürdige Hotel Panhans.

Ausgangspunkt der Tour ist der **Bahnhof Semmering (1)**, von dem wir leicht links ansteigend auf der Bahnhofstraße bergauf gehen. Die Straße trifft auf die Semmering-Bundesstraße, die wir überqueren, um auf der anderen Seite einen Fußweg nach rechts hinaufzugehen. Dieser biegt sich scharf nach links und trifft dann kurz vor der Semmering-Passhöhe wieder auf die Bundesstraße. An dieser entlang gehen wir weiter, biegen dann links ab, überqueren einen großen Parkplatz und erreichen die Talstation der **Hirschenkogel-Seilbahn (2)**.

Diese benutzen wir nun und fahren zur etwa 330 m höher gelegenen Bergstation, bei der sich direkt unterhalb der Berggasthof Liechtensteinhaus (Einkehrmöglichkeit, schöne Aussicht) befindet. Auf ei-

Blick zum Bahnhof Semmering.

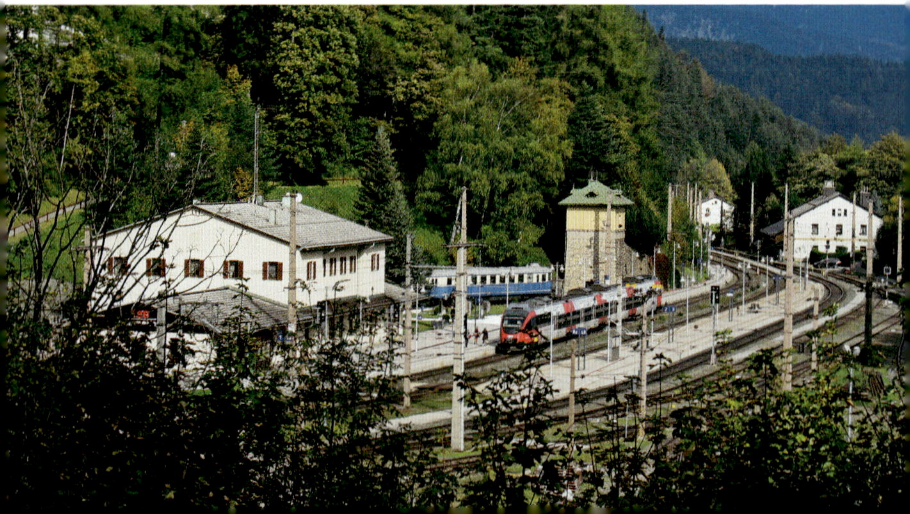

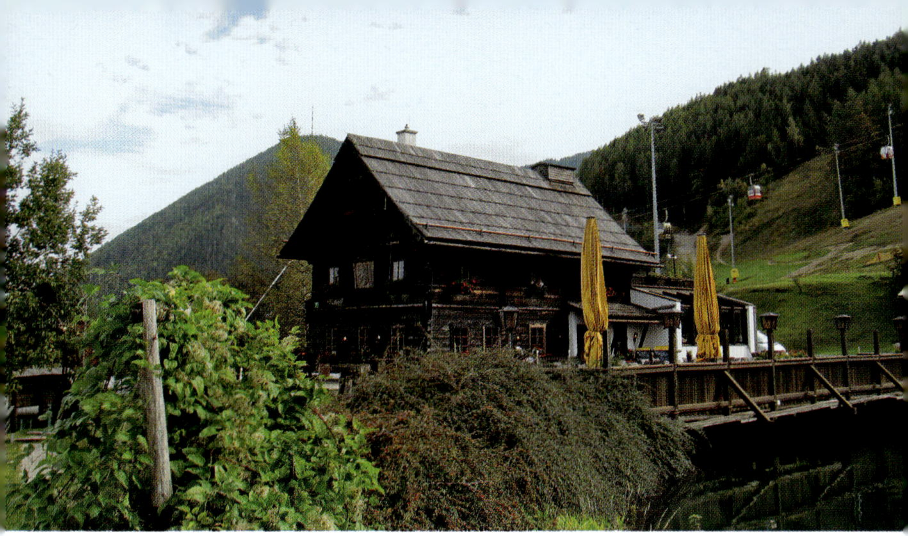

Das Seewirtshaus in der Nähe der Talstation.

nem Fußweg gehen wir im Zickzack die letzten Höhenmeter zum Gipfel hinauf und können die Erwin-Pröll-Jubiläumswarte am Gipfel des **Hirschenkogels (3)** besteigen.

Wir wandern wieder hinunter zur Bergstation und zum Liechtensteinhaus und folgen nun einer breiten Schotterstraße, die nach rechts unter der Seilbahn hindurchführt. Wir gelangen hinunter auf einen Bergsattel, an dem eine Forststraße und zwei Wanderwege geradeaus weiter bzw. halb rechts Richtung Sonnwendstein führen (siehe Tour 39). Hier wenden wir uns scharf links bergab und gehen weiter auf der breiten Schotterstraße, unter einer hölzernen Brücke der Roller-Piste hindurch. Wir kreuzen zwei Skipisten, die Seilbahntrasse und zwei weitere Skihänge. Dann macht die Straße eine Kehre nach rechts und führt hinunter zur **Enzianhütte (4**, Einkehrmöglichkeit, Spielplatz).

Weiter auf der Forststraße geht es noch zwei weitere Kehren bergab zu einem Speicherteich, an dem das urige Gasthaus Seewirtshaus (ein Bauernhaus aus dem 17. Jahrhundert) steht. In Sichtweite befindet sich auch bereits wieder die Talstation der **Hirschenkogel-Seilbahn (2)**.

Wir gehen daran vorbei über den Parkplatz zur Semmering-Passhöhe, queren die Bundesstraße beim Kreisverkehr und nehmen auf der gegenüberliegenden Seite die Hochstraße halb rechts leicht bergauf. Wir wandern am Restaurant Belvedere und, etwas weiter, an einer Konditorei und dem Restaurant Sonnblick vorbei; außerdem gibt es entlang des Weges mehrere Schaukästen und Infotafeln über die Geschichte des Semmerings. Schließlich führt uns die Hochstraße am historischen **Hotel Panhans (5)** vorbei. Gleich dahinter wenden wir uns halb rechts und gehen die Fürstenhofstraße bergab, an dessen Ende ein Fußweg zum Bahnhof anschließt. Wir folgen diesem, kreuzen die Südbahnstraße und erreichen schließlich den unter uns bereits deutlich sichtbaren **Bahnhof Semmering (1)**, unseren Ausgangspunkt.

39 Sonnwendstein

Höhenwanderung im Reich der Zauberberge ★★

Der Sonnwendstein ist der schönste Aussichtsberg im Semmeringgebiet; von seinem Gipfel mit dem Fernsehsender und der 1935 errichteten Herma-Schuschnigg-Gedenkkapelle aus reicht der Blick bei klarem Wetter bis zum Neusiedler See. Bis zum Jahr 2005 konnte man mit einem der ältesten und längsten Sessellifte der Ostalpen von Maria Schutz aus direkt zur Bergstation bei der heutigen Pollereshütte gelangen. Seit der Lift abgetragen wurde, ist es auf dem Gipfel etwas ruhiger geworden, obwohl der Berg immer noch relativ leicht und ohne Anstrengungen über einen schönen, aussichtsreichen Höhenweg von der Seilbahn am benachbarten Hirschenkogel aus erreichbar ist.

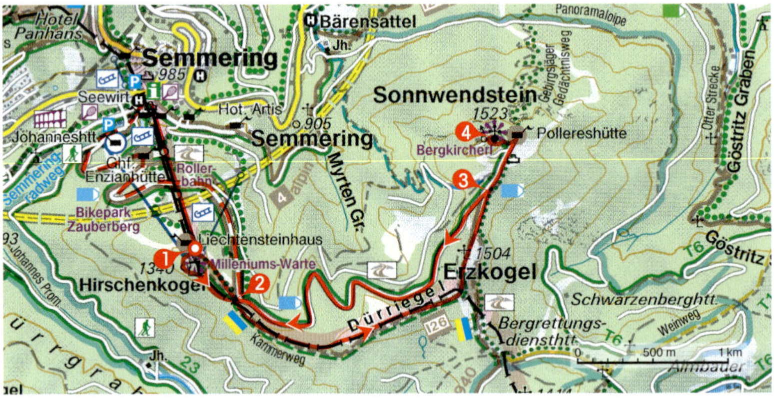

KURZINFO

Ausgangspunkt: Bergstation der Hirschenkogel-Seilbahn, 1320 m. Die Tour kann auch im Anschluss an die Tour 38 unternommen werden.
Anfahrt: Mit dem Auto auf der Semmering-Schnellstraße S 6 bis zur Ausfahrt Maria Schutz, dann auf der alten Passstraße bis zur Semmering-Passhöhe, wo sich der Parkplatz der Seilbahn befindet. Öffentlich mit dem Bus der Linie 1760 ab Gloggnitz oder Mürzzuschlag bis zur Haltestelle Semmering Landesgrenze. Wer mit der Bahn zum Bahnhof Semmering anreist (Schnellzughalt!), erreicht von dort aus die Passhöhe in 15 Min. zu Fuß; siehe Wegbeschreibung bei Tour 38.
Gehzeit: 2.45 Std.
Weglänge: 7,4 km.
Höhenunterschied: 400 m.
Anforderungen: Zwischen der Aussichtswarte und dem Bergsattel schmaler, steilerer Weg bergab und danach nochmals eher steiler, schmaler Anstieg bis auf die Hochalm, im Übrigen leichte und mäßig steile Wege und Forststraßen.
Rast: Rastbank am Gipfel des Sonnwendsteins und mehrere Erholungsliegen am Hirschenkogel. Keine Rastbänke unterwegs.
Einkehr: Liechtensteinhaus (Mai, Juni, September, Oktober Do–So, im Juli und August täglich geöffnet), Tel. +43 660

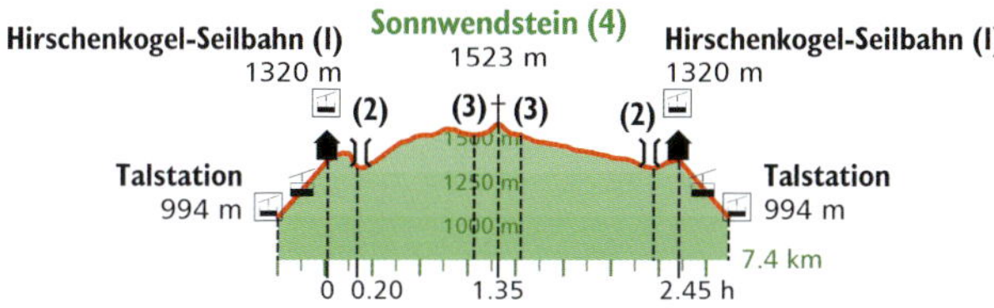

884 66 17, www.liechtensteinhaus.at; Pollereshütte (Mai bis Oktober täglich geöffnet), Tel. +43 2664 2282, www.pollereshuette.at. Weitere Einkehrmöglichkeiten bei der Talstation der Seilbahn und im Ort Semmering; siehe Tour 38.

Hinweise: Berg- und Talfahrt mit der Hirschenkogel-Seilbahn 16,50 € für Erwachsene, 14,50 € für Jugendliche und Senioren sowie 12 € für Kinder.

Betriebszeiten der Hirschenkogel-Seilbahn in der Nebensaison Do–So, in der Hauptsaison täglich; Details unter www.semmering.com.

Kinder: Großer Erlebnisspielplatz beim Liechtensteinhaus. Die Wanderung lässt sich mit einer lustigen Talfahrt mit dem »Monster-Roller« (spezielle Roller mit Scheibenbremsen und großen Ballon-Stollenreifen) auf einem eigenen, familientauglichen Downhill-Parcours von der Berg- zur Talstation verbinden (für Kinder ab 8 Jahren; Helme und Protektoren können ausgeliehen werden). Kinderwagentauglich ist nur der als Rückweg beschriebene Weg zwischen Pollereshaus und Bergstation, d. h., man muss von der Bergstation zum Sattel (2) auch für den Hinweg die breite, ausgeschilderte Schotterstraße und ab dort die Forststraße zum Pollereshaus benützen.

Variante: Statt mit der Seilbahn ins Tal zu fahren, kann man vom Bergsattel (2) aus auch dem Wanderweg hinunter zur Talstation folgen. Der Weg ist bei Tour 38 beschrieben (45 Min. zusätzlich).

Touristeninformation: Tourismusbüro Semmering, Tel. +43 2664 200 25, www.semmering.at; Wiener Alpen in Niederösterreich Tourismus GmbH, Tel. +43 2622 789 60, www.wieneralpen.at.

Am Hochalmweg zwischen Hirschenkogel und Sonnwendstein.

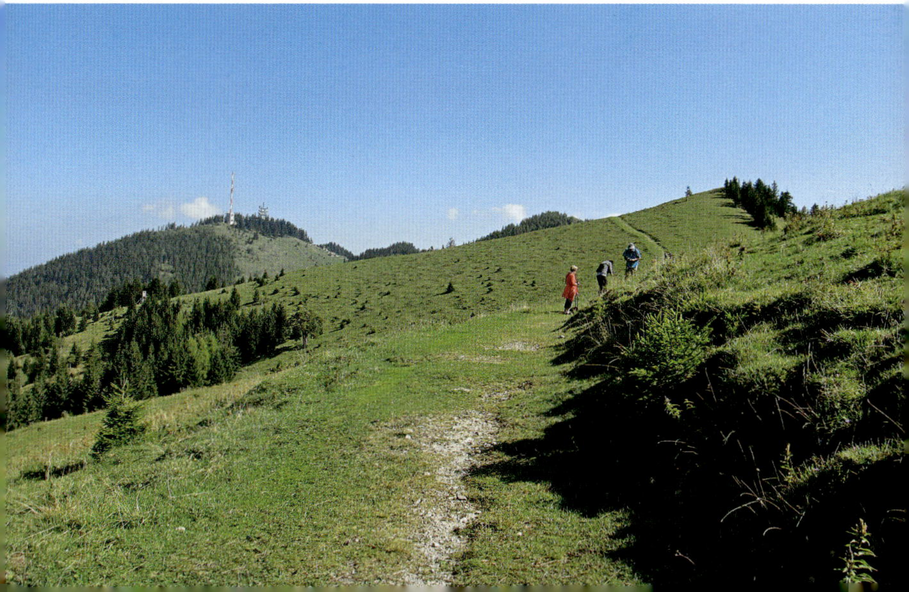

Von der Bergstation der **Hirschenkogel-Seilbahn (1)** gehen wir auf dem Fußweg hinauf zur unübersehbar am höchsten Punkt des Hirschenkogels errichteten Erwin-Pröll-Jubiläumswarte. Nachdem wir diese bestiegen und das Panorama genossen haben, folgen wir den Schildern der »Gipfelrunde« Richtung Sonnwendstein und Pollereshütte. Der Weg führt durch den Wald relativ steil bergab zu einem **Bergsattel (2)**, an dem es Wegweiser dreier verschiedener Wege zum Sonn-

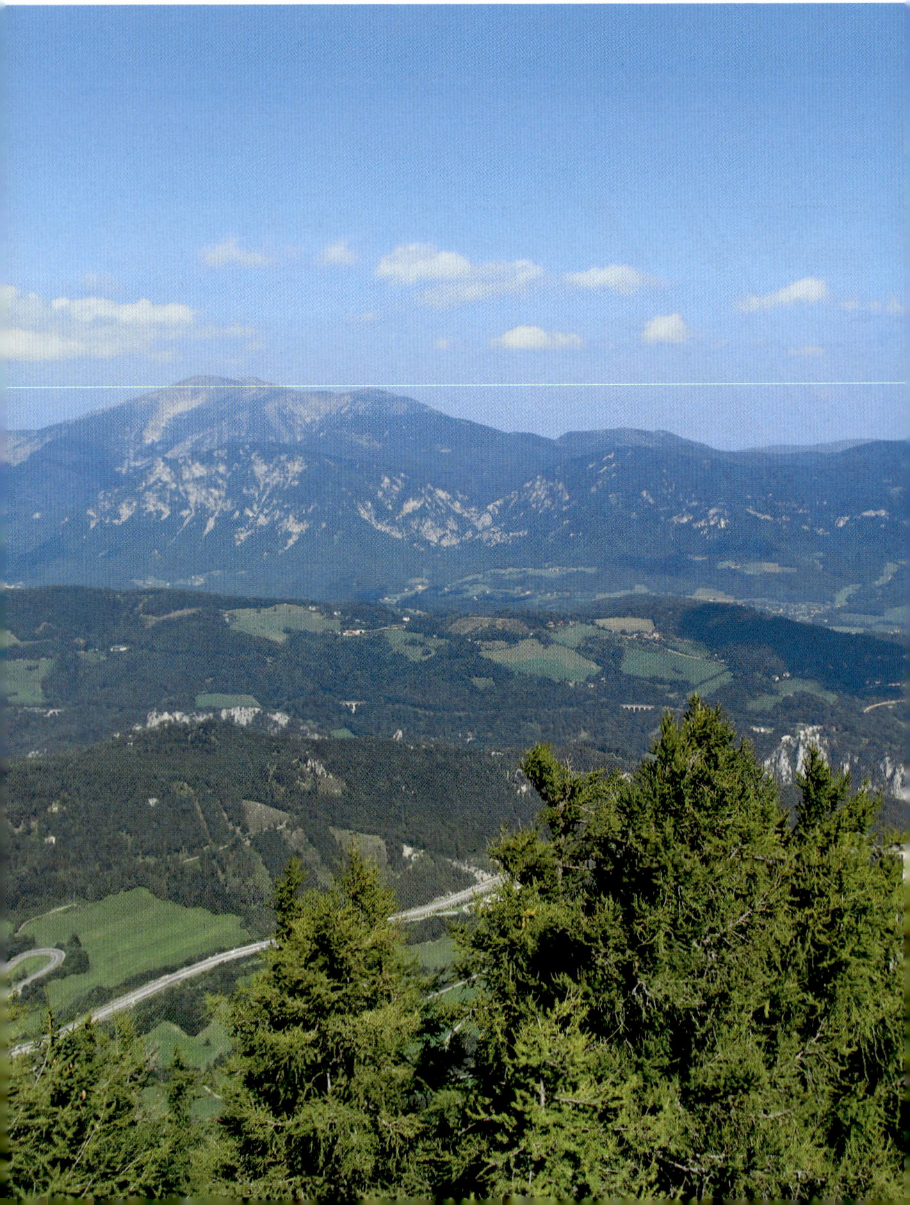

wendstein gibt. Auf dem bequemen Weg über die Forststraße werden wir zurückkehren; jetzt folgen wir den Schildern des blau markierten Hochalmweges anfangs etwas steiler durch den Wald bergauf. Wir erreichen eine Almwiese, auf der der

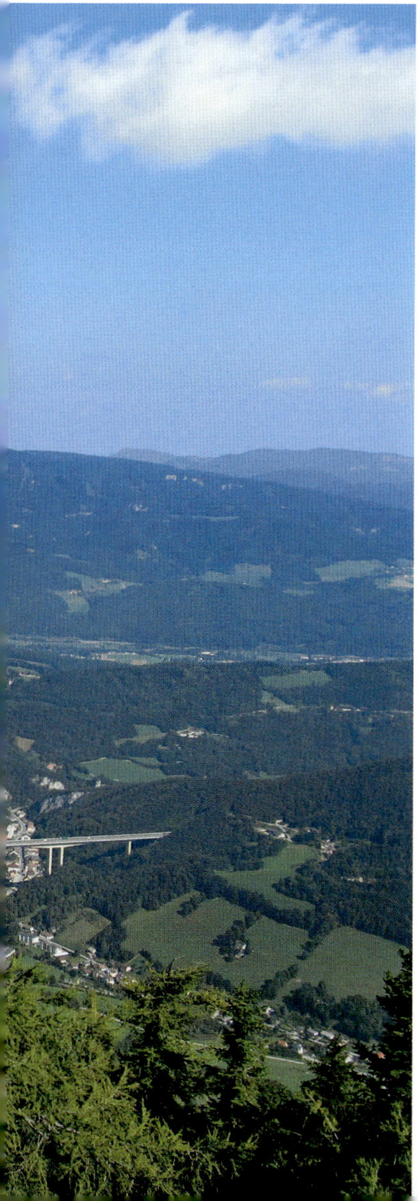

Weg nun etwas unterhalb des Bergkammes fast eben auf den Sonnwendstein zu verläuft. Bevor man diesen erreicht, hat man die Wahl entweder einen Weg halb links zu nehmen, der leicht bergab führt, oder halb rechts noch einen Abstecher auf den kleinen Nebengipfel, den Erzkogel (mit Gipfelkreuz und schönem Blick Richtung Steinfeld) zu machen.

In beiden Fällen gelangt man danach hinunter auf einen Weg, auf dem Wegweiser nach rechts Richtung Feistritzsattel zeigen. Wir gehen halb links weiter und treffen auf die vom Hirschenkogel kommende **Forststraße (3)**, auf der wir den Wegweisern halb rechts zum Schutzhaus **Pollereshütte** (Einkehrmöglichkeit) folgen. Unmittelbar vor der Hütte weist ein Wegweiser links bergauf zum Blickplatz Sonnwendstein. Im Zickzack steigen wir einen Fußweg hinauf und erreichen am Sendemast vorbei eine Aussichtsplattform am Gipfel des **Sonnwendsteins (4)**.

Wir gehen am gleichen Weg zurück zur Pollereshütte und weiter auf der Forststraße bis zu dem Punkt, wo wir am Hinweg wieder auf diese getroffen sind **(3)**. Nun bleiben wir für den bequemen Rückweg auf der Straße und folgen ihr, stets leicht bergab, bis zum bekannten **Bergsattel (2)**. Von diesem kann man entweder in Kombination mit Tour 38 zur Semmering-Passhöhe absteigen (siehe Variante), oder man geht auf einer breiten Schotterstraße geradeaus weiter nochmals leicht bergauf, um nach 15 Min. wieder den Ausgangspunkt bei der Bergstation der **Hirschenkogel-Seilbahn (1)** zu erreichen.

Blick vom Sonnwendstein.

40 Mönichkirchner Schwaig

Ausflug auf die Familienalm im Wechselgebiet ★★★

Das Wort »Schwaig« ist im Wechselgebiet ein lokaler Ausdruck für eine Almwirtschaft. Die Mönichkirchner Schwaig gilt heute zu Recht als ideales Ausflugsziel für Familien. Während man früher hauptsächlich auf Wintertourismus ausgerichtet war, hat man in den letzten Jahren viel investiert, um das Gebiet als »Erlebnisalm für das ganze Jahr« durchgehend attraktiv zu machen. Es wurde eine Mountaincart- und Rollerbahn von der Berg- zur Talstation des Sesselliftes errichtet sowie Themenwege ausgeschildert, die wir auf dieser abwechslungsreichen Runde kennenlernen wollen.

KURZINFO

Ausgangspunkt: Mönichkirchen am Wechsel, Ortszentrum.
Anfahrt: Mit dem Auto auf der Wechsel-Bundesstraße B 54 bis Mönichkirchen, dann ins Ortszentrum abbiegen, der Beschilderung zum Sessellift folgen und auf einem der Parkplätze parken. Öffentlich mit der Bahn bis Aspang Markt und dann mit dem Bus der Linie 371 nach Mönichkirchen, Hotel Thier; von dort wenige Meter rechts hinauf zur Kirche. Alle Busse haben direkten Bahnanschluss.
Gehzeit: 3.00 Std.
Weglänge: 7,9 km.
Höhenunterschied: 370 m.
Anforderungen: Im unteren Teil leichte Wanderung auf breiten Spazierwegen mit nur geringen Steigungen. Im oberen

Bequemer Aufstieg entlang der Sesselifttrasse.

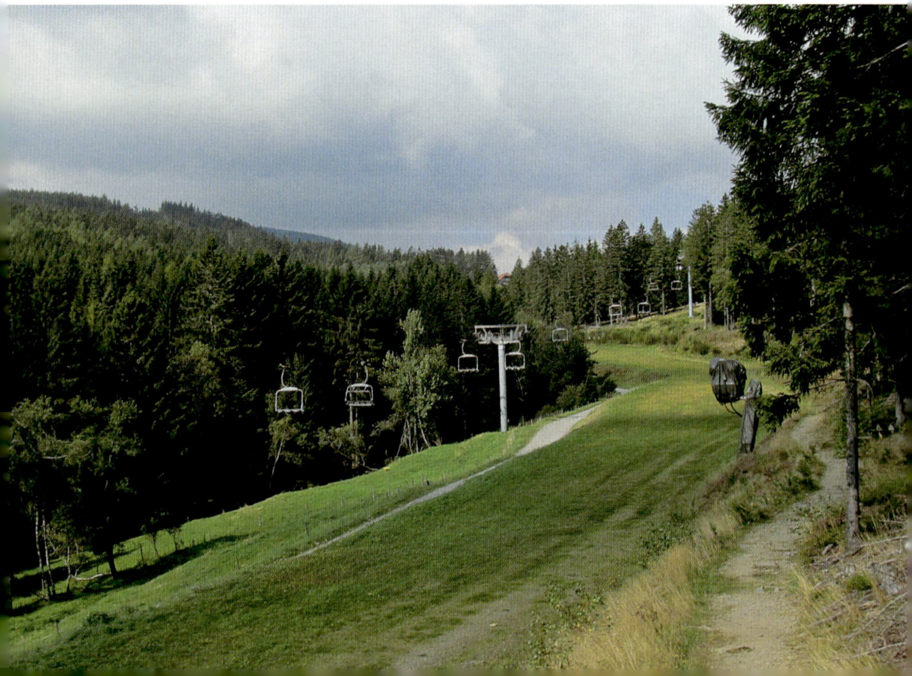

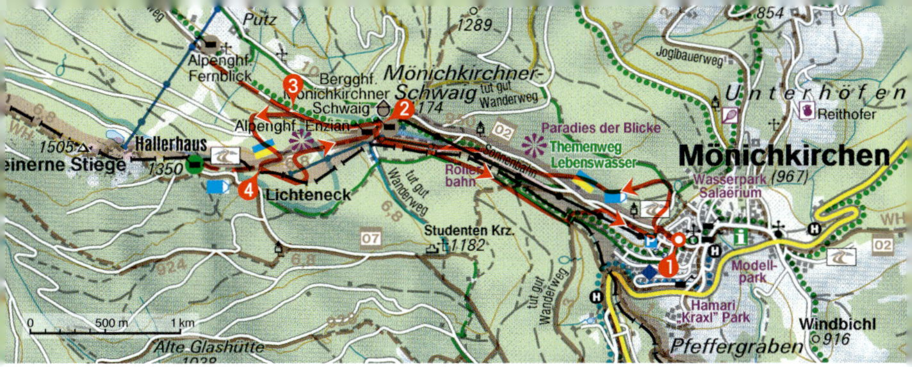

Teil ebenfalls breite, einfache Wege, allerdings stellenweise etwas steiler.

Rast: Entlang des gesamten Weges gibt es zahlreiche Rast- und Jausenbänke sowie entlang des Schaukelweges mehrere Ruheliegen und Schaukelkörbe.

Einkehr: Berggasthof Mönichkirchner Schwaig (täglich außer Montag geöffnet), Tel. +43 2649 295, www.moenichkirchner-schwaig.at; Alpengasthof Enzian (Mai bis Oktober täglich geöffnet), Tel. +43 2649 8008, www.enzianwirt.at; beide direkt am Weg. Alpengasthof Fernblick (Mai bis Oktober täglich geöffnet), Tel. +43 2642 7235, www.fernblick-alm.at; Hallerhaus (ganzjährig täglich außer Fr geöffnet), Tel. +43 2649 230, www.hallerhaus.at; beide jeweils 10 Min. abseits. Mehrere Gasthöfe und Cafés im Ort Mönichkirchen.

Kinder: Ideale, abwechslungsreiche Wanderung mit Kindern, da es nicht nur zwei Spielplätze gibt, sondern vor allem die Stationen des Schaukelweges Kindern viel Spaß machen.

Hinweis: Betriebszeiten des Sesselliftes und der Rollerbahn von Mai bis Oktober jeden Sa, So, Feiertag und Fenstertag, von Mitte Juni bis Mitte September täglich; Info unter Tel. +43 2649 209 06 oder www.schischaukel.net.

Varianten: Vom Marterl (3) kann man Abstecher zum Alpengasthof Fernblick oder entlang der Skipiste vom Punkt (4) zum Hallerhaus machen.

Wer eine Kurzwanderung bevorzugt, kann auch nur den unteren Teil der Runde bis zur Mönichkirchner Schwaig (2) begehen oder vom Alpengasthof Fernblick am gleichen Weg wieder direkt zur Mönichkirchner Schwaig zurückkehren.

Wer mit dem Sessellift zur Mönichkirchner Schwaig (2) fährt, kann dort starten und nur den oberen Teil der Runde (Schaukelweg) begehen.

Touristeninformation: Tourismusverband Mönichkirchen, Tel. +43 2649 209 25, www.moenichkirchen.at.

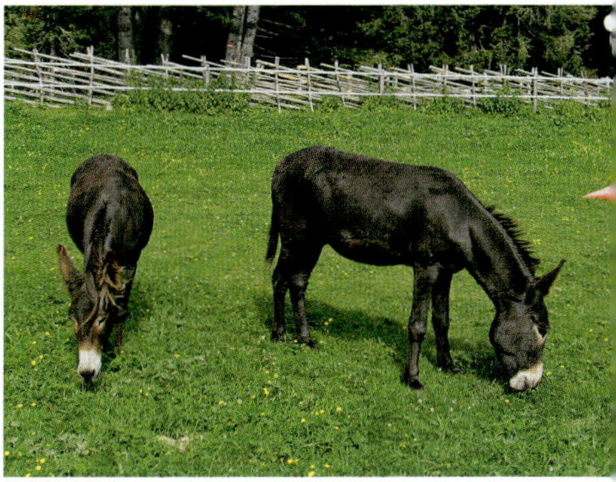

Eselgehege beim Alpengasthof.

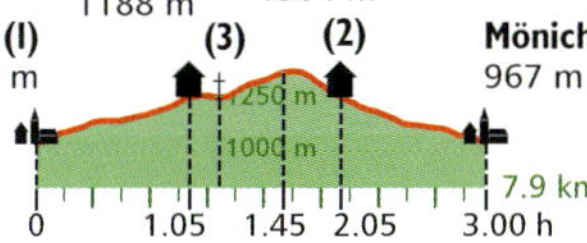

Vom Platz bei der Kirche in **Mönichkirchen am Wechsel (1)** gehen wir den markierten Wanderweg bergauf und durchqueren den »Jenseitspark« mit seinen Skulpturen. Am oberen Ende kommen wir zu Wegweisern, bei denen wir uns nach rechts wenden und dem Wassererlebnisweg Richtung Wasserpark folgen. Durch den schön gestalteten Park mit Kneippbecken, Sprühregen, Trinkbrunnen und Rastbänken gehen wir bergauf und folgen einer geschotterten Forststraße in den Wald hinein.

Nach etwa 10 Min. halten wir uns bei einer Gabelung rechts, weiter dem Themenweg Lebenswasser folgend. Wir kreuzen eine Asphaltstraße (auf dieser käme man laut Wegweiser in 20 Min. ebenfalls zum Berggasthof Mönichkirchner Schwaig) und kommen auf unserem Themenweg zu einer Schau-Quellfassung und kurz darauf an den Rand einer Skipiste, an deren oberem Ende bereits das Berggasthaus sichtbar ist. Etwa 10 Min. lang verläuft der Weg oberhalb der Piste, führt dann auf diese hinunter und unterquert einen Sessellift. Wir kreuzen eine breite Schotterstraße (Rollerbahn) und folgen weiter der grasbewachsenen Schneise der Skipiste hinauf zum Berggasthof **Mönichkirchner Schwaig (2)** mit Gastgarten, Eselgehege und Spielplatz.

Wenige Meter links steht der Alpen gasthof Enzianwirt, bei dem sich ein großer Teich (Station 6 des Wasser-Themenweges, »Biotop«) und ein weiterer schöner Spielplatz befinden. Von hier aus folgen wir den Wegweisern des Schaukelweges unterhalb des Gasthofs vorbei zur ersten Station, dem »Zielspringen« gleich neben dem Teich und dann weiter auf einer breiten Schotterstraße. Praktisch eben gehen wir nun am Hang entlang durch den Wald, vorbei an der nächsten Station, der »Wippmühle«. Kurz darauf verlassen wir bei einem **Marterl (3)** die breite Schotterstraße; geradeaus käme man in 10 Min. zum Alpengasthof Fernblick (möglicher Abstecher).

Wir folgen immer den Schildern des Schaukelweges, zunächst auf einem Waldweg, dann auf einer Skipiste bergauf zu den nächsten Stationen »ungleiche Wippen«, »Glockenkonzert« und »Synchronschaukeln«. Über uns ist bereits die Bergstation eines Sesselliftes sichtbar; wir erreichen diese, indem wir die Skipiste verlassen **(4)** und auf einem Waldweg nach links den Schildern zum »Milchkannenkegeln« folgen. Bleibt man an dieser Stelle auf der Piste, gelangt man in etwa 10 Min. zum Hallerhaus (weitere Einkehrmöglichkeit).

Bei der Bergstation haben wir den höchsten Punkt unserer Runde erreicht. Wir folgen immer noch dem Schaukelweg entlang einer Snowboardpiste und dann einer Skipiste hinunter zum »Almrauschen« und zum »Maikarussell«, das sich bereits kurz vor dem Alpengasthof Enzian befindet. Am Berggasthof **Mönichkirchner Schwaig (2)** vorbei gehen wir zunächst den gleichen Weg über die Skipiste hinunter, den wir heraufgekommen sind. Knapp oberhalb der Stelle, an der die Rollerbahn kreuzt, folgen wir jetzt aber den Wegweisern des Themenweges Lebenswasser auf einem Weg rechts in den Wald hinein.

Er verläuft im Graben des Grenzbaches, kreuzt die Rollerbahn und trifft dann auf die Asphaltstraße zur

Mönichkirchner Schwaig, der wir halb rechts bergab folgen. Hinter einem Schranken gehen wir rechts bergab zur Talstation des Sesselliftes. Über den Parkplatz erreichen wir links haltend wieder den Wegweiser oberhalb des Jenseitsparks und gehen hier auf bekanntem Weg bergab zur Kirche von **Mönichkirchen (1)**.

Berggasthof wie aus dem Bilderbuch auf der Mönichkirchner Schwaig.

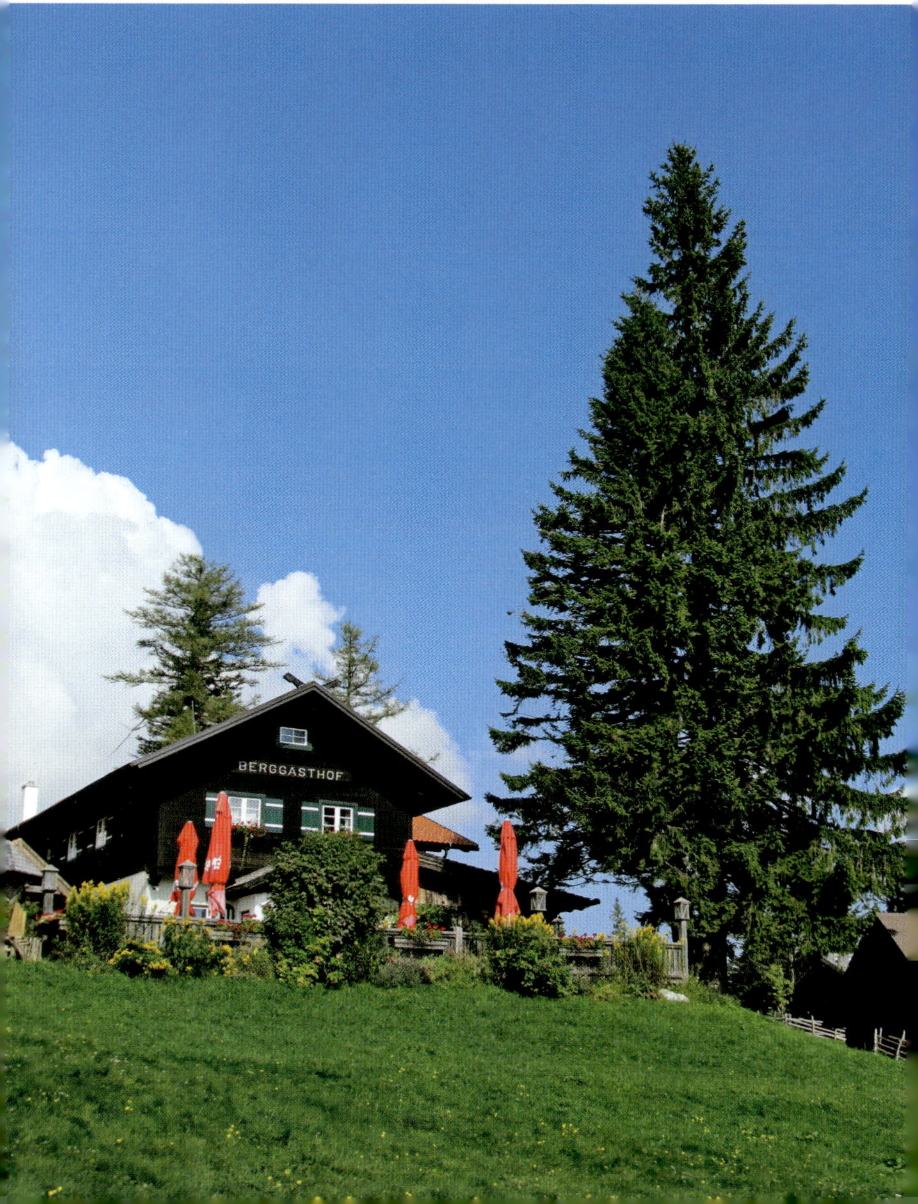

Stichwortverzeichnis

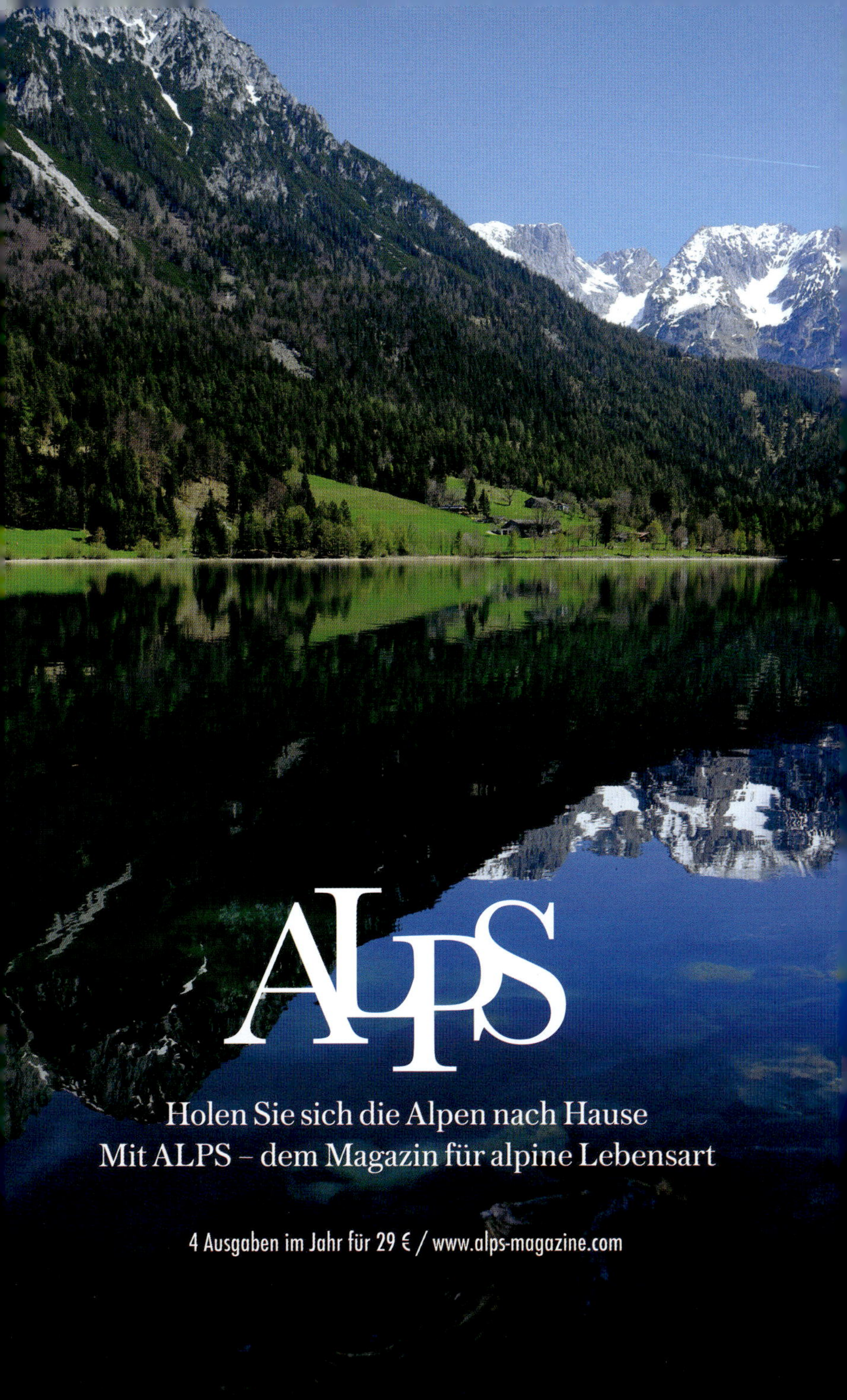
ALPS
Holen Sie sich die Alpen nach Hause
Mit ALPS – dem Magazin für alpine Lebensart
4 Ausgaben im Jahr für 29 € / www.alps-magazine.com

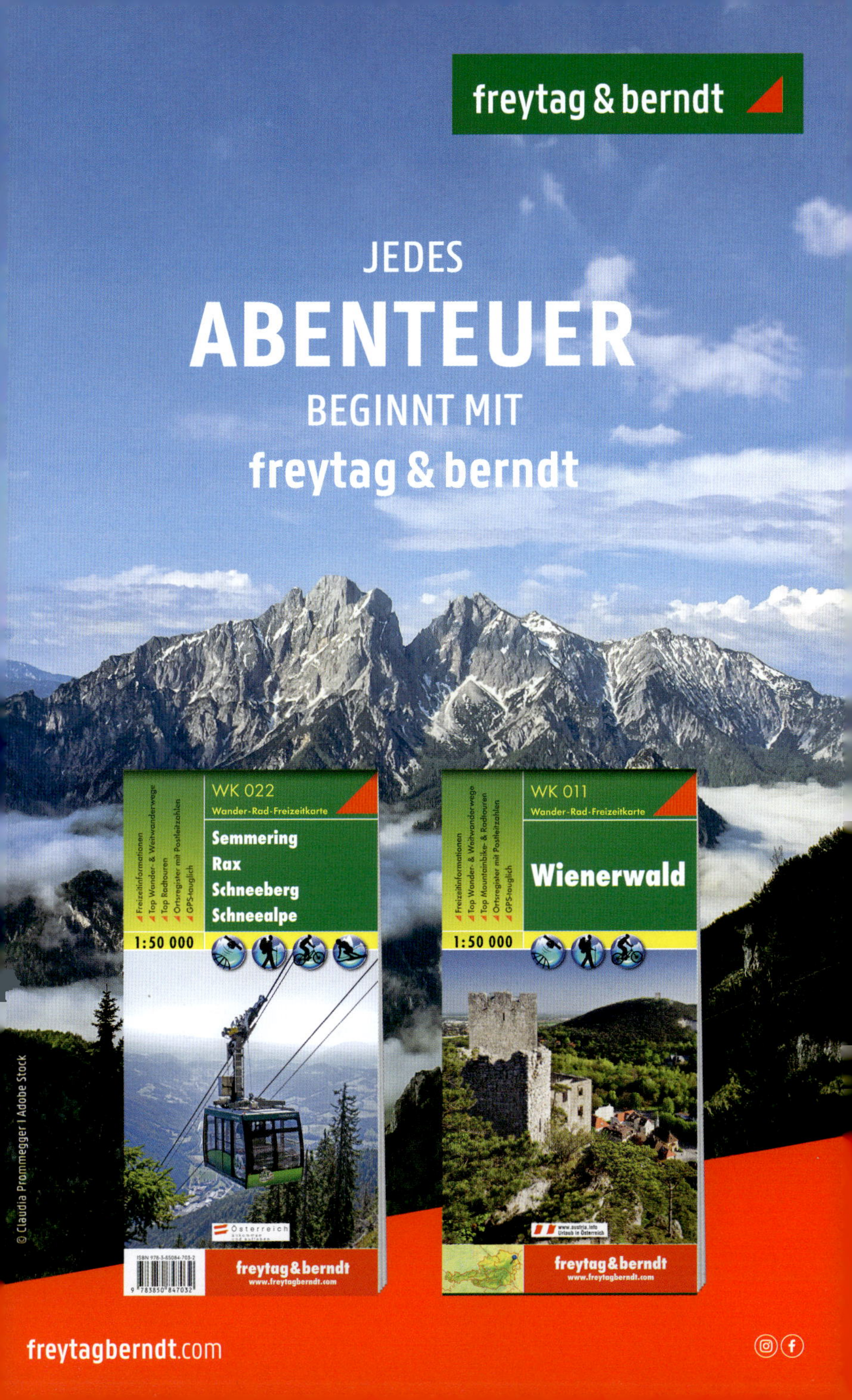
freytag & berndt
JEDES
ABENTEUER
BEGINNT MIT
freytag & berndt
WK 022
Wander-Rad-Freizeitkarte
Semmering
Rax
Schneeberg
Schneealpe
Freizeitinformationen
Top Wander- & Weitwanderwege
Top Radtouren
Ortsregister mit Postleitzahlen
GPS-tauglich
1:50 000
freytag&berndt
www.freytagberndt.com
WK 011
Wander-Rad-Freizeitkarte
Wienerwald
Freizeitinformationen
Top Wander- & Weitwanderwege
Top Mountainbike- & Radtouren
Ortsregister mit Postleitzahlen
GPS-tauglich
1:50 000
freytag&berndt
www.freytagberndt.com
© Claudia Prommegger | Adobe Stock
freytagberndt.com

Impressum

Titelbild: Die Jubiläumswarte in der Nähe des Anningerhauses (Tour 16).
Bild Seite 1: Am unteren Ende der Myrafälle (Tour 27).
Bild Seite 5: Am Bahnwanderweg Semmering (Tour 37).
Bild Seite 18/19: Blick Richtung Ötscher vom Muckenkogel bei Lilienfeld (Tour 24).

Die 141 Fotos stammen von den Autorinnen, ausgenommen die Bilder der Seiten 71, 73 und 74 (Sonja Stöckl).

Die Autorinnen:
Johanna Stöckl ist in Wien geboren und hat ihre Liebe zur Natur und zum Wandern schon in früher Kindheit entdeckt. Sie ist außer als Autorin von Wanderbüchern und Jugendromanen auch als Wanderführerin tätig. Rosemarie Pexa, ebenfalls aus Wien, hat Publizistik und Kommunikationswissenschaft studiert und arbeitet als freie Journalistin und Buchautorin. Nebenberuflich ist sie als Eltern-Kind-Gruppenleiterin tätig und führt Wanderungen für Eltern mit kleinen Kindern.

Website von Johanna Stöckl: www.stoeckl.me

Kartografie:
40 Wanderkärtchen im Maßstab 1:50.000, zwei Übersichtskarten im Maßstab 1:500.000 und 1:2.000.000 © Freytag & Berndt, Wien

2., aktualisierte Auflage 2022

ISBN 978-3-7633-3168-0

MIX
Papier aus verantwortungsvollen Quellen
FSC® C021956

Liebe Wanderfreunde!
Alle Angaben dieses Buches wurden von den Autorinnen nach bestem Wissen recherchiert und vom Verlag mit größtmöglicher Sorgfalt überprüft. Für die Richtigkeit der Angaben kann jedoch – soweit gesetzlich zulässig – keine Haftung übernommen werden. Wir bitten dafür um Verständnis und freuen uns über jede Anregung und Berichtigung zu diesem Rother Wanderbuch:

Rother Bergverlag · Keltenring 17 · D-82041 Oberhaching
E-Mail: leserzuschrift@rother.de
Tel. (089) 60 86 69-0 · Fax 60 86 69 69
Besuchen Sie uns im Internet: www.rother.de